Princípios para uma
pedagogia científica

D665p Dolle, Jean-Marie.
         Princípios para uma pedagogia científica / Jean-Marie Dolle ; tradução: Sandra Loguércio ; revisão técnica: Fraulein Vidigal de Paula. – Porto Alegre : Penso, 2011.
         199 p. : il. ; 23 cm.

         ISBN 978-85-63899-22-4

         1. Fundamentos da educação. I. Título.
                                                    CDU 37.01

Catalogação na publicação: Ana Paula M. Magnus – CRB 10/2052

Jean-Marie Dolle
Professor Emérito na Université Lumière-Lyon 2

Princípios para uma pedagogia científica

Tradução
Sandra Loguércio

Consultoria, supervisão e revisão técnica desta edição
Fraulein Vidigal de Paula
Doutora em Psicologia pela Université de Rennes 2 – Haute Bretagne.
Professora no Instituto de Psicologia da Universidade de São Paulo.

2011

Obra originalmente publicada sob o título
La pédagogie... une science?
ISBN 978-2-296-06638-0
© 2008, Edtions L'Harmattann, Paris, France
All Rights Reserved.
Translation authorized by L'Harmattann, Paris, France

Capa: *Gustavo Macri*

Preparação do original: *Marcelo Viana Soares*

Editora sênior – Ciências Humanas: *Mônica Ballejo Canto*

Editora responsável por esta obra: *Carla Rosa Araujo*

Editoração eletrônica: *Formato Artes Gráficas*

Reservados todos os direitos de publicação, em língua portuguesa, à
ARTMED® EDITORA S.A.
Av. Jerônimo de Ornelas, 670 – Santana
90040-340 Porto Alegre RS
Fone (51) 3027-7000 Fax (51) 3027-7070

É proibida a duplicação ou reprodução deste volume, no todo ou em parte, sob quaisquer formas ou por quaisquer meios (eletrônico, mecânico, gravação, fotocópia, distribuição na Web e outros), sem permissão expressa da Editora.

SÃO PAULO
Av. Embaixador Macedo Soares, 10.735 – Pavilhão 5 – Cond. Espace Center
Vila Anastácio – 05095-035 – São Paulo SP
Fone (11) 3665-1100 Fax (11) 3667-1333

SAC 0800 703-3444
IMPRESSO NO BRASIL
PRINTED IN BRAZIL

Às crianças do Brasil e da França que, durante muitos anos, me ensinaram o que elas eram, expresso meu reconhecimento.

Sumário

Introdução 9

1 A dialética da atividade cognitiva (epistemologia dialética)........... 19
    Apêndice A 57
    Apêndice B 62

2 A gênese do operativo sob dominância figurativa........................ 66

3 Elementos de psicopedagogia 105

4 Princípios para uma pedagogia científica 151

Para concluir 193

Referências 197

Introdução

A pedagogia diz respeito ao elo que se cria entre uma pessoa (o pedagogo ou o psicopedagogo) e um aluno ou um grupo de alunos. A natureza das relações que se estabelecem entre eles depende então dos atores em interação. Quanto aos conteúdos, é preciso que cada um possua as estruturas adequadas para tratá-los, isto é, deve-se ter alcançado o nível estruturo-funcional conveniente. Que este seja explicado, quanto ao retardo ou avanço, por exemplo, por razões que se convencionou chamar socioculturais que não têm a ver com o ato mesmo de aprender, ou seja, de assimilar os saberes que dispensam a escola. Que seja rico ou pobre, de uma classe favorecida ou carente, a apropriação de um conteúdo é um fenômeno de adaptação, é o sujeito que se adapta, é ele quem exerce as estruturas das quais dispõe aqui e agora.

O problema que se apresenta à pedagogia passa a ser, dessa forma, o de favorecer a emergência das estruturas necessárias ao domínio dos conteúdos (escolares) e a seu exercício adequado. A pergunta continuamente renovada: "Uma educação para quê?" produz uma outra: "Uma educação, como?", o que compreende os meios que lhe são dados, não apenas materiais, mas sobretudo humanos. Desse modo, entendemos a pedagogia em todos os seus aspectos. Como não é possível, porém, desenvolvê-los todos – não porque eles interferem entre si, mas sobretudo porque são tão variados quanto os conteúdos que ela pensa poder transmitir –, perguntamo-nos sobre o que é necessário para cada um a fim de que possa se apropriar deles. Ora, aprender é uma atividade e, como toda atividade, ela envolve estruturas.

A questão preliminar poderia ser sobre quais são as estruturas da atividade de aprendizagem necessárias – considerando-se todas as disciplinas – para assimilar os saberes e alcançar os conhecimentos, especificamente os escolares.

Com base no que nos ensina a epistemologia genética, disporemos de um meio de diagnóstico, primeiramente, para saber quais são as estruturas até o momento construídas pelo sujeito em situação de aprendizagem e, no caso em que haja retardos ou faltas, para favorecer, em seguida, sua criação por meio de solicitações apropriadas.

O princípio de petição de uma intervenção diagnóstica está baseado na observação do funcionamento cognitivo dos sujeitos e de suas estruturas. Isso porque o funcionamento não é apenas seu indicador, mas também e sobretudo suas modalidades. Tudo depende, com efeito, de onde ele se apoia, do que ele vê ou evoca ou das transformações que ele imprime ao que percebe ou ao que se lembra. Tudo depende igualmente do que essas estruturas permitem conforme o nível alcançado por seu desenvolvimento. De qualquer forma, o diagnóstico deixa aberta a possibilidade de uma intervenção que se apoiará no modelo da gênese revelada pela epistemologia genética e que, por meio de solicitações apropriadas ao sujeito, o colocará em situação de criar as estruturas que lhe faltam por sua própria atividade. É, portanto, pelo funcionamento das estruturas que estão a sua disposição que o sujeito criará aquelas que deveria ter, caso elas lhe faltem.

Não há limite de idade para tanto, tampouco obstáculos culturais ou sociais. Repetimos: é por meio de sua atividade que o sujeito constrói essas (suas) estruturas. Evidentemente, isso não se faz sozinho. É preciso todo o conhecimento e a experiência da epistemologia genética por parte daquele que o acompanha, seja pedagogo ou psicopedagogo ou o que quer que seja.

Na pedagogia, o importante não é o resultado obtido ou a ser atingido ou a resposta correta, mas sim o caminho para produzi-lo e justificá-lo. Conhecer é a capacidade de explicar. Dessa forma, o estatuto do erro se revela, nesse caso, positivo porque se pode refazer a explicação. Na verdade, não há de um lado uma resposta correta e, de outro, uma resposta incorreta. Há percursos do sujeito que o levam, mesmo por meio dos erros (sobretudo, às vezes), a construir sua resposta, e a justificá-la. O resto é saber. Somente isso e nada mais.

Em tal perspectiva, onde é o sujeito quem faz e quem, construindo seu conhecimento, constrói a si mesmo, o fim da educação é essa autonomia do pensamento que faz os homens livres, independentes e autônomos porque refletidos*.

A situação pedagógica, situação de interação de um sujeito com um objeto – a matéria escolar – do qual convém se apropriar, não consiste em uma simples recepção, nem tampouco em uma repetição do "que é preciso saber" para satisfazer as exigências do ensino, em geral, do professor em particular. Se a escola não tem outra ambição senão a de transmitir "saberes", ela criará papagaios que repetirão as lições aprendidas. Nesse caso, a memória é suficiente e a inteligência, supérflua. O bom aluno é então aquele "que aprende bem as lições" e as restitui de acordo com as expectativas habituais.

Mas aquele que repete é aquele que compreende e pode explicar? Quando se pergunta às crianças do que fala o texto que acabaram de ler ou a poesia que acabam de recitar, elas normalmente não o sabem dizer. E a escola se satisfaz mais facilmente com a resposta correta do que com a explicação, deixando a criança na incerteza e na dúvida quanto à pertinência de sua resposta, porque ela não sabe qual o critério da boa ou da má resposta. "Está correto porque o professor me disse". A dependência é a contrapartida dessa atitude, e o critério de referência é o professor, autoridade caprichosa ou onipresente. Há, inclusive, crianças que acreditam que, na escola, é preciso adivinhar.

Na vida, e na escola, o sujeito, seja uma criança ou um adulto, entra em interação com tudo o que lhe é exterior, sejam "objetos naturais" ou "objetos artificiais", como a linguagem, a escrita, a leitura, a história, etc, ou, ainda, o meio social em geral, e, em particular, aquele no qual se encontra mergulhado. É preciso então que ele se aproprie desses objetos e meios. Para isso, o sujeito começa transformando-os por meio da assimilação pelas estruturas das quais dispõe. Como isso não basta, ele se adapta a eles, transformando suas estruturas de assimilação e, assim, se autotransformando para criar outras mais adequadas. Em outras palavras, a atividade de transformação é autoconstrutiva e, nesse sentido, criadora de si e do conhecimento. Mas assimilar os objetos comporta também dar sentido a eles.

A situação de aprendizagem escolar busca favorecer na criança a apropriação dos objetos aos quais é submetida. A epistemologia de referência, no entanto – seja explícita ou não – vai determinar a pedagogia praticada. Ou a criança vai repetir e memorizar; ou irá compreender e explicar, e assim refazer (construir) ou, ainda, a demonstrar.

---

* Não se pode deixar de citar, nesse sentido – e ainda que em um outro contexto –, Paulo Freire, o célebre pedagogo brasileiro e sua obra *Pedagogia da autonomia*.

Há algo de metafísico na noção de *estímulo-resposta*, pois ela supõe a correspondência inata e preestabelecida da resposta a cada solicitação externa; mais precisamente, ela supõe a capacidade de responder a qualquer estimulação, qualquer que seja, em uma reatividade espontânea e de algum modo preestabelecida. É como se cada um fosse programado para não somente reagir adequadamente, muito embora se trate aí de tentativas (normalmente chamadas de aprendizagens), mas também para se conformar às exigências das pressões do meio. O que significa dizer que é o meio que faz o homem, que, por sua vez, é produto deste. Essa velha ilusão tem vida longa. Ela percorre os séculos de Locke a Marx, passando por Helvécios e Condillac, pelos behavioristas, de Pavlov e Skinner aos conexionistas, etc. Mas quem não vê que estamos submersos no positivismo e no determinismo (absoluto)? E, curiosamente, os defensores do estímulo-resposta*, sejam marxistas ou behavioristas, e ainda que pretendam à cientificidade, não deixam de falar de liberdade, de autonomia, de criatividade, etc.

Na interação, há o sujeito e há o meio, com todos os objetos que ele contém – o que significa também a organização social. Trata-se, para cada um, de se apropriar deles para se adaptar ao meio, isto é, desenvolver instrumentos de adaptação cada vez mais eficazes e requintados. É por sua ação transformadora, portanto, sobre os objetos do mundo exterior que o sujeito transforma a si mesmo desenvolvendo meios de adaptação cada vez mais adequados.

Sendo o conhecimento a capacidade do sujeito de explicar o como das transformações que ele exerce sobre o real, ele não conseguiria, sem guia, chegar lá. A pedagogia não pode ficar sem este último, mesmo que seja o sujeito que aprenda, e não o professor que ensine. No entanto, mesmo que ele seja um despejador dos saberes, só tem sentido se, pela disposição das coisas, ele puder permitir ao aluno construir os conhecimentos, quaisquer que sejam. É dessa forma, favorecendo o trabalho das estruturas do sujeito sobre conteúdos apropriados, que ele deve permitir inventar e reinventar os conhecimentos. Não reconstruir todo o passado da humanidade – o que não faria nenhum sentido –, mas adquirir uma atitude explicativa exercendo as estruturas de sua atividade de conheci-

---

* N. de R.T. "A noção de estímulo-resposta (...) supõe a capacidade de responder a qualquer estimulação, qualquer que seja" que representa a visão predominante no behaviorismo radical (B. Skinner) até os anos de 1960. Atualmente, admite-se que tanto o repertório de comportamentos que podem ser modificados ou aprendidos quanto o que pode configurar um estímulo de fato depende da espécie (possibilidades e restrições), quanto da ontogênese, sobretudo em seres humanos.

mento. Na maior parte das vezes, após a pergunta "Como?" vem a pergunta "Por quê?". Certamente nem tudo pode ser explicado. Há, porém, graus na explicação. Por exemplo, por que tem mais fichas agora em meu monte do que antes? Evidentemente, porque acrescentei mais fichas. Mas será que essa explicação é solicitada desde a escola maternal para favorecer a reflexão das crianças? Pede-se a elas apenas para acrescentar e o professor se fixa então no resultado, não na transformação que o produziu. Quando se trata, em matemática, de construir uma linha reta, faz-se um traço em uma folha ou no quadro e convida-se o aluno a pensar na linha reta sem espessura, sendo que – é um fato – uma reta ou uma linha não existem. Por quê? Porque nasceram da conduta da visão e porque esta última permite alinhar objetos descontínuos e pensar o contínuo da linha. Como o perímetro pode ser uma linha que, por isso mesmo, não existe, exceto na cabeça daquele que o pensa?

É colocando o aluno diante das situações-problema que ele é solicitado a construir sua solução e, assim, a fornecer a explicação para estas. Como resolver uma equação de primeiro ou segundo grau, com uma ou várias incógnitas? Será aplicando a fórmula dada pelo professor ou (re)inventando a solução? Como entrar na física ou na química sem, com base nos saberes relativos ao simbólico, proceder a experiências que vão levar à compreensão dos fenômenos e a sua explicação? Pois posso saber que o prisma decompõe a luz, mas não por que isso acontece. Se, na experiência de Descartes, o bastão parece quebrado quando mergulhado na água, por quê? Colocar os alunos em tal situação que eles tenham de, com a ajuda de seu professor, construir a explicação poderia dispensá-los de exercer uma memória repetitiva em prol de sua reflexão. Dessa forma, eles não precisariam lembrar-se, uma vez que a capacidade de refazer e, portanto, de explicar o dispensariam disso.

O objetivo da escola seria o de favorecer a memória* e aplicar as regras ou repetir sem compreender os "saberes" que ela almeja oferecer? Conhecer a explicação não é explicar. É preciso, primeiro, a compreensão, ou seja, a representação do encadeamento lógico das razões para, depois, reconstruir esse encadeamento e fornecer, assim, a explicação.

Os pedagogos do início do século XX haviam compreendido a necessidade da escola ativa e transformavam sua aula em uma oficina polivalente, onde os alunos agiam e transformavam coisas, discutiam, mos-

---

* N. de R.T. Quando o autor utiliza o termo memória, ao longo deste livro, refere-se especificamente à memorização literal, ao processo de decodificação ou, ainda, aprendizagem por repetição ou decoração.

travam isso por escrito ou, como nas "técnicas" Freinet, imprimiam suas reflexões e as trocavam por correspondência com outros alunos, de fora. Da manipulação à reflexão e da explicação à demonstração.

É porque se sabia, sem que alguém tivesse necessariamente formulado isso, que todo estado é o produto de uma transformação e que toda transformação produz um estado, que ao longo da transformação algo muda e algo não muda. Assim, em gramática, nas conjugações das línguas latinas, algo (o radical dos verbos) não muda para a quase totalidade dos verbos e algo muda. O que muda é o pronome e, conforme o tempo, a terminação. Além disso, entre dois estados verbais: "gostaria" e "gostarei", há algo que é parecido e algo que é diferente. O que explica essas diferenças é que "eu" muda de perspectiva temporal para expressar o sentido que quer dar ao verbo "gostar". Essa atividade de comparação, essencial para apreender o sentido, chama a atenção para a ortografia. Ela será vista na comparação/distinção das palavras: companhia, companheira, companheiro, campanha, campal, etc., que comportam diferenças e semelhanças que devem ser identificadas para que se possa apreender o sentido do que se lê.* Esse tipo de análise contribui para exercitar o raciocínio e para não se deixar enganar.

A partir do momento em que se colocam as crianças na presença de estados, como diante de tantas evidências, as instalamos nos procedimentos figurativos do conhecimento em detrimento dos procedimentos operativos. Daí essa ideia de que basta olhar para ver, como se a "verdade" fosse saltar aos olhos. Mas não se compreendeu que estavam sendo instaladas na crença e na submissão, sem espírito crítico.

Favorecer o aluno, visto que é ele que aprende e não o professor que ensina, não significa que se deve abandoná-lo a si mesmo. Muito antes pelo contrário. É guiando esse aluno ao acompanhá-lo e o acompanhando ao guiá-lo que se permitirá que ele construa seus conhecimentos. As análises que forneceremos nesta obra defenderão nossa posição. Em uma palavra: o aluno aprende com a ajuda do professor, em sua companhia, com sua participação, com seus conselhos esclarecidos, com suas solicitações, etc. O interesse do aluno aparece à medida que o professor vai suscitando abertura para isso.

A intenção deste livro não é de apresentar um ou vários métodos inéditos como tantas receitas a serem aplicadas segundo um repertório de situações acumuladas e classificadas. Ele se apresenta mais como uma provocação à construção de uma pedagogia conforme o espírito da pesquisa científica. Nesse sentido, ainda que motive e tenda a transformar a

---

* N. de R.T. Ou seja, a estrutura morfológica das palavras.

aula em uma oficina ou em um laboratório, ele não se propõe a nada além de ampliar os horizontes.

Partindo do estudo do modo como as crianças procedem para aprender assim como para não aprender, a ideia é lhes oferecer situações-problema capazes de incitá-las a refletir e a buscar construir a solução. Isto contribuirá, por sua vez, para lhes permitir criar progressivamente, em uma gênese, as estruturas que lhes faltam. Como, porém, não ensinamos a uma criança padrão, definida pelos textos legislativos, mas a crianças reais de níveis de desenvolvimento diferentes e, sobretudo, não homogêneas, é importante destacar que o conhecimento da psicologia do conhecimento ou, ainda, da epistemologia genética constitui o fundamento mesmo de todo ensino. E como aprender é uma atividade e que, como toda atividade, trabalha com estruturas, a tarefa da escola é favorecer seu desenvolvimento, não cansaremos de repetir. Para tanto, é preciso partir do conhecimento do aluno no ponto atual de seu desenvolvimento para adequar os conteúdos ou as matérias escolares a suas capacidades. O que supõe conhecê-los. Mas adequar as matérias escolares às capacidades atuais dos alunos supõe também provocá-los, isto é, fazer com que funcionem em um desequilíbrio suficiente para que possam se tornar mais fortes e se modificarem reequilibrando-se. Contribuir para a construção de estruturas cada vez mais complexas é favorecer o desenvolvimento cognitivo dos alunos em um percurso de apropriação dos próprios conteúdos escolares, como já dissemos, adequados a seu nível estruturo-funcional. Permitir-lhes, entretanto, essa adaptação criadora de si mesmos e das matérias escolares é favorecer igualmente no professor a adaptação aos alunos a fim de responder às necessárias mudanças, que dependem das construções e dos progressos que eles realizam. Essa perspectiva dinâmica e construtivista dá todo sentido a uma pedagogia que muda então de estatuto para se elevar ao nível de uma ciência.

Sem fazer uma revolução, tudo se torna diferente. E o foco no aluno não significa que se deva resolver os problemas em seu lugar, tampouco que se vá abandoná-los a si mesmos. Significa, todavia, acompanhá-los dando-lhes os meios para construírem seus conhecimentos e fornecendo-lhes os saberes necessários para isso. E, assim, progressivamente, graças à reflexão que se tornará natural para eles pela explicação, tornar autônomo seu pensamento.

Por que não, se poderá lhe dizer? O melhor seria fazer. Ora, mas como? De acordo com quais diretivas? Segundo quais princípios? Pois, nos dirão os pedagogos – e eles estão sempre fazendo isso – é preciso que as crianças aprendam, que saibam uma multiplicidade de coisas, que a gente lhes ensine porque estas serão úteis, ou mesmo necessárias, para se inserir aos poucos no tecido complexo da vida social e profissional.

Nenhuma dúvida a respeito disso. Mas há o saber que, como veremos, é particular, ou mesmo único e singular, e há o conhecimento que é universal.

Como então fazer com que passem do saber, indispensável, enfim, ao conhecimento? Eis todo o problema.

Não há dúvida de que a pedagogia só poderá se tornar científica se renunciar ao desempenho, à "resposta correta", àquela que o professor espera, dando lugar à explicação.

Para se constituir como ciência, a pedagogia deve se inventar no quotidiano e se construir se reconstruindo continuamente. O que importa não é o resultado, mas o processo, o percurso, a transformação.

Que isso é difícil não há nenhuma dúvida. Mas como a ciência nasceu?

Fazer com que a pedagogia adquira o estatuto de ciência exige que o professor se faça pesquisador, observador, inicialmente, depois experimentador, que ele invente as situações capazes de permitir ao aluno se autotransformar transformando, que ele o coloque em condição de criar as estruturas que lhe permitirão, por seu funcionamento, portanto, ter acesso, a partir do saber, ao conhecimento, que ele coloque o aluno em condição de se converter, juntamente com ele, em pesquisador.

A epistemologia que organiza nossa abordagem é aquela da interação do sujeito e do objeto na qual há o que vem do sujeito e o que vem do objeto. Em pedagogia, a interação se dá entre três, pois há a criança que tenta se apropriar do objeto (a matéria escolar: leitura, escrita, cálculo, etc.) e que trabalha com suas estruturas atuais, desenvolve modalidades de funcionamento e estratégias que o professor observa e que lhe dão a possibilidade de intervir para ajudá-la a construir seus conhecimentos, ao mesmo tempo em que tenta descobrir os procedimentos em ação comuns a todos os alunos e comportamento na apropriação dos conteúdos pedagógicos em sua diversidade. Nada a ver, portanto, com as teorias e os experimentos múltiplos e variados da psicologia cognitiva que se vincula ao estímulo-resposta e confunde inteligência com memória, não dependendo o conhecimento somente da memória, mas da atividade do pensamento.

Não utilizaremos as aquisições da psicologia comportamental-cognitiva nem as diversas tentativas pedagógicas, tão sedutoras, dentre as quais aquela bem conhecida de Reuven Feuerstein, e todas as outras, pela simples razão de elas ignorarem a dimensão clínica experimental que faz a fecundidade e a especificidade do método clínico oriundo dos trabalhos da epistemologia genética. Ora, deve se admitir que, com todo rigor, não se pode fazer passar os resultados de pesquisas baseadas no estímulo-resposta para aquelas construídas com base na interação complexa, pois a epistemologia que as fundamenta é sua antípoda. Daí, para os adeptos da psicologia behaviorista comportamental moderna e das neurociências, um necessário descentramento e, para os ideólogos, o abandono unicamente das razões teóricas por mais pertinentes que sejam para a mente.

> Não se espante se retomamos os mesmos exemplos de situações experimentais em vários capítulos. O ponto de vista será sempre diferente a cada retomada, mesmo que o percurso seja o mesmo. É porque, no caso de um diagnóstico, tudo se passa diferentemente de uma prática de intervenção ou de pedagogia, podendo a mesma situação servir a diferentes perspectivas. Seu valor de exemplo prova sua riqueza, pela diversidade das análises que possibilita, de acordo com o contexto em que se produz. E também, aqui mais do que em outras situações, *bis repetita placent*. Finalmente, desculpe-nos por voltar, por várias vezes, aos mesmos dados epistemológicos, mas isso se dá para que, a cada vez, se situe cada um no contexto epistemológico que nos inspira e que se esquece tão rapidamente por não ser habitual.

1

A dialética da atividade cognitiva (epistemologia dialética)

> ... *a realidade comporta uma alternância dos contrários, em que um se dirige inevitavelmente para o outro.*
> Liou Kia-Hway
> Traduzido da obra *Notice sur Tchouang-Tseu*, in *Philosophes taoïstes*. La Pleïade, I, p. 649

A dialética se assemelha ao diálogo entre dois interlocutores, em que um escuta enquanto o outro fala, e vice-versa, com a diferença de que ali não estão dois interlocutores, mas dois elementos antagonistas que não podem ser atualizados juntos no mesmo tempo e espaço. Trata-se mais do movimento alternado de um antagonista ou de um oposto a um outro. Talvez fosse mais adequado dizer que se vê a passagem de um aspecto de uma mesma realidade para seu contrário.

Em um diálogo, quando um dos interlocutores fala, o outro se cala e escuta, e vice-versa. Os antagonismos são: falar/calar. E isso para cada sujeito. Talvez seríamos mais claros se considerássemos a mão, da qual sabemos que pode estar aberta ou fechada, mas nunca as duas coisas ao mesmo tempo. Esses dois estados são incompatíveis e contraditórios. O que faz com que haja passagem de um para outro.

A mão é uma estrutura que pode se apresentar na forma de dois "estados" diferentes. O estado 1 (ou fechado) se opõe ao estado 2 (ou aberto). A passagem de um para outro se explica por duas transformações de sentidos opostos: por um lado, a abertura que produz e explica o estado aberto; por outro, o fechamento, o estado fechado.

Essas evidências podem ser formalizadas da seguinte forma:

Objeto	Estado 1	→	Transformações	→	Estado 2	
		←		←		
Mão	fechada	→	abertura	→	Mão	aberta
		←	fechamento	←		

Não se deixará de notar que o estado fechado, ou atualizado, potencializa seu contrário, o estado aberto, e que o estado aberto atualizado potencializa o estado fechado. Daí um movimento dialético incessante de potencialização e de atualização que produz estados atualizados e potencializados: abertura atualizada/fechamento potencializado, depois abertura atualizada/abertura potencializada.

Assim, em uma mesma lógica das transformações (ou seja, das ações sensório-motoras ou das operações mentais), uma mesma realidade passa de um estado para seu oposto.

Trata-se, na verdade, de uma característica essencial de toda estrutura que funciona, considerando, de uma vez por todas, que não há estrutura sem funcionamento e tampouco funcionamento sem estrutura(s). Em outras palavras, é a mão (organização ou estrutura) que se abre ou que se fecha se apresentando alternadamente, ou fechada, ou aberta, com a possibilidade do contrário. Ou então ela perde sua natureza.

É evidente que, se toda estrutura funciona, ela não o faz no vazio (exceto no caso de se exercitar, se pôr em dia ou se fortalecer, como pode ocorrer no esporte ou na reeducação). Na realidade, a mão encontra sempre um objeto sobre o qual ela se abre ou se fecha (a pinça). Dito de outra forma, sua atividade só tem sentido no encontro com aquilo que lhe é exterior. Passa-se de uma dialética que, por comodidade, diríamos interna, para uma dialética externa ou interativa em que, uma e outra, se completam e se combinam para dar lugar a estruturas cada vez mais complexas.

O que se produz é o encontro entre uma estrutura ativa com suas propriedades particulares e um objeto com sua organização e suas propriedades, também particulares. Quando a mão do bebê se fecha sobre o que ela encontra, produz-se um fenômeno de uma importância capital cujas consequências para o plano do conhecimento nunca deixaram de ser ressaltadas pelo epistemologista Jean Piaget. Com efeito, essa mão se abre para se fechar sobre o objeto que ela pega e que pode soltar pouco depois. Abrir para fechar adquire o sentido de pegar. O inverso fica potencializado: abrir para largar. Mas se a mão se abre para se fechar sobre um objeto é porque ela já busca se apropriar dele como se ele se oferecesse a esse movimento de pegar. Ora, vê-se bem, ao observar os bebês, que a abertura deve se "modular" de algum modo para ser eficaz, pois nem todo objeto se deixa pegar facilmente. Ele opõe uma resistência que está ligada a sua forma, a suas qualidades: uma bola não oferece a mesma facilidade que um bicho de pelúcia, que pode ser pego mais facilmente agarrando seus pelos, a obtenção da parte tornando possível a apropriação do todo. O que se observa no momento de pegar é um primeiro movimento de absorção do objeto na abertura da mão em pinça que se fecha sobre ele desde o contato. Mas a apreensão não dá conta espontaneamente do objeto no que ele é, daí o fracasso frequente do bebê. Para a apropriação eficaz, será preciso modificá-la pouco ou muito e, aos poucos, ir adquirindo o gesto adequado. O que demanda muitos exercícios, uma longa experiência de preensão de objetos cada vez mais variados e o reconhecimento imediato das características do objeto encontrado. Dessa forma, pelo exercício, elabora-se todo um saber incorporado na preensão. Saber da própria coisa em suas particularidades pelo gesto. Talvez o mais importante seja que o funcionamento cria a estrutura, porque, por um lado, ela sai reforçada dele e, por outro, modificada, conforme o caso. Já na consideração desse movimento dialético na interação, a gênese construtora aparece.

No primeiro movimento de apreensão pela mão se assimila o objeto, como se se tratasse de incorporá-lo. Piaget chamou esse movimento de "assimilação". Como esta se revela inoperante quando o objeto não se deixa absorver, é preciso levar em conta isso e, consequentemente, tornar o ato mais adequado e mais eficaz. Daí a necessidade de modular o gesto em função do objeto e de se "acomodar" a ele. Entramos em um processo sem fim de assimilação/acomodação que ritma a dialética interativa do sujeito com o objeto.

Com Piaget, chamaremos de esquemas a abertura e o fechamento, porque estes são elementos da estrutura "mão" ou "boca", etc., que se aplicam e se repetem de um objeto a outro ou de uma situação à outra. Mas se eles se manifestam sempre idênticos, quaisquer que sejam as circunstâncias, não apresentam nada de rígido justamente por possuírem a capacidade de levar em conta as particularidades do que buscam incorporar e, por isso, eles se afinam, se tornam mais suaves, mais flexíveis, adquirindo, por meio do exercício, uma "experiência" que permite dizer que eles se "adaptam" e que essa adaptação vai sempre se aprimorando. O que significa dizer que cada "aquisição" nova se soma às anteriores, as enriquece e interage com elas para formar um "sistema" de experiências significantes em constantes transformações. Ocorre que o funcionamento do esquema constrói a competência adequada para cada objeto no repertório daqueles que o bebê encontrou e que reconhece a maneira como deve lidar por simples contato. Ele possui a memória da maneira como ele deve tratar cada um deles, memória indissociável de seu próprio exercício. Memória do ato em presença do objeto e reconhecido pelo contato.

Esse fenômeno da adaptação majorante é um dado constante da atividade cognitiva que resulta das interações infinitas que todo indivíduo estabelece com tudo o que lhe é exterior. Nós o encontramos em todas as etapas de suas estruturações.

Chamaremos de "objeto(s)" tudo o que um indivíduo encontra em torno de si e que exige, para que possa se apropriar dele, que ele se adapte. Assim como o meio físico, social, cultural, afetivo, etc., serão "objetos", nesse sentido, tanto a leitura quanto a história, a matemática, os instrumentos fabricados, as instituições, etc.

Em toda interação sujeito/objeto, notaremos, como já pudemos observar, que há o que vem do sujeito e o que vem do objeto, e que o sujeito não pode se apropriar do objeto sem levar em conta suas características ou sua especificidade. A interação sujeito/objeto é, de algum modo, uma situação de desafio permanente posta pelo objeto e que o sujeito passa a vida inteira a superar. Disso resulta que não somente ele se modifica em função do objeto a fim de se tornar cada vez mais adequado a ele, mas também que toda sua atividade consiste em voltar a modificá-lo modificando a si mesmo. A modificação do objeto pode ser um simples deslocamento, como pegá-lo, levantá-lo, abaixá-lo, afastá-lo, aproximá-lo, etc. Pode ser, além disso, uma transformação por mudança de sua forma, por destruição, por separação de um ou de vários elementos que o compõem, etc. Em suma, agindo sobre o que lhe é exterior, o sujeito não somente lhe dá sentido, mas o transforma. Nesse sentido, ele o cria.

Uma atividade como a leitura – cada pedagogo sabe por experiência empírica – não consiste simplesmente em decifrar o que está escrito, mas em lhe dar sentido. Quando se pede a uma criança para dizer o que leu, logo no início da aprendizagem – e mesmo mais tarde, infelizmente –, ela não consegue porque não sabe, porque não passa de decodificação. Ler consiste em dar sentido a um texto e em ser capaz de restituí-lo a outros, isto é, de reconstruí-lo. Só se fala uma língua estrangeira com proficiência quando se é capaz não somente de aplicar suas regras e ordenar as palavras, mas de criar com o suporte de suas palavras e das regras de seu uso, uma mensagem, um pensamento dirigido a falantes nativos. O "falar estrangeiro" não é uma aplicação, mas uma invenção pelo uso conforme as regras e as particularidades que este comporta. Em uma outra área, a matemática não é um simples exercício no qual basta empregar os teoremas ou as fórmulas; é um pensamento, ou seja, um conjunto de transformações que cada um deveria compreender ao menos para explicá-las depois. Em outras palavras, para justificar seu uso.

Sem dúvida, estamos em uma perspectiva focada no que o sujeito faz, mas esse foco é aquele de uma pesquisa sobre o que ele faz em função do meio no qual se encontra, como se adapta, como se apropria dele, consequentemente, como o constrói e como constrói a si mesmo ao construí-lo. Nesse sentido, consideramos que é o sujeito que se faz em seu(s) meio(s), mas não o meio que faz o sujeito. A liberdade individual tem aí todo seu fundamento. Não há necessidade alguma de evocar razões metafísicas (Ver Apêndice A).

Em qualquer contato que se estabeleça entre o sujeito e o que lhe é exterior, observamos, como acabamos de dizer, que, em um primeiro momento, sua tendência é de aplicar espontaneamente suas propriedades, mas que estas deverão logo levar em conta aquelas do objeto que encontra. A gênese das estruturas da atividade começa a partir do momento em que o sujeito, cuja tendência espontânea é de assimilar tudo com o qual entra em contato, é forçado, de uma maneira ou de outra, a se acomodar, isto é, a modificar seus esquemas de assimilação para formar novos esquemas.

Nessa *adaptação* do sujeito ao objeto para, em definitivo, se apropriar dele, o duplo movimento antagonista da assimilação e da acomodação produz tanto o sujeito quanto o objeto. Nesse sentido, para se adaptar, cada indivíduo se modifica e se constrói para uma apropriação do entorno cada vez mais eficaz, em um processo que qualificaremos, com Francisco Varela, de autopoiético, isto é, autoconstrutor, e que faz com que o mundo fique cada vez mais enriquecido e mais disponível. Dessa forma, nessa dialética adaptativa do sujeito e do objeto, assiste-se, devido à atividade do primeiro, à sua autoconstrução e transformação e à construção e transformação correlativa do objeto cada vez mais produzido por ele e, em certa medida, sua possessão.

Sendo a dialética movimento, mas movimento construtor, ela deve também ser considerada como gênese. Cada estado que ela produz enquanto tal se apresenta em sincronia como resultado de uma diacronia. Com isso, teremos duas perspectivas que devem sempre ser associadas entre si dialeticamente: uma perspectiva sincrônica-diacrônica e uma perspectiva diacrônica-sincrônica. Isso pode ser compreendido facilmente ao se pensar que, sendo cada momento produzido por um movimento criador e transformador, ele nos aparece sincronicamente, aqui e agora, digamos, mas já estando inscrito no tempo da diacronia e, consequentemente, na mudança. Cada movimento diacrônico como produtor de momentos sincrônicos nos coloca na diacronia-sincronia. Assim, toda perspectiva sincrônica de uma dada estrutura deve ser lida tanto em sua formação quanto em sua transformação. A dialética diacrônica-sincrônica e sincrônica-diacrônica nos faz passar do espaço ao tempo, e vice-versa; do contínuo ao descontínuo, e reciprocamente.

O espaço é importante no pensamento concreto porque todo gesto se inscreve nele, mas também porque o pensamento das coisas, dos objetos, dos lugares, etc., o restitui, dando um lugar a cada um. E a passagem de um para outro se realiza em uma ordem que engendra o tempo reversível. Não se dirá o mesmo do pensamento formal que se inscreve no tempo que ele atualiza na constituição de suas hipóteses, enquanto potencializa o espaço de suas realizações.

Se nos voltamos para as estruturas do sujeito consideradas como tais, isto é, fora das interações com o exterior, observamos que elas obedecem a esse movimento dialético que lhes permite passar de um estado a seu oposto (e dos conteúdos de um àqueles do outro, mas falamos aqui apenas de estruturas). É o caso da boca que abre/fecha, dos olhos, das mãos antes e depois da constituição da pinça. A alternância abertura/fechamento é, nesse caso, muito mais móvel do que nas orelhas ou nos esfíncteres, onde há uma necessidade vital. Para estes últimos, a educação vai privilegiar a predominância do fechamento sobre a abertura. Mas, como sabemos, essas estruturas estão em interação ou com o exterior, como os olhos e as orelhas, ou com o interior, como é o caso dos esfíncteres, ou, ainda, dos dois ao mesmo tempo, como ocorre com o nariz e a boca. Abertura/fechamento para esta, mas com pulsões internas de fome/saciedade. (Como dizia R. A. Spitz, a boca está no cruzamento do interior com o exterior. Uma evidência, sem dúvida alguma, mas que não custa ser lembrada). Inspiração/expiração para o nariz (e efeitos de sensações olfativas agradáveis/desagradáveis quando existe interação com o exterior). Todas essas estruturas funcionam em interação com o meio interno e externo tendo a predominância de um ou de outro, mas também em interação entre si para formar um sistema complexo de estruturas interconectadas. Esse sistema se coordena com as estruturas da atividade do braço e da mão que, em seu prolongamento, se abre ou se fecha sobre objetos pegáveis e acessíveis aproximando/afastando, levantando/abaixando, virando/desvirando, etc., sob o controle progressivo e cada vez mais eficaz, da visão e com a colaboração da audição.

Percebemos que é difícil falar de estruturas isoladas sem as interações que estabelecem e os conteúdos que elaboram.

Acontece que, sendo feita a dialética desses movimentos que permitem passar de um estado a seu oposto, encontraremos, inevitavelmente, entre os dois estados extremos, todos os intermediários. É o que acontece com as próprias transformações. Pela simples razão de que a adaptação ao que é exterior (mas isso vale também para o que é interior de modo um pouco diferente e específico) corresponde a todas as variações dos estados. As passagens da diacronia à sincronia fornecem a razão para isso, ilustrando o aspecto gênese da dialética.

Sabemos, por outro lado, que cada tipo de atividade, seja específica ou coordenada em sistemas, engendra não somente significações relacionadas à experiência tirada do funcionamento com os objetos particulares ou conjuntos, mas estados emocionais que ficam entre esses dois extremos que são o estado agradável e o estado desagradável. Sistemas interconectados de complexidade infinita se organizam gerando essas significações correspondentes de tipo fisiológico, emocional, cognitivo e social. A predominância mais ou menos grande de um sistema sobre outro depende da natureza das interações estabelecidas com o entorno. Alguns objetos podem ser desejados ou rejeitados; outros podem suscitar o interesse ou a indiferença. Há aqueles pavorosos, há os atraentes. Há também aqueles que suscitam pulsões e desejos que, vindos do interior, encontram obstáculos, sendo uns transponíveis e outros não. Quando o objeto cobiçado resiste à preensão, ele diz "não", como a mãe que diz "não" ao filho que tenta pegar algo perigoso.

Quanto ao que agrada ou desagrada, o que é agradável ou desagradável, aceito ou rejeitado, não se sabe muito bem por que, na maior parte das vezes, isso acontece. Tudo deveria, entretanto, ter uma explicação, ao menos teórica, a partir da natureza das interações, assim como da repercussão e das significações emocionais que puderam provocar no sujeito. Tudo parece depender da maneira como ele gere suas interações nos planos fisiológico, emocional, etc. Questão de temperamento, como se diz, por não haver outra forma mais explicativa. De qualquer modo, há algo de constitutivo em cada um que nos escapa e que todo sistema explicativo fracassa ao tentar explicar.

O que se sabe é que a complexidade dos sistemas em interações cria, como podemos observar, sistemas hipercomplexos e sistemas de sistemas que funcionam igualmente conforme as leis da dialética dos opostos e conhecem miríades de estados intermediários devido a esse movimento dialético, o único capaz de explicar a infinidade de variedades de estados psicológicos que se encontram em cada indivíduo.

Para visualizar essa complexidade extrema, pensemos apenas que a passagem do amor ao ódio comporta seu inverso, a passagem do ódio ao amor, e que, se há passagem de um desses estados extremos a outro, seja em um sentido ou em outro, todos os estados emocionais da interação sujeito/sujeito e sujeito/objeto podem ser encontrados, ou seja, todos os sentimentos que fazem a complexidade tão extrema da natureza humana e na qual nos perdemos ao tentar descrevê-la.

Essa hipercomplexidade não exclui as predominâncias que se estabelecem nas interações segundo a natureza do "objeto" ou o estado do sujeito. Sendo toda predominância temporária e móvel, ela organiza e reorganiza hierarquicamente todos os sistemas em interação em função do que é necessário para ela. É assim que todos os "recursos" atuais do sujeito são solicitados em cada interação que ele estabelece, mas em relações de predominância que se "colocam" hierarquicamente conforme o que cada uma implica. As inadequações significam distúrbios internos que vêm "bloquear" ou perturbar essas acomodações e tornar ineficaz, parcial ou totalmente, a adequação da interação, toda vez que as acomodações não ocorrem ou são perturbadas em sua realização.

O que sabemos da dialética até agora nos permite dizer que ela é um duplo movimento de passagem de um estado de uma estrutura, ou de um sistema estruturado, ou de um sistema de sistemas, etc., a seu oposto.

Retomando o exemplo da mão, a dialética é, nesse caso, o movimento interno a essa estrutura que lhe permite passar do estado aberto ao fechado pelo efeito de transformação de sentido inverso: abrir/fechar. A estrutura "mão" funciona em abertura/fechamento e produz dois estados: aberto/fechado. A passagem de um estado a outro é uma transformação que, a cada produção de estado, atualiza um dos opostos e potencializa o outro. Mas, como o movimento se realiza sobre elementos exteriores à mão, esta deve combinar o que lhe é próprio ao que é próprio àqueles. Em outras palavras, ela se adapta se autotransformando, mas também constituindo sistemas de significações ligados a situações de preensão que se incorporam a seu funcionamento, da qual resulta sua flexibilidade e sua mobilidade funcional nas interações. Evidentemente, a pinça se abre ou se fecha de acordo com o tamanho ou a espessura do objeto, seu volume, etc. Todos os estados intermediários são possíveis. Porém – e isso é fundamental –, a dialética da abertura e do fechamento como funcionalidades é a explicação, a razão dos estados que ela produz. Daí a necessidade de toda explicação levar em conta os estados e, ao mesmo tempo, os movimentos que os produziram. Isso vale tanto em psicologia cognitiva clínica quanto em psicopedagogia.

Para ilustrar esse fato, retomaremos o esquema anterior apresentando as qualidades de atualizado/potencializado pelos signos (+), para atualizado, e (−), para potencializado. Isso nos dará, retomando a terminologia de Hegel, dois "momentos dialéticos" opostos em dois níveis, com passagem de um para outro nos dois sentidos.

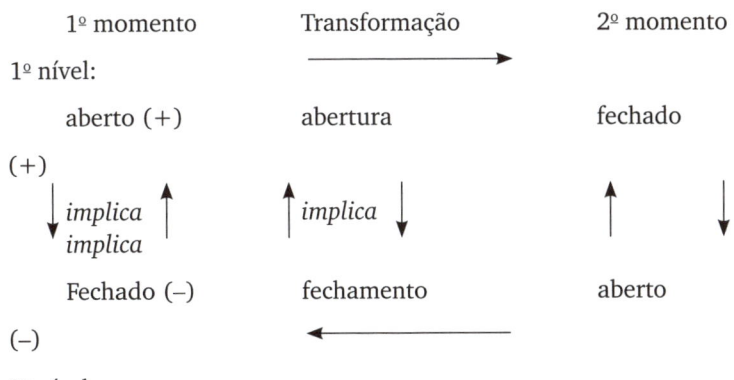

A dialética funciona em dois níveis, como podemos constatar: ela é tanto vertical quanto horizontal, e vai de um momento a outro que é seu oposto, com todos os intermediários possíveis. Os estados se opõem como se opõem as transformações (porque, como sabemos, não há estrutura sem funcionamento nem funcionamento sem estrutura, porque todo estado é produzido por uma transformação da qual se tira sua justificação, etc.).

A expressão, no entanto, desses movimentos talvez fosse mais bem representada pela lemniscata de Bernouilli, com essa previsão de que o movimento não se repete, visto que, devido à interação, ele veicula toda vez conteúdos diferentes. O que o torna, a cada vez, diferente.

O que não aparece, infelizmente, em uma representação gráfica como esta, é que cada nova adaptação que fornece um novo equilíbrio, pelo efeito de uma nova adaptação, retroage sobre os equilíbrios anteriores e sobre a organização dos sistemas de significações construídos. Toda retroação vem não somente enriquecer a aquisição anterior, mas contribui para reorganizá-la e lhe dar meios mais eficazes para adaptações mais apropriadas. Como diz a sabedoria popular, a experiência nos enriquece por tudo o que nos ensina.

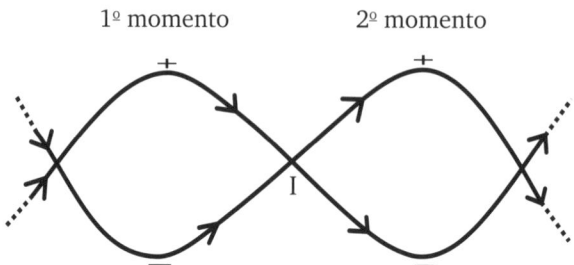

As setas desse esquema dão o sentido dos movimentos contrários (e é assim que se deve ler todos os esquemas a seguir). Aquelas que entram representam que o movimento dá continuidade ao anterior; aquelas que saem indicam que o movimento de atualizações/potencializações continua. O ponto alto de cada curva representa uma atualização (+), o ponto baixo, uma potencialização (–). A intersecção das duas curvas marca o ponto de mutação (I) onde se muda de predominância, ou seja, onde as curvas se invertem.

Chamamos a atenção desde já para a importância desse ponto de mutação e para sua significação psicológica, porque ele expressa momentos em que a atividade parece hesitar entre duas atitudes contrárias, mas com resolução no sentido da predominância. Trata-se de períodos de *oscilações* cognitivas ou de períodos de hesitações, conforme a referência psicológica na qual nos colocamos. Veremos mais claramente com a dialética do figurativo e do operativo. No momento, nos contentamos em observar esse fato.

O que torna esse esquema infiel é que ele leva a crer, com a entrada e a saída das setas, em um movimento linear. O que não é o caso, evidentemente.

Ademais, a lemniscata indica um movimento que gira sobre si mesmo e termina sem abertura. Quanto à ilustração, que ela supostamente dá, da dialética, deveria comportar uma saída com salto para um nível superior, tanto porque estamos na interação quanto devido às adaptações "majorantes" que resultam destas. Mas, ainda nesse caso, faltariam as retroações do que é superior – no sentido hierárquico – ao que é inferior ou anterior.

Enfim, o movimento interno da lemniscata só tem sentido na medida em que permite apreender as alternâncias de predominância das atualizações e das potencializações.

Uma outra esquematização que nos escapa ainda seria necessária para ilustrar as retroações, os "saltos", por passagem de um dado estágio a um estágio superior, as retroações, etc. (Ver Apêndice B).

De um ponto de vista descritivo, sabemos que a dialética é esse movimento que se encontra em todo sistema organizado e que se organiza pela construção de estruturas apropriadas na interação que ele estabelece entre si e o que o cerca e entre elementos que o compõem, considerando que a interação o obriga a se autotransformar continuamente.

Na perspectiva da epistemologia genética na qual nos inscrevemos, o movimento dialético é interativo entre o sujeito e o que o cerca (ele está retroativamente entre as "construções" internas ao sujeito e produzidas pelas interações que ele estabelece). Esse movimento traduz a passagem de um estado de uma estrutura, de um sistema ou de um sistema de sistemas hierarquicamente constituído, para um outro, que lhe é oposto. Ele apresenta, portanto, um caráter antagonista que obedece a uma lógica da contradição, porém dinâmica e que integra a lógica da não contradição ou clássica. Esta última corresponde, toda vez, a um ponto de vista que, mais frequentemente, é aquele de uma atualização.

A lógica dialética é, portanto, aquela do dinamismo estruturo-funcional de organizações que, como o sujeito, se estruturam se adaptando, se transformam e se "autotransformam". Por isso mesmo a dialética é genética e progressiva. Ela constitui um movimento estruturante e construtor que apresenta aspectos proativos e retroativos no espaço e no tempo, irreversíveis e reversíveis. Ela organiza os sistemas em hierarquias integrativas e retroativas porque seu funcionamento é diacrônico-sincrônico e sincrônico-diacrônico.

Para uma síntese provisória, podemos enunciar as propriedades do movimento dialético da seguinte forma e dizer que ele é (em ordem alfabética por conveniência de escrita):

Adaptativo
Antagonista
Complexo e hipercomplexo
Funcional diacrônica e sincronicamente
Hierárquico
Integrativo
Interativo

Proativo e retroativo no espaço e no tempo, irreversíveis e reversíveis
Estruturante ou construtor (aspecto genético) de estruturas e de conteúdos

O aspecto construtor (e, portanto, genético) da dialética é, em parte, conhecido por sua organização em estágios, tal como aparece na epistemologia de Jean Piaget. Cada estágio comporta, como se sabe, um período de preparação e um período de finalização. Mas cada estágio prolonga o anterior (continuidade dos estágios) reconstruindo-o em um nível superior (descontinuidade/continuidade dos estágios). Cada um se apresenta com características que lhe são próprios e se define por estruturas de conjunto que aparecem conforme uma ordem. Evidentemente, cada estágio permite interações que contribuem para seu desenvolvimento específico. As construções que se produzem ali abrem não somente novas possibilidades de transformações dos elementos do meio, como também reorganizam os conteúdos elaborados anteriormente tanto em seu âmbito quanto nos estágios anteriormente constituídos, dos pontos de vista biofisiológico, afetivo, cognitivo e social. É o aspecto integrativo dos estágios que se constituem hierarquicamente.

Para explicitar e esclarecer os dados teóricos que acabamos de fornecer, lembramos que são distinguidos três estágios gerais que se seguem (continuidade), integrando-se ao seguinte (descontinuidade) e ultrapassando os anteriores.

O primeiro estágio atua sobre os sentidos e a motricidade: é o estágio sensório-motor. O bebê vai, inicialmente, desenvolver a atividade perceptiva que consiste em receber as impressões que se chocam com seus sentidos, isto é, todos os receptores sensoriais que o "ligam" com o real exterior, ao mesmo tempo em que ele vai formar os sistemas de significação biofisiológicos e afetivo-cognitivos correspondentes. Em outras palavras, sua atividade perceptiva elabora conteúdos que se organizam, coordenando-se como se coordenam os diversos receptores sensoriais em função de sua atividade e das "experiências" que eles tiram desta. Mas essa "receptividade" ativa não permite ainda modificar qualquer coisa que seja relativa ao meio, por não terem a possibilidade de partir em sua conquista. Essa passividade ativa dará lugar, em seguida, a uma atividade excessiva, com o desenvolvimento da preensão, da coordenação visão-preensão e, sobretudo, com a capacidade de se deslocar quando começa a dar os primeiros passos. O bebê manipula os objetos, os vira, os revira, leva-os à boca e os afasta, etc. Todas essas atividades, porém, são exercidas na presença do objeto físico. Não há praticamente conduta em relação à ausência. Essas são as características mais gerais desse estágio.

Na perspectiva cognitivista piagetiana, esse período se organiza para formar o que ele chama de o grupo prático dos deslocamentos (ação direta, inversa, nula, associativa) que acaba por se fechar em si mesmo.

O segundo estágio continua o desenvolvimento da atividade na presença do objeto, mas os meios empregados são ampliados e a tornam infinitamente mais eficaz. Tudo começa com a entrada em ação da função simbólica que amplia o campo e a eficácia da conduta. O objeto não desaparece mais quando escapa à percepção; ele se torna permanente. Ele é conservado, com efeito, na representação na forma de uma imagem mental. Daí uma atividade simbólica feita de evocações que se encerra ainda, entretanto, na particularidade ou na singularidade do objeto como tal e na "reconstrução", nesse nível superior de tudo o que ficava antes na percepção.

A construção do objeto permanente corresponde também à distinção do corpo próprio e do corpo dos outros, do corpo próprio e dos objetos exteriores, distinção que, sendo todas as coisas iguais favorece a conscientização do verdadeiro eu. Por outro lado, favorece a consciência do que está em mim e do que não está. O eu comporta o outro e sua distinção do que é "meu" eu, que se afirma à medida que este se organiza. O que não exclui, nesse contexto, o fato de que a relação com o real e com o "outro" permanece particular, singular e subjetiva.

Depois disso, no período de conclusão desse estágio, com a construção das estruturas de classe, cada objeto que se vincula a uma categoria é tratado no que tem de mais geral e "manipulado" mentalmente como elemento em uma atividade que consiste em transformações pensadas, julgamentos que se encadeiam em raciocínios. A referência, porém, ao objeto percebido e/ou evocado é indispensável como suporte do pensamento.

A estrutura de conjunto que encerra o sistema reside no agrupamento das operações concretas que se "fecha" em si mesmo e se equilibra, compensando as perturbações virtuais no campo restrito dos objetos concretos. O que limita seu alcance é a existência de uma operação "idêntica especial" referente às classes, porque uma classe não se acrescenta a si mesma, ela é o que é. É por isso que, a esse respeito, $1 + 1 = 1$. Em outras palavras, a classe dos pássaros comporta todos os pássaros reais (e talvez mesmo os imagináveis em certas condições), mas, enquanto tal, não é aumentada. Não é a classe dos "pássaros" que é aumentada, é o número de subclasses que ela comporta.

O terceiro estágio apresenta uma diferença em relação aos anteriores que ele integra, no entanto, ultrapassando-os. Se esse estágio começa buscando organizar os elementos do pensamento se apoiando em conteúdos concretos, se procede pouco a pouco por acomodações das permutações, das combinações, que, por seu caráter empírico, são relativamente pouco eficazes, ele começa, com o tempo, a raciocinar conforme hipóteses que consideram todos os possíveis em uma combinatória. As estruturas do pensamento são organizadoras de todas as combinações possíveis. A mudança consiste no fato de que o real se subordina ao possível e não de que passa de um caso particular deste.

Piaget realizou uma distinção fundamental na atividade do conhecimento diferenciando os procedimentos figurativos dos procedimentos operativos. Essa distinção se mostra particularmente fecunda quando se trata não somente de compreender como um estágio passa de um período de preparação para um período de conclusão, como cada uma das estruturas (a que chamaremos de microgênese) são geradas, mas também como as crianças em situação de exame clínico cognitivo procedem. É a partir daí que podemos vislumbrar a constituição dos primeiros elementos de uma psicopedagogia científica.

Os procedimentos figurativos se referem a tudo o que depende dos estados que se apresentam à *percepção* ou à *evocação* como configurações. Uma paisagem tem esse caráter contanto que apareça como um quadro definido e estático, mesmo que comporte elementos em movimento, como um córrego, o deslocamento de um carro ou das nuvens. Por formar uma totalidade delimitada e que circunscreve um espaço, ela se impõe ao sujeito que a percebe como uma organização que ele recebe como tal. Tal configuração se "lê" perceptivamente e solicita, em consequência, a atividade dos receptores sensoriais com seus sistemas de significações. A dominância é espacial, portanto, estendida. Toda configuração, seja um objeto, uma pintura, uma página escrita, um rosto ou uma paisagem, suscita, em primeiro lugar, a atividade perceptiva que consiste em ver, em ouvir, em contemplar, etc. Os receptores sensoriais informam sobre o "estado das coisas". Eles nos dizem "como é o real". E nada mais. Ou melhor, eles nos impressionam no sentido em que nos emocionam de alguma maneira.

Os procedimentos operativos, em compensação, trabalham as estruturas da atividade do sujeito, seja física ou mental ou as duas ao mesmo tempo. No entanto, temos de distinguir entre a ação e a operação. Uma ação é uma transformação exercida sobre as coisas; ela é irreversível. Ou melhor, invertível. Deslocar um copo é uma ação que pode ser revertida no sentido em que o copo pode ser colocado em seu lugar inicial. Já jogá-lo no chão para quebrá-lo, não. Mas uma ação física como a de deslocar o copo pode vir seguida de uma operação inversa, esta mental, que consiste em colocar o copo de volta no lugar que ocupava inicialmente fazendo o deslocamento inverso. O que significa seguir uma ação direta por seu inverso. (Essa operação comporta, portanto, a consideração do estado inicial da transformação, a antecipação do estado final e a consciência das idas e vindas de um a outro. Alguns autores falaram até de metacognição* para essa atividade. Deixamos aos leitores a responsabilidade dessa interpretação). O próprio de uma ação realizada em pensamento é ser invertível. (Normalmente se reserva o termo de operação a toda transformação executada em pensamento porque ela implica a anulação mental possível daquela que está sendo realizada. Ação direta x operação inversa. Ou, ainda, operação direta x operação inversa = operação inversa x operação direta). Nesse sentido, oporemos uma ação irreversível, mas que pode ser invertível, a uma operação que é uma ação executada em pensamento e, portanto, reversível, mesmo que uma ação possa ser dita uma operação ainda que seja uma transformação. Pela expressão "procedimentos operativos", porém, designaremos toda transformação, seja uma ação física ou executada em pensamento, sabendo quais diferenças elas apresentam.

Assim, desde o momento em que a criança começa a transformar os objetos que encontra, dá prova de sua capacidade de modificá-los. E entra em um período em que a atividade consiste mais em ação transformadora do que em contemplação. Dito de outra maneira, assistimos a um início de reverso de dominância nos procedimentos de seu conhecimento. Mas também ao equilíbrio das estruturas por esse jogo constante das compensações que garantem as propriedades do sistema (direta, inversa, idêntica, associativa, compensatória).

O primeiro movimento da atividade de conhecimento, com efeito, trabalha com os procedimentos figurativos que informam sobre o estado das coisas e fornecem indicações sobre suas propriedades perceptíveis. Sem essa atividade, não se teria nenhum meio de conhecer o real e um conhecimento que não partisse de coisas não seria um conhecimento, nem mesmo uma especulação. Aliás, nem até mesmo uma imaginação, porque não há imaginação sem a referência ao que são as coisas. Nem sonhos ou fantasias. Somos "seres no mundo" – *In der Welt Sein* – para retomar as palavras de Heidegger. Não sendo puros espíritos, nossa atividade não é pura contemplação, assim como o conhecimento, contrariamente ao que os empiristas deixam supor, não nos invade por nossos sentidos, pois antecede a estes. Em palavras mais simples, ele não nos salta aos olhos. Além disso, o que retiramos da

---

* N. de R.T. O termo metacognição significa pensar sobre o pensar, ou tomar as operações mentais como objeto de pensamento. Este foi proposto inicialmente por John Flavell, no final da década de 1970, autor também divulgador das obras de Jean Piaget.

percepção do real é apenas um saber sobre coisas ou objetos particulares, singulares, com frequência únicos, ou sobre situações que só se produzem uma vez. Mas nunca um conhecimento. Saber e conhecer são duas realidades diferentes, ainda que não se possa conhecer sem saber. Ora, na ordem da gênese, o saber antecede o conhecimento. E o conhecimento que se opõe ao saber o integra em um segundo movimento, estabelecendo relações dialéticas, tendo em vista que, sendo o conhecimento universal, ele pode ser tomado como a relação das singularidades ou das particularidades.

Os procedimentos operativos se atualizam aos poucos e terminam por ser dominantes.

Do saber ao conhecimento, assistimos à passagem da atualização do primeiro ao segundo. O tempo (descontínuo/contínuo, irreversível e reversível) está no âmago da dialética. Como o espaço (contínuo/descontínuo, irreversível e reversível), aliás. Mas voltaremos a isso ainda.

Todo contato com o que é exterior ao sujeito ativa seus receptores sensoriais, como já dissemos várias vezes. Mas estes nos fazem ver "como as coisas nos aparecem", quais são suas propriedades aparentes: sua forma, seu volume, sua cor, seu odor, os sons que produzem, o calor que emanam, etc. (Falaremos mais adiante de abstrações empíricas.) Tudo se passa como se as coisas nos convidassem para um espetáculo, aquele que elas oferecem revelando-se em sua aparência imediata. A observação resulta disso, como se o sujeito quisesse saber mais a respeito. Mas ele desenvolve uma "atividade perceptiva" que transforma as percepções espontâneas e as organiza, dando-lhes sentido. Essa atividade de ganho de informação, ainda que ativa (no sentido de transformadora) continua submissa ao que se oferece a ela, como se se contentasse em contemplar cenas ou "figuras" (ou, ainda, quadros), registrá-las por memória pura, ou melhor, interpretá-las em função dos sistemas de significações anteriormente estabelecidos. Essas "figuras" são o que são, isto é, estáticas, mesmo que estejam em movimento (a percepção de uma corrida de cavalos é um espetáculo como é sua representação imagética), porque correspondem a um recorte do real operado pelo sujeito que o organiza em "figuras". Mesmo que a atividade perceptiva trabalhe com estruturas gerais da atividade, que, enquanto tais, são dinâmicas, ela é exercida no "espetáculo". Ela se limita apenas a ser uma atividade de recepção que dá sentido, mas ligada ao percebido em sua singularidade ou em sua particularidade.

Quando, em contrapartida, ela começar a interferir realmente sobre o objeto do espetáculo ou sobre a realidade exterior, ela a transformará, pois lhe imporá deslocamentos, agrupamentos ou reuniões, comparações, que são o efeito das propriedades do próprio sujeito.

Assistimos a uma mudança nas relações interativas com o real. Em um primeiro momento, os procedimentos cognitivos do sujeito são "figurativos", no sentido definido anteriormente e, em consequência, "dominantes". Tudo se passa como se a realidade exterior se desse ao sujeito que a observa e que, de algum modo, toma nota sobre o que percebe, criando sentido, "sentido-para-si". Mas assim que ele impõe suas próprias estruturas de transformação ao real, a dominância se inverte e as significações mudam, organizando-se de outra maneira nesse nível. Não são mais as estruturas do objeto que marcam o sujeito, mas, ao contrário, suas próprias estruturas que transformam o objeto. Muito se falará, a partir de então, de dominância dos procedimentos operativos.

Essas alternâncias aparecerão, evidentemente, em cada nível ou, para retomar o contexto epistemológico genético de Piaget, em cada estágio integrativo. No entanto, parece que, quanto mais se sobe na hierarquia, mais os procedimentos operativos tendem a prevalecer. O que não quer dizer que seja assim de qualquer modo. Em todo caso, a sucessão figurativa dominante/operativo dominante obedece a uma gênese que se nota na construção dos estágios gerais. A alternância figurativo/operativo é também um componente destes. Veremos isso na integração ou na dialética vertical. O que gostaríamos de ressaltar neste momento é que, se essa sucessão de dominâncias de contrários caracteriza esses estágios gerais, ela caracteriza, igualmente, estados pelos quais passa cada uma das estruturas em sua gênese, mesmo as mais elementares. Falaremos nesse sentido de microgênese em oposição à gênese geral ou macrogênese.

Os diferentes estágios integrativos sucessivos passam cada um por um primeiro período em que dominam os aspectos figurativos para, depois, chegar a outro, em que essa dominância é aquela dos aspectos operativos; de modo que se pode pensar que esses processos não sejam de mesma natureza conforme o nível da atividade.

O figurativo do estágio sensório-motor trabalha a atividade perceptiva em todos os seus aspectos (gustativos, olfativos, visuais, auditivos, proprioceptivos, etc.), ao passo que o operativo que vem depois, integrando-o (o sujeito age sobre o que percebe), revela a exuberância da atividade do sujeito que exerce seus esquemas motores dos quais ele se apropria no campo de sua preensão.

No nível seguinte, aquele da representação simbólica, continuando a agir sobre os objetos percebidos e a transformá-los deslocando-os, movendo--os, misturando-os, jogando-os, etc., a criança, que também os representa, imagina cenas nas quais estes últimos participam, transforma-os na imaginação, "representa-os" (ou seja, os apresenta novamente) para agir sobre eles simbolicamente, mas levada pelas imagens que ela associa entre si conforme temáticas onde se encontrarão tanto sua criatividade quanto suas preocupações subjetivas, para não ir além. A dominância figurativa nesse momento é fundamentalmente qualitativa. O operativo que se impõe em seguida organiza todos os objetos, anteriormente tomados em sua particularidade e em sua singularidade (suas qualidades), segundo o que apresentam de semelhanças tomadas como entidades. O que chamamos de classes lógicas. Ao que corresponderão, no plano da linguagem, aos conceitos. É assim que veremos a passagem do qualitativo para o quantitativo, em que a quantificação dominará com a construção dos números ordinal e cardinal, as operações de adição e de subtração, de multiplicação de classes, de medida de comprimentos, perímetros, superfícies, volumes, de conservação das quantidades físicas de matéria, de peso, de volume, etc.

O próprio desse período de dominância da quantidade sobre a qualidade, porém, é organizar os objetos no que eles têm de comum (classificações) e construir a generalidade, aquela do concreto, isto é, da experiência. Resulta daí uma ordenação do real pelas estruturas do sujeito no plano da representação que ele faz do real. O que é pensado assim não passa do que é compatível com as estruturas de sua atividade ou do que estas construíram como conteúdos de pensamento. E nada mais. O real pensado é apenas o real concebido, o real construído. O que está além escapa. Mas o sujeito, conforme se constrói na e pela interação entre esse real e as estruturas de seus diferentes níveis de organização, não para de se autoconstruir transformando-se, e de construir o mundo que o cerca, e de transformá-lo. E se o escapa, é sempre de maneira relativa ao que ele mesmo é e ao modo como o imagina, em uma abordagem assintomática. Ele nunca o apreenderá e nunca o conhecerá em seu ser. O que conhecerá desse mundo será sempre sua construção que, mesmo se revelando cada vez mais adequada, não o alcançará no que ele é.

As formas do pensamento se desenvolvem, ainda, como sabemos, em uma terceira etapa, que compreende um período de dominância figurativa seguido de um período de dominância operativa. Nesse nível, entretanto, as estruturas em construção são aquelas da combinatória que se ordenam conforme a perspectiva de todos os possíveis consideráveis, cada um funcionando de acordo com a lógica do necessário, segundo as escolhas do sujeito. O pensamento se tornou hipotético-dedutivo.

A anterioridade dos procedimentos figurativos sobre os procedimentos operativos se nota, portanto, como acabamos de dizer, na constituição de cada estado integrativo geral, como se se tratasse, como pensava Piaget, de um período de preparação cujo período dos procedimentos operatórios que o segue fosse sua finalização. Essa sucessão que se reproduz a cada nível integrativo superior, em macrogênese de algum modo, se encontra também, qualquer que seja o nível, na construção de cada estrutura e na resolução de cada novo problema. Trata-se de um fenômeno de microgênese. (Aproveitamos para observar que essa alternância em níveis diferentes corresponde a uma estrutura fractal da qual Mandelbrot foi o teórico).

Nessa alternância, o movimento dialético nos faz passar, como vimos, de uma dominância a seu contrário, ou seja, do que é atualizado e do que é, por isso mesmo, potencializado, a seu inverso, em que o potencializado é então atualizado, e o atualizado anterior, potencializado.

Contrariamente à lógica clássica, não assistimos à exclusão de um em prol do outro conforme o esquema "ou isto ou aquilo". Os procedimentos figurativos não excluem os procedimentos operativos; ao contrário, eles os implicam, e vice-versa. Nunca temos ou uns ou os outros, mas sempre uns *e* os outros, embora não possamos tratá-los juntos em um mesmo ato de pensamento. Ou melhor, passamos de uns aos outros alternadamente. Ainda que diferentes (lógica da diferença: ou isto ou aquilo, ou, se se quer, com exceção de...), eles não deixam de estar ligados (e..., e, ou ainda, ao mesmo tempo..., ao mesmo tempo). Cada um tem sua especificidade, sua particularidade, características que os diferenciam, mas são de tal modo ligados, que nunca se verá um sem o outro, nesse caso, o operativo sem o figurativo e inversamente, devido à passagem de um a outro ou do movimento alternado de um estado dominante a um outro.

Podemos dizer agora que se encontrará sempre o figurativo no operativo e o operativo no figurativo. O que significa que a atividade figurativa comporta algo da ordem das transformações, mas sob a dominância figurativa ou estática. Tudo se passa como se a figura impusesse sua organização ao sujeito que vai passar de uma observação a outra. Mas sem nada modificar da "figura" que lhe apresenta o objeto. Só variam, nessa atividade perceptiva, os pontos de foco, ou, ainda, a maneira de olhar e a interpretação feita dos dados colhidos, etc. Em outras palavras, mudar sua maneira de olhar não muda a coisa olhada.

A observação confirma tanto ou mais essa alternância que podemos dizer o seguinte:

1º Momento	2º Momento
Procedimentos figurativos (+) ⟶	Procedimentos operativos (+)
Procedimentos operativos (–) ⟶	Procedimentos figurativos (–)

A dialética comporta sempre alternâncias de dominâncias invertidas, nas quais algo do que é potencializado se encontra no que é atualizado e reciprocamente.

Por exemplo, se se considera que esse esquema representa o período diacrônico-sincrônico que se estende dos 2 aos 11-12 anos e que é chamado de "estágio das operações concretas", tendo como preparação o subestágio pré-operatório ou, ainda, o pensamento simbólico e como finalização o subestágio operatório concreto propriamente dito, notaremos que o primeiro momento atualiza os procedimentos figurativos. O pensamento adquire a possibilidade de pensar por imagens, de imitar, de fazer "como se" ou "de conta que", de reproduzir pelo jogo simbólico, de desenhar, etc. O meio mais empregado é a evocação que pode desencadear a fantasia, o sonho, mas também todas as atividades que acabam de ser mencionadas. A evocação pode vir acompanhada de nostalgia, de melancolia, etc. Em outros termos, esse pensamento veicula principalmente conteúdos significantes para o sujeito segundo os quais ele regula suas condutas gerais. A ordem que aparece em suas produções não passa da restituição da ordem desses conteúdos. E, como estes podem lhe vir à mente por simples associação de ideias, contiguidade, assonância, deslocamento semântico, etc., a impressão do observador é a de uma grande incoerência. Equivocadamente, pois a psicanálise nos ensinou a buscar a ordem (ou a coerência) que se manifesta na desordem, especialmente na semântica da afetividade. Pode-se falar de caos, no sentido em que o toma a *teoria do caos*. Nem é preciso dizer que este não é apenas afetivo e que, por outro lado, já se pode identificar nele uma organização estruturo-funcional em construção e de progressiva coordenação, como mostraremos a seguir. (O "caos" no sentido da teoria mencionada não é ausência de ordem).

Lugar da subjetividade, da singularidade e da particularidade, o pensamento simbólico se regula com base na lógica dos conteúdos que pode atualizar nas transformações que opera no real. Trata-se da realização e da ativação da ordem das coisas interiorizada na forma de imagens tematizadas. Por exemplo, brincar de polícia, de professor, de casinha, de índio, etc. Em seus gestos, a criança faz passar conteúdos de sua representação, imitando ou inventando, mas por organizações temáticas. Mais uma vez, a ordem que se vê ali provém do encadeamento dos acontecimentos ou dos fatos evocados. O observador, no entanto, nota que a lógica da organização da atividade motora produz as cenas e efetua as transformações necessárias pelo encadeamento das evocações. Encontra-se em prática ali todas as características dos procedimentos operativos anteriormente atualizados. É por isso que os procedimentos operativos são integrados à dominância figurativa atualizada prevalente (dominante) durante esse período. Evidentemente, em suas brincadeiras fantasiosas ou de imitação dos papéis dos adultos, as crianças encontram elementos do real que não deixaram fisicamente e que vão usar para suas produções simbólicas.

Na atividade de dominante figurativa ou simbólica da criança do início do segundo estágio do desenvolvimento cognitivo, passa-se para o nível da representação, nível em que são reconstruídas todas as experiências anteriores e em que se reelaboram os objetos na forma evocada, com todas as suas propriedades qualitativas. O contato com o objeto presente no jogo simbólico ativa a percepção e a ação transformadora em sua presença, mas o motor de toda essa atividade é aquele da representação simbólica que toma tudo o que pode alimentá-la. Vemos aqui a ilustração dessa integração do estágio anterior no seguinte, com a dominância do que se atualiza e que utiliza todos os recursos dos quais ele dispõe. Dito de outro modo, a percepção se integra à evocação, mas não a substitui. Uma menininha que brinca de princesa e de fada ao mesmo tempo diz, ao percebê-lo repentinamente: "Ah, é meu papai!" Este, em seguida, tendo feito um gesto brusco que atrapalhou a organização da fantasia indumentária, é repreendido por seu ato com essa observação: "Não se mexe com a princesa!" Belo exemplo de consideração do real no imaginário. Situamo-nos aqui exatamente no âmago da complexidade dialética e da dominância do primeiro momento.

Todo estado de nível superior, mesmo em seu período preparatório, apresenta essa atitude de integrar, de usar o estado anterior em sua finalização. Mas ele contribui também para suscitar a continuidade de seu desenvolvimento e, dessa forma, lhe dar mais flexibilidade. Observa-se que, embora o que tenha sido atualizado seja integrado como potencializado e, como tal, esteja à disposição, na dominância figurativa aparecem como ruídos, elementos estruturo-funcionais são atualizados progressivamente, e estes são os primeiros elementos constitutivos das futuras estruturas das operações concretas. Essa gênese do operativo sob dominância figurativa significa que, por meio de sua atividade, a criança começa a organizar os conteúdos qualitativos que alimentam sua atividade. A dependência dos conteúdos faz com que essas estruturas em gestação só possam organizá-los de modo fragmentário. Elas ainda não são suficientemente "fortes" para se desvincular dos conteúdos figurativos no que eles têm de atraente e de particular.

O figurativo – ou "o qualitativo" – prevalecem a cada início de estágio, em micro e em macrogênese, apresentam características comuns e diferentes. Em qualquer nível, ele se vincula ao estado das coisas. Estas são perceptíveis pela atividade perceptiva ou pela evocação. O figurativo sensório-motor é perceptivo e depende da coisa presente "aqui e agora". O figurativo da representação é imagético ou simbólico. Ele remete à coisa percebida antes e evocada ou "vista" mentalmente, depois, por intuição (*intueor*). O figurativo do pensamento formal é ao mesmo tempo perceptivo e evocativo, porque fica preso ao espaço dos objetos (ou da extensão) concreto e imagético. A necessidade está ainda nas coisas. Somente o que é ainda concretamente necessário é possível, ao passo que, no período de conclusão do estágio, todo o possível será necessário. Dessa vez, formalmente.

Cada atualização do figurativo integra, portanto, o figurativo anterior potencializando-o, . Mas integra também o operativo – o quantitativo – anteriormente atualizado. Nessa dominância, começam igualmente a se construir estruturas operatórias que se organizarão em sistemas no nível de conclusão das operações concretas.

Se o figurativo nunca tem o mesmo valor, o mesmo ocorre com o operativo. O operativo potencializado no período sensório-motor é o conjunto dos sistemas reflexos e hereditários que se afinam pelo funcionamento e que se organizam em sistemas coordenados para formar, em seguida, o operativo dominante no segundo momento desse estado. O que é adquirido está à disposição, se desenvolve depois e se estrutura funcionando. No primeiro momento, a aquisição funciona como tal e, ao funcionar, constrói as estruturas operatórias que serão dominantes no segundo momento.

O que há de comum a todos os momentos de dominância do operativo é que se operam transformações. As diferenças residem no fato de que, no segundo momento do primeiro estágio, as transformações consistem em ações; no segundo momento do segundo estágio, em operações e, finalmente, no segundo momento do terceiro estágio, em operações sobre operações.

Cada estágio integra e ultrapassa o anterior e retroage sobre ele e, como se trata de uma hierarquia, o terceiro retroage sobre o segundo e o primeiro ligados em um sistema integrativo, e o segundo sobre o primeiro, como podemos visualizar no esquema a seguir:

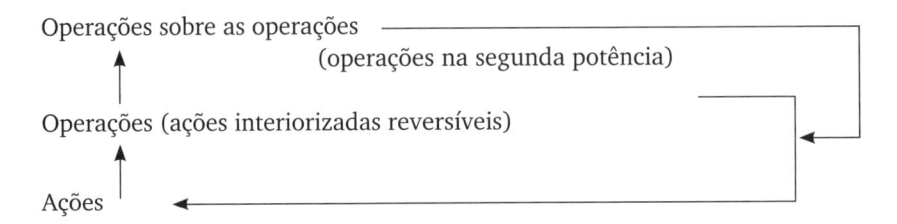

Operações sobre as operações
(operações na segunda potência)
↑
Operações (ações interiorizadas reversíveis)
↑
Ações

A prevalência dos procedimentos figurativos sobre os procedimentos operativos se inscreve no movimento das estruturações das formas da atividade que obedecem ao percurso segundo o qual se constroem, primeiramente, as estruturas da atividade em sua forma figurativa, para deixar lugar, depois, às formas operativas que vêm, quando atingem seu grau de equilíbrio, constituir um conjunto que integra as primeiras a título de componentes, funcionando o todo conforme leis de totalidade. E se há, dessa forma, estruturas de conjunto que se constroem segundo a gênese figurativa (+) para operativa (+), estas são feitas de estruturas que se organizam para constituir uma estrutura de conjunto, conforme a mesma gênese. Podemos falar de microgênese no caso destas últimas e de macrogênese no caso da construção da totalidade que elas contribuem para organizar se constituindo em sistemas parciais, estes mesmos, em sistemas mais complexos, para chegar a um sistema de conjunto, criando, finalmente, essa totalidade que funciona de acordo com leis próprias. Há, portanto, uma gênese de cada uma dessas estruturações, como há uma gênese das estruturações de conjunto. A observação em laboratório e na consulta clínica nos ensinam boa ciência.

Não é preciso crer que o operativo seja engendrado pelo figurativo, mesmo que nunca se tenha um sem o outro e que se veja, tanto em macro como em microgênese, assim como em qualquer funcionamento, as alternâncias de dominância de um e de outro. A atividade perceptiva registra o que ela recebe e a organiza cedendo a ela as estruturas da atividade metamorfoseiam os conteúdos que ela fornece. São elas que, não somente transformam o real percebido, mas estabelecem relações entre os conteúdos produzidos pela percepção, assim como entre os conteúdos representados.

Por exemplo, a atividade de comparação entre objetos diferentes que resulta em dizer o que há de parecido e diferente entre eles é realizada tanto no nível da percepção quanto no nível da representação. Mas as semelhanças construídas em leitura das propriedades dos objetos são diferentes daquelas estabelecidas entre noções. O que há de semelhante entre uma mesa, uma cadeira, um sofá, um pêndulo e uma poltrona é que, muito além de sua cor (percepção), eles são móveis (concepção). Móvel expressa o pensamento do que eles oferecem de comum: eles pertencem à mesma categoria mental, fazem parte da mesma classe lógica. O que separa a percepção da operação aparece bem com a atividade de comparação que, como vamos ver, muda de natureza com o pensamento. Dois objetos podem ser da mesma cor, e é possível colocar os azuis com os azuis, os vermelhos com os vermelhos, os azuis grandes com os azuis pequenos, etc., porque os vemos. Mas eles podem ser da mesma cor e não de mesma natureza. Os lápis azuis, a borracha, o caderno, o estojo, etc., não apresentam nada em comum que seja visível com exceção da cor, por exemplo. Mas são utensílios escolares, conceito que não tem nada de visível. Pode-se verificar perceptivamente que é assim, mas não se pode ver esse conceito, que é apenas uma representação abstrata e geral.

Para esclarecer ainda mais esse ponto, digamos que a percepção lê as propriedades dos objetos e, pela atividade de comparação, estabelece o que eles têm de parecido e de diferente. A cor pode ser a mesma, a matéria, diferente. Há, portanto, o que é parecido e o que não é: o tamanho, o volume, o peso, etc. Essas comparações são feitas, primeiro (gênese) entre o que é visto (percepção) e, depois, a partir dessa percepção, entre o que é concebido: categorização. Veremos, no nível do pensamento, a consideração do que é percebido, integrado ao que é pensado. Mas o primeiro antecede o segundo e lhe fornece, ainda que não o forme, os conteúdos que vai organizar e reorganizar. O pensamento é sempre de alguma coisa, primeiro percebido, depois concebido. Se o figurativo antecede o operativo, ele não o cria. O operativo é constituído de todas as estruturas de transformação praticadas ou pensadas, enquanto o figurativo só é feito das percepções ou das evocações do que foi percebido. Temos aí dois aspectos diferentes da atividade de conhecimento que poderíamos crer paralelos e que se cruzam sem que um determine o outro. O que não impede que eles sejam complementares e os primeiros necessários aos segundos. Tampouco que isso exclua que eles alimentem relações interativas entre si com essas dominâncias alternadas tanto em macro quanto em microgênese. Isso não impede que, em uma mesma atividade interativa, e qualquer que seja o nível e a maturidade alcançada por uma estrutura, passagens alternadas rápidas se produzam do figurativo ao operativo e vice-versa. Por exemplo, já a partir dos 16-18 meses, algumas crianças começam a se revelar capazes de condutas simbólicas, mas parciais, por exemplo, no "fazer como se" ou, ainda, imitando uma situação ausente. Mas esses "avanços" significam simplesmente que, no seio do estágio sensório-motor, já se observam condutas isoladas de nível superior. Que elas possam mesmo ser numerosas, não muda nada no conjunto daquelas que são dominantes. Elas são apenas a preparação parcial das condutas que vêm a seguir. Não se poderia concluir daí, como se faz tão espontaneamente, que uma criança que revela tais condutas já tenha deixado o estado em que ela se encontra. Suas características de conjunto não são modificadas.

Poderíamos considerar que isso resulta em um sistema que se completa, abrindo-se ao mesmo tempo às interações com o exterior, mas no qual a construção superior integra e ultrapassa o inferior sem excluí-lo em sua especificidade.[1]

Daí o sistema em diacronia – sincronia:

1º momento   2º momento

PERCEPÇÃO – – – – – – – – – – → PENSAMENTO

E em sincronia – diacronia

2º momento

| PENSAMENTO |
| PERCEPÇÃO ← |

Com a passagem de um para outro, o que é difícil de ser representado no plano gráfico.

Para resumir, os procedimentos figurativos do conhecimento que "leem" pela percepção ou pela intuição mental e pela evocação "o estado das coisas" são diferentes e encontram-se separados dos procedimentos operativos do conhecimento, estando ligados a eles. Cada um segue uma linha de desenvolvimento própria e paralela à outra, mas em interação uma com a outra. Mesmo que haja anterioridade da primeira em relação à segunda, e dominância alternada de uma sobre a outra. Aí se encontram, especialmente, o aspecto interativo e o aspecto gênese da dialética com a combinação da continuidade/descontinuidade dos estágios dos quais já falamos.

Os procedimentos figurativos se constroem antes dos procedimentos operativos. Eles funcionam de modo predominante em relação aos segundos. Como nunca há o figurativo sem o operativo, em toda atualização de um há a potencialização do outro e a possibilidade de mudança de dominância parcial para a dominância principal. O operativo em dominância é sempre aquele que foi atualizado no estado anterior. Mas é também aquele que se constrói no transcorrer dessa dominância para dominar, em seguida, segundo a gênese. Nesse sentido, é a reconstrução no plano superior daquele que antecede, diferenciando-se.

O recorte em estágios gerais não tem nada de rígido, como se poderá perceber, apesar do que dizem os detratores. Significa simplesmente que a criança passa por períodos de seu desenvolvimento nos quais elabora competências que preparam, se não forem construídas progressivamente, aquelas dos níveis de complexidade estruturo-funcional superiores. Mais precisamente, todo sujeito se encontra confrontado permanentemente com conteúdos que lhe opõem resistências e que o funcionamento das estruturas que ele adquiriu não lhe permite assimilar imediatamente. Entretanto, ele continua se empenhando sem parar. É por isso que, por meio do funcionamento dessas estruturas, ele cria aos poucos, transformando-se para se adaptar ao domínio dos conteúdos que ainda lhe escapam das estruturas mais adequadas. E assim sucessivamente. O funcionamento é, portanto, estruturante. E se pode dizer, sem incorrer em erro, que ele cria as estruturas como a energia cria a matéria.

Quando a "leitura da experiência" nos ensina sobre o estado das coisas, ela nos prende de algum modo no que é constatável ou no que é "sabido" a seu respeito. Por exemplo, o quadrado é logo identificado pelas crianças e diferenciado do círculo (ou do "redondo", em sua linguagem). Mas se percebe muito rapidamente que ele constitui uma "boa forma" e que, qualquer que seja a situação, será preciso sempre apresentá-lo de tal modo que ele seja reconhecido logo como essa figura equilibrada cujos quatro lados são iguais, mas posicionada sobre um deles.

Que ele seja uma forma característica reconhecida e identificada como quadrado tem a ver com a maneira como normalmente é mostrado, sobretudo na escola. Mas também com a maneira como o concebemos. Trata-se, repetimos, de uma "forma" estática que nos é dada a ver, a reconhecer para identificá-la, de um modo particular. Como um dado exterior. Com esse implícito de que ele se encontra fora de nós, dando-lhe, consequentemente, uma existência independente do espírito humano que o concebeu e criou. Essa figura, como toda a geometria, é obra humana, em constante engendramento.

Em situação de intervenção remediativa, apresentamos um quadrado de plástico a crianças e perguntamos o que é. A resposta é imediata: um quadrado. Algumas delas nos dizem inclusive que ele é feito de plástico e tem cor.

Quando deslocamos esse quadrado lateralmente, da esquerda para a direita, e vice-versa, sem mudar nem sua disposição nem a orientação, questionamos sobre sua permanência ou sua identidade, ou, ainda, buscamos saber se, dessa figura, algo muda e algo não muda ou, se algo muda, o que então?

Em todo posicionamento obtido após um deslocamento, trata-se sempre de um quadrado. Ou seja, o quadrado é sempre o quadrado sem consideração do lugar onde se encontra. No entanto, em relação ao lugar que ele ocupava inicialmente, o que mudou, mesmo que continue sendo um quadrado, são os posicionamentos que lhe foram impostos. Nesse caso, os procedimentos figurativos dominantes não são ultrapassados porque as transformações não foram levadas em conta. (Aproveitamos para observar que toda a pedagogia se funda na perenidade dos procedimentos figurativos sem levar em conta transformações. Isso diz respeito tanto aos métodos de leitura quanto a toda aprendizagem escolar, mesmo universitária. Mas continuemos).

Para ir adiante, sempre com deslocamentos laterais, esse quadrado sofre uma rotação no plano. Perguntamos então o que temos na mão. Sem dúvida alguma, é um quadrado, contanto que a posição de chegada corresponda ao estado inicial. O questionamento que desenvolvemos é sobre o que aconteceu para saber se algo mudou e, se for o caso, por quê. Há alguma coisa que não mudou, etc.? Poucas crianças têm consciência das transformações. Elas ficam presas aos estados. O quadrado continua sendo o que é, sem variações. E isso pode chegar até uma idade muito avançada (12 anos ou mais). Muitos, aliás, acreditam que se trata de uma pegadinha e ficam desconfiados. De qualquer modo, a identidade do quadrado se mantém. E, mais frequentemente, nada mudou. No máximo, o quadrado se moveu. Aliás, foi ele que se moveu mais do que tenha sido movido. É por isso que propomos à criança que ela mesma o desloque e pedimos para que nos diga o que ela fez com o objeto. Questionamento destinado a favorecer a tomada de consciência de que o objeto nunca se move, e sim é ela mesma que o move.

A experiência segue, mas, dessa vez, fazendo-o girar sobre si mesmo, lateralmente, correspondendo a posição final à posição inicial. Mesma experiência, mesmas repostas com ignorância das transformações sem sua consideração. Ouvimos, na maioria das vezes, "ele rolou".

Impomos, ainda, duas situações que consistem em "rolar" esse quadrado sobre si mesmo e, em seguida, sempre lateralmente, em lhe imprimir um movimento helicoidal. O quadrado para em diversas posições das quais diremos, primeiramente, "em uma das pontas" e, em segundo lugar, em um dos lados.

Assim que paramos a translação lateral sobre um dos ângulos, não se trata mais de um quadrado, mas de uma figura desconhecida. Alguns mais avançados falam do losango, mas raramente. A permanência dessa figura não é assegurada, e ela se torna outra coisa. Sua identidade depende de sua posição, como ocorre com todas as figuras que propomos mais adiante. É como se o indivíduo deitado não fosse o mesmo que o indivíduo de pé.

Veem-se respostas de mesmo tipo quando se interrompe o deslocamento helicoidal em posição "de lado",

O quadrado desaparece, é outra coisa. Isso porque simplesmente não se vê mais o quadrado-tipo.

O aspecto figurativo do conhecimento aparece bem aqui porque se está na presença de uma figura que, ao sofrer uma mudança de apresentação, "desaparece", para se tornar outra coisa... não se sabe o quê.

Nessa questão, o mais impressionante é que a criança vê que não mudamos a figura, substituindo-a por outra e que, apesar disso, persiste em achar que o quadrado se tornou "outra coisa". Sua posição e lugar são modificados porque cada posicionamento corresponde a um deslocamento. O que não muda, em compensação, é que temos um quadrado que continua sendo um quadrado, mesmo se colocado sobre uma de suas pontas, levando a pensar que se transformou em uma outra figura (um losango, como pensam muitas crianças, mesmo que não possam dizer seu nome). Podemos tirar daí também a dialética dos movimentos de sentidos opostos (direto e inverso), qualificados de rotação, translação, etc., das posições (apoiado em um lado, formando ângulo com a superfície da mesa, sobre uma ponta, à esquerda, à direita, diante de algo ou de alguém, etc.), da qualificação do objeto (quadrado, de madeira, grande, vermelho), com o que não muda (suas qualidades, sua natureza) e o que muda (suas posições sucessivas, o lugar de seus posicionamentos e o sentido de seus deslocamentos). Dialética dos movimentos e dos estados, com diferenciação-identificação dos estados sucessivos, dos lugares, das posições, do sentido do movimento, de sua natureza, etc. Pode-se avaliar dessa forma – sobre o qual voltaremos mais adiante – a imensa complexidade das atividades em questão nesse único exemplo.

A diferença entre saber e conhecer encontra aqui uma nova justificativa. De fato, fica muito evidente que, em toda transformação imposta ao que quer que seja, se algo muda, algo não muda. O quadrado identificado não desaparece ou, como no sonho ou nos contos de fada, não se transforma em alguma outra coisa, conforme a fantasia ou as necessidades da narração. A abóbora não se transforma em carruagem.

Toda mudança supõe o que muda e o que permanece a partir da intervenção da ação humana. Assim, o quadrado se mantém como tal, com sua cor, sua matéria, seu tamanho, etc. Mas se eu o desloco, ele muda de posição. Passa de um lugar "a" para um lugar "b". O sentido do deslocamento pode também ser modificado. Nesses deslocamentos, porém, o quadrado permanece sendo um quadrado.

Temos de ir além da percepção que leva à simples constatação, e levar em conta as transformações que permitem produzir e reproduzir o estado e, assim, compreender por que a aparência do quadrado se modificara sem que ele mudasse de natureza. Deixamos então a simples constatação para chegar à explicação. Nesse sentido, "refazer", isto é, recriar as condições de aparecimento do fenômeno ou recriar o estado constatado permite compreender e explicar. A constatação, mais uma vez, é aquela de uma coisa particular e singular, única; a explicação é a regra geral da transformação criadora dos estados.

O saber não se justifica, ele se repete tal qual, suscitando apenas a memória e/ou a imitação reprodutora. O conhecimento explica, justifica, raciocina, refaz ou recria, precisamos dizer e repetir isso incansavelmente.

Essa passagem de um estado do real a um outro, se explica pela(s) transformação(ões) que é (são) produzida(s). Em toda transformação de qualquer coisa que seja, algo muda e algo não muda. Além disso, quando se compara o estado inicial com o estado final, pode-se dizer o que mudou e o que não mudou, o que permanece igual e o que não é mais igual a antes. Há sempre essa dialética dos estados e das transformações, da identidade e da diferença, etc. Não se deveria perder isso de vista em matéria de educação!

De qualquer forma, é o sujeito que transforma e impõe suas propriedades ao objeto levando em conta as dele igualmente.

O movimento da dominância dos procedimentos figurativos sobre os procedimentos operativos a seu inverso, aquele da dominância dos procedimentos operativos sobre os procedimentos figurativos passa por transições insensíveis na diacronia, por momentos sincrônicos mais ou menos rápidos, em que vão aparecer o que chamamos de *oscilações* cognitivas. Na verdade, estas se manifestam em torno do ponto de mutação (I), de um lado e do outro em uma zona próxima desse ponto, mais ou menos afastada, aliás, porque é impossível delimitá-la. Mas nesse domínio, constatamos, nas condutas cognitivas do sujeito, passagens aos procedimentos figurativos, e vice-versa, traduzindo as hesitações de seu pensamento, sendo os dois procedimentos, para ele, quase de mesmo valor.

Quando perguntamos às crianças sobre a conservação da quantidade de matéria, por exemplo, a partir de duas bolas de massa de modelar que pedimos para fazer de forma que elas tivessem o mesmo tamanho e a mesma quantidade de matéria e que, ao transformar uma delas em uma salsicha, perguntamos se há, na salsicha e na bola que permaneceu igual, mais massa, menos massa ou a mesma coisa, obtemos respostas contraditórias.

Por exemplo, uma criança nos diz que há mais massa na salsicha, comparada à bola, porque aquela é maior (apoio nos procedimentos figurativos), em seguida, afirma que são iguais, porque não se tirou nem acrescentou massa (procedimento operativo) para declarar, finalmente, que há menos massa na salsicha porque ela é mais fina do que a bola, etc. Impossível para ela tomar uma decisão, porque hesita entre os dois procedimentos que têm mais ou menos o mesmo valor, nenhum superando ainda o outro. Notaremos, no entanto, que, na zona de dominância figurativa, quando ela se aproxima do ponto de mutação, a criança reafirma sempre a primazia do figurativo porque ainda está sob sua dominância. (Não se pode evitar de pensar na experiência do bastão de Descartes cuja parte mergulhada na água parece quebrada na intersecção do ar com a superfície do líquido. Outro argumento que justifica, para ele, que os sentidos nos enganam e que não podemos, no julgamento, confiar neles. Porém, na verdade, elemento do conflito entre dois procedimentos do conhecimento, nesse momento da gênese, cuja resolução se realiza a favor do que é mais atraente e, por isso, mais convincente: "Eu sei, dizem as crianças, porque estou vendo").

A lógica do adulto dirá que essas crianças estão em plena contradição, já que afirmam coisas logo em seguida de argumentos contrários. Sem dúvida, mas observamos que elas passam de um ponto de vista a outro sem conseguir coordená-los. Entretanto, como um prevalece sobre o outro, a decisão final vai no sentido da inclinação maior. Assim, é verdade que a salsicha é maior, mas isso não implica modificação da quantidade. Para a percepção, tudo pode mudar de acordo com o ponto de foco. Mas, para o pensamento, há o que muda e o que não muda. O que muda é a forma, e o que não muda é a quantidade de matéria. E é justamente em virtude da coordenação desses dois elementos que a conservação poderá ser afirmada.

Algumas crianças dizem primeiramente, como no exemplo citado, que há mais massa na salsicha (ou o chouriço) porque ela é mais comprida. Em seguida, há a mesma quantidade, porque não se tirou matéria. Se fazemos com que notem que a salsicha é menos espessa do que a bola, então há mais massa na bola. Se, além disso, colocamos a salsicha verticalmente, ela pode ter mais massa do que a bola porque é mais alta, etc. Geralmente essas "contradições" de suas afirmativas, aos olhos do adulto que vê de fora, traduzem somente os pontos de fixação sucessivos da percepção não vinculados entre si, como declaramos. Ora, a criança só diz o que *vê* na medida em que sua visão muda de ponto de impacto. Mas ela é capaz também de *lembrar* que havia a mesma quantidade no início e que, ao final, em virtude desse fato inicial, deve haver a mesma quantidade. Certeza para ela, mas incerta, porque basta passar de um ponto de vista a outro para que tudo mude. De fato, se há "a mesma quantidade de massa que havia pouco antes", essa afirmação provém de uma intuição e corresponde, de qualquer forma, a um salto do estado final ao estado inicial, sem que nada os ligue, nesse caso, uma transformação. Persistência da força dos estados sucessivos que correspondem aos deslocamentos sucessivos dos pontos de fixação perceptivos. O conflito entre o que a criança sabe sobre a permanência da quantidade e o que lhe revela sua percepção traduz uma grande confusão que se revela ao observador na forma dessas *oscilações* cognitivas. O mais espantoso, porém, é que a resolução adquire sempre o valor da dominância figurativa, como dizíamos. É ela que vence, porque o sujeito continua sendo sensível aos estados. Essas hesitações, ou, se preferirem, essas oscilações, são notadas quando a dominância figurativa diminui enquanto aumenta a dominância operativa, antes do ponto de mutação. Elas aparecem cada vez mais móveis conforme nos aproximamos delas. Os procedimentos figurativos conservam sua dominância e se impõem, apesar de um aumento da força dos procedimentos operativos. Se ocorresse uma "fixação" no ponto de mutação, tudo seria incerto, e o pensamento da criança ficaria perdido. Em contrapartida, assim que esse ponto passa e que a dominância operativa se afirma cada vez mais, as oscilações, sem desaparecer, se resolvem no sentido da nova dominância. Não poderíamos ter melhor ilustração desse fato do que a resposta que nos deu esta criança: "Se diria que não é igual (que não há a mesma quantidade porque o comprimento da salsicha nos faz pensar que há mais massa). Mas "De fato, não é verdade, porque não se tirou nem se colocou massa". Resposta perfeita, na qual a operação idêntica equilibra o sistema das transformações realizadas ou que estão se realizando. Ao que, mais tarde, vai se acrescentar esta resposta: "Aliás, se refizéssemos a bola com a salsicha, veríamos bem que é igual. Portanto, tem a mesma quantidade de massa".

Assim, para a percepção, quando ela prevalece sobre as operações, tudo pode mudar segundo o ponto de vista. Mas, para o pensamento, o que muda é a forma; o que permanece é a quantidade de matéria. E é em razão da coordenação desses dois elementos, mas com prevalência das operações, que a conservação poderá ser afirmada. Coordenar o que muda com o que não muda permite afirmar a conservação por uma dedução em um raciocínio. A aparência, a forma dada à massa a ser modelada não deixa de ser modificada; mas, do momento em que não se acrescenta nem se retira massa, há o que muda e o que não muda. E a prova de que a quantidade se mantém está no fato de que se poderia, a qualquer momento, refazer a bola inicial e mostrar que é assim. Mas a força do raciocínio dispensa tal prova, pois se atingiu a certeza lógica.

É preciso dizer também que o pensamento que se tornou reversível pode levar em conta o estado inicial e conservá-lo, enquanto ele modifica a forma sem tocar na quantidade e, no final, considerar que o estado final conserva o que não mudou e adquire a forma nova que a transformação lhe impôs. Em outras palavras, o pensamento pode passar do estado final ao estado inicial, anulando em pensamento a transformação fisicamente imposta à bola, sabendo que esta não atinge a quantidade inicial. O tempo parece reversível, assim como o espaço, pois a passagem ao espaço inicial, a partir do espaço final, permite considerar o estado inicial comparando o que ele apresenta de igual e de diferente.

A lição fundamental que se poderia tirar de tudo o que antecede é que, na relação com a criança, o adulto não poderia exigir que ela raciocinasse como ele. A lógica da criança não é a mesma do adulto ou do observador. A criança está construindo as estruturas do pensamento que foram adquiridas por este. Daí a necessidade de se adaptar a elas, de observar em que ponto da gênese ela se situa e como funciona. Cabe ao adulto se adaptar ao raciocínio da criança, e não o inverso. O que não significa que ele deva "se fazer" de criança. O adulto é o que é, diferente da criança, e a criança, que está se desenvolvendo para se tornar, por sua vez, adulta, não pode se fazer de adulto e pensar e raciocinar como ele.

Rousseau foi o primeiro a chamar a atenção para a especificidade da consciência infantil. O que ainda não foi assimilado completamente ainda hoje, uma vez que a pedagogia não se coloca do ponto de vista da criança e continua a lhe impor os modos de raciocínio do adulto. Falta-lhe estudar a interação pensamento adulto/pensamento criança.

Essa interação que chamaremos de dialética da lógica da criança e da lógica do adulto apresenta a necessidade para este de conseguir saber onde se encontra a criança em seu desenvolvimento para solicitá-la, por desequilíbrios aceitáveis para seu nível estruturo-funcional adquirido, e lhe permitir se reequilibrar construindo estruturas da atividade mais adequadas ao problema proposto. É preciso partir da criança e voltar a ela constantemente para lhe permitir crescer no momento sincrônico-diacrônico da interação em jogo.

Voltando à epistemologia genética, diremos, dando um salto da particularidade à universalidade, que os diferentes momentos dialéticos correspondem ao aspecto sincrônico-diacrônico das construções genéticas na atividade de conhecimento. Mas a sincronia que busca a consideração do que é "aqui e agora" não passa do que se diz que é por excesso, pois todo estado assim considerado, devido a seu próprio movimento, se inscreve no tempo, aquele de sua própria realização e, consequentemente, não é mais o que se pensa que é. Ele já está além de si mesmo. Por estar em autotransformação, ele se inscreve em um processo. Passamos, portanto, da sincronia à diacronia. Esta engendra instantes sincrônicos sempre fugazes e em transformação. A diacronia cria a sincronia, e a sincronia, a diacronia.

Na escala da gênese dos processos mentais, toda sincronia apresenta um relativo grau de permanência que pode ser suficiente para "interromper" o tempo e localizar estágios sucessivos propícios para a identificação das organizações, sabendo que estas estão passando por transformações observáveis. Mas também, conforme o nível em que nos colocamos, recortes em momentos de uma dada duração, como os estágios tanto em macro como em microgênese, podem ser operados, permitindo se orientar (tendo a consciência do que isso comporta de arbitrário relativo). Daí esses "momentos" dialéticos sobre os quais falamos anteriormente.

Cada "momento", em seu aspecto atualizado ou em dominância, potencializa seu contrário. Mas, como dissemos, ao nos limitarmos ao período que se estende entre 2 e 12 anos aproximadamente, o primeiro momento corresponde à dominância dos aspectos figurativos do conhecimento (qualitativo) e à potencialização de seus aspectos operativos (quantitativo). A mudança se operará progressivamente depois, até o final desse período. Isso supõe uma gênese transformadora das estruturas e da dominância atualizada. (Essa gênese do operativo sob dominância figurativa nos ocupará no próximo capítulo).

Por enquanto, salientamos ainda o fato de que o desenvolvimento não ocorre sem se tomar consciência, a cada momento, que um desafio ou obstáculo vem se opor à conduta e obriga a criança a se transformar para se adaptar, no dinamismo construtor das estruturas da atividade. A tomada de consciência comporta graus que passam inevitavelmente por "abstrações" realizadas pelo sujeito. Toda criança, quando de sua manipulação dos objetos, descobre suas propriedades e dá conta disso nas transformações que ela impõe, assim como no uso assimilador que ela faz deles. O esquema de chupar pode ser aplicado à maioria dos objetos em uma assimilação. Mas há aqueles que não permitem que ela faça isso, se podemos dizer desse modo. Daí a necessidade de mudar a maneira de usá-los (e, consequentemente, de se utilizar desse esquema) e de se adaptar a eles. Mudar, aqui, significa colocar em prática um outro esquema ou um outro grupo de esquemas, ou, ainda, construir novos esquemas. O que vem a ser "mudar a si mesmo" para se tornar "mestre e possuidor", segundo as palavras de Descartes. É dessa maneira que a criança se adapta, levando em conta a particularidade e a novidade descoberta.

Todo objeto percebido se oferece, de algum modo, tal como é a quem o percebe. Mas, a menos que não se trate de um objeto novo, desconhecido, o sujeito lhe atribui imediatamente, por assimilação, "significações" de diversos tipos. De alguma forma, ele reconhece nele "aspectos" que já encontrou e outros que são novos. Em outras palavras, no ato de perceber, ele reconhece ou assimila o que vê ao que já encontrou e que, por isso, não é sem significação para ele. Ora, essa atividade de assimilação continua por "abstrações" de qualidades ou de propriedades que são, de algum modo, extraídas, tiradas do objeto, mas que lhe pertencem. Essas "abstrações" são simples ou empíricas. Na verdade, tudo se passa como se o sujeito as tirasse do objeto. A vantagem, para ele, é que pode comparar essas "abstrações" com outras, estabelecendo semelhanças e diferenças a partir de sua atividade perceptiva. É por meio dessas comparações que ele começará a organizar sua "experiência", construindo relações que são de sua alçada.

As semelhanças e as diferenças na atividade de comparação ou de relacionar objetos diferentes ou parecidos permitem também organizações empíricas de elementos idênticos, parecidos ou diferentes. Elas tornam possíveis as comparações perceptíveis do que, em objetos diversos, é idêntico, parecido ou diferente. Mas, no momento em que o sujeito estabelece, ou seja, constrói esses elos entre as qualidades abstratas desses objetos, ele não deixa, necessariamente, o domínio da abstração empírica, escreve Piaget (1977, p. 5)*. Quando Alexis, aos 3 anos, (Alexandre, seu primo, aos 2 anos e 6 meses, faz a mesma coisa), procede, com seus carrinhos, alinhamentos cada vez maiores, ele está realizando transformações físicas ao lhes impor sua estrutura de alinhamento, pois não são eles que se organizam assim. Porém, ele não tem consciência de sua estrutura, somente do resultado do que fez. Quando uma criança reúne "aqueles que são iguais", de um lado, e "aqueles que não são", de outro, ela não tem, necessariamente, consciência de que realiza uma classificação empírica, mas constata o que produziu.

Quando perguntamos "Quem fez isso?", ouvimos normalmente como resposta: "Fui eu". A criança sabe bem que é ela a autora, mas ignora realmente "o que" fez no sentido "realizei conjuntos de acordo com as semelhanças e as diferenças". Em outras palavras, ela faz, mas não tem consciência do que realiza durante a execução. Ou melhor, ela sabe dizer "como" fez. A consciência se limita aqui à produção ou ao modo de produção, mas não atinge sua estrutura. Estamos na comparação das propriedades físicas a partir das "abstrações empíricas ou simples". No momento que o sujeito é capaz de dizer que foi ele quem produziu essa organização observável, ele vai além da simples "abstração empírica" e procede a uma abstração que diremos, com Piaget, "pseudoempírica". Ela é empírica provavelmente porque organiza propriedades "abstratas" ou tiradas dos objetos, mas tem consciência de que essa organização perceptivamente constatável, física, é produzida por sua atividade. Tem algo que vai além da simples abstração empírica. Daí a palavra.

O observador exterior poderá ler, nesse situação, estruturas da atividade transformadora, tais como correspondências, ordens, alinhamentos, comparações com conjuntos do que é parecido, etc. Mas o próprio sujeito, a criança, no caso, não tem consciência disso. Com frequência, ela não considera até mesmo o fato de que é a autora do que produziu. Ela se contenta em fazer. Isso lhe basta. Ela permanece na "empiria". Entretanto, consciente de que é a autora do que produziu, e sem abandonar a experiência, vai além, porque começa a saber que é ela quem organiza o real.

É somente com a "abstração reflexionante" que se poderá chegar realmente à consciência. De fato, alimentado pelas abstrações anteriores, o su-

---

* N. de T. Designamos por "abstração empírica" (*empirique*) aquilo que se apoia sobre objetos físicos ou sobre os aspectos materiais da própria ação, tais como movimentos, empurrões, etc.

jeito que extraiu dos objetos suas qualidades de forma, comprimento, espessura, largura, tamanho, cor, substância, atinge a capacidade de comparar realizando relações de semelhança/diferença, de quantificar essas semelhanças/diferenças (duas semelhanças e uma diferença, por exemplo) ou de classificar as diferenças segundo seu número crescente ou decrescente, etc., tudo isso consciente do que ele está fazendo e praticando. É evidente, todavia, que um questionamento hábil do adulto, seja ele educador ou psicólogo, favoreceria essa tomada de consciência, dando à criança a possibilidade de agir intencionalmente, sabendo o que faz, por que e como e, com isso, de ter controle sobre si mesma. Toda a pedagogia seria revolucionada assim.

Quando a criança descobre as propriedades de suas ações de ordenar, de reunir, de diferenciar, etc., ela realiza abstrações reflexionantes. Estas são assim em dois sentidos: primeiro, elas transpõem para o plano da representação o que tiraram do plano físico por abstração. Nesse sentido, Piaget fala de "reflexionamento"; depois, elas reconstroem nesse novo plano o que tiraram do primeiro. Dito de outra maneira, as abstrações reflexionantes são reconstruídas no plano superior a partir do que tinham sido no plano inferior. De sensório-motoras, por exemplo, as estruturas se tornam representativas. Mas todas essas abstrações reflexionantes se realizam em todos os estágios, do sensório-motor ao operatório formal. Elas se manifestam ao se colocar em relação as abstrações empíricas, como ocorre ao compararmos ou quantificarmos qualitativamente como: muito, não muito, igual, ou, mais, muito mais, ou mais..., etc. No nível do pensamento, em compensação, o processo de construção das abstrações reflexionantes deve ser distinguido de sua "tematização" retroativa, como diz Piaget, pois, nesse caso, o sujeito faz uma reflexão sobre as reflexões no que chama de uma abstração refletida em prol de um pensamento "reflexivo".

Será compreendido, assim, que o processo de tomada de consciência é progressivo e hierárquico e que as abstrações reflexionantes levam a relacionar e, assim, consequentemente, a relações de relações que adquirem a forma de leis. Se observo que as rosas e as margaridas são diferentes umas das outras, pela cor, forma, ausência e presença de espinhos, etc., as comparações realizadas resultam na constatação de que elas são diferentes. O que pode ser visto. A observação de suas semelhanças, como o fato de ter a cor verde, de ter um caule, pétalas, etc., todos elementos visíveis, provém da abstração empírica ou da constatação do que é o objeto. O fato de elas serem flores resulta mais do saber do que da simples constatação. O que ainda não constitui uma classe. Mas começar por dizer que as margaridas e as rosas se inscrevem na diferença, enquanto sua reunião em flores, na semelhança, revela uma coordenação das semelhanças e das diferenças, pensada dessa vez. Então, as rosas e as margaridas podem apresentar algo de diferente (sua forma, por exemplo) e algo de semelhante (o fato de serem flores). Além disso, o número e a variação da quantidade das margaridas e das rosas não mudam em nada seu caráter de flor. Pensando progressivamente sobre a comparação das classes, pode-se generalizar e dizer que a classe é a reunião das subclasses (B = A + A'), que uma subclasse é igual à classe menos a outra subclasse (A = B – A'), etc. Vê-se, então, não apenas abstrações sobre abstrações, mas leis, nas quais se observa o fato de que o todo é igual à soma das partes, ou que não há mais margaridas do que flores, etc.

Procedamos, para terminar este capítulo, às "abstrações refletidas" sobre os elementos constitutivos da dialética, tal como a desenvolvemos e tal como nos parecem resultar dos trabalhos da epistemologia genética.

A construção de estruturas da atividade de conhecimento é dialética ou movimento criador a partir de um estado estruturo-funcional, de um outro estado estruturo/funcional de nível imediatamente superior. Essa construção é feita na interação sujeito/meio, na qual se descobre que, nessa troca, o sujeito se adapta às condições que se alteram, apresenta, exercendo sobre si mesmo, em um primeiro momento, as estruturas que construiu anteriormente em uma atividade de assimilação para, em um segundo momento, acomodá-las a fim de chegar a uma assimilação mais adequada. A dialética sujeito-meio produz, assim, essa dialética adaptadora na qual o sujeito se transforma transformando o que o cerca. Sua atividade produz estados que são o resultado das transformações que ele produziu, tanto no plano físico quanto no plano mental. A dialética da atividade de conhecimento leva a sistemas de representação do real por meio do qual este é pensado depois de ter sido agido e é agido depois de ter sido pensado. A transformação do real é também a transformação de si por produção de estruturas novas que resultam em graus de equilíbrio internos ao sujeito, mas a cada vez instáveis em uma dialética equilíbrio/desequilíbrio. Esses graus de equilíbrio correspondem a uma construção hierárquica de estruturas de complexidade crescente e de equilíbrio móvel, mas no qual o "superior" age sobre o "inferior", e vice-versa. Dentro do sujeito, é o funcionamento dialético que cria as estruturas em uma gênese. Os produtos da atividade do sujeito obedecem à dialética transformação/estado.

A dialética é aquela da natureza tanto quanto aquela do sujeito e de suas interações com ela. A natureza é, sem dúvida, a lei do Universo a partir do *big-bang*. A energia cria mundos, o movimento, a matéria. Em outras palavras, o processo dialético cria formas.

NOTA

1 Às vezes, essas atividades e suas inversões se efetuam no contexto da interação com o meio ao qual elas se adaptam. Evidente, sem dúvida, mas é preciso não esquecer – e é isto que permite sentir toda a complexidade e a dificuldade do pensamento dialético – que a centração sobre os conteúdos, aos quais se é ligado estampa vários aspectos, entretanto, incluídos como componentes, visto sobre o que falamos ou sobre o qual nos debruçamos.

Apêndice A

Repreendeu-se Piaget, desde suas primeiras publicações, pelo fato de não levar em consideração o "social" ou, dito de outro modo, o meio. Os "marxistas", principalmente Vygotsky, retomado em eco por Wallon, surgiram com força nesse sentido. Mas não foram os únicos, pois muitos psicólogos, especialmente aqueles influenciados por uma certa sociologia ou os defensores do "behaviorismo", os adeptos do "estímulo-resposta", não adotaram o interacionismo nem a dialética do sujeito e do objeto, alegando que ou é o meio que faz o sujeito ou o meio influencia de tal modo o sujeito que este é "marcado", involuntariamente e apesar dele, e afirmando que se situavam em um contexto dialético. Nenhum desses autores percebeu, como os "soviéticos", que não estavam deixando o positivismo e que, em matéria de epistemologia, viviam na ilusão de uma cientificidade teórica. (O próprio marxismo não foi declarado ciência em si mesmo?) Na verdade, o debate ficou em um ponto de vista ideológico ou, mais simplesmente, teórico. Com o que Piaget não se preocupou. Outros afirmaram que Piaget só estudava o sujeito – e um sujeito epistêmico ainda! – como se vivesse independentemente do meio.

Sem entrar em detalhes dos incidentes dessa polêmica, não desfeita ainda hoje, gostaríamos, situando-nos em uma perspectiva interacionista e desenvolvendo suas implicações, de fazer duas perguntas: primeiro, o que é o sujeito? Segundo, o que é o meio?

Desde *O nascimento da inteligência na criança*, Piaget coloca o sujeito no meio e defende a ideia de que ele se desenvolve por sua atividade dentro deste. É ao se adaptar ao meio que a criança se constrói e se transforma pelos mecanismos da assimilação e da acomodação. Em outras palavras, se a criança se adapta, é ela que se adapta e não o meio que a adapta. Mas se é assim, ela se constrói em função do que o meio lhe "oferece", de acordo com as possibilidades que este lhe dá de se adaptar e de se desenvolver. O meio, nesse sentido, é apenas o contexto da atividade autoconstrutora da criança, não é sua causa exclusiva. Mais uma vez, o meio é o que é, e o sujeito se adapta a ele tal como ele é.

Depois da polêmica começada por Wallon em *Enciclopédia francesa*, Piaget declarava em seu livro *A formação do símbolo na criança* que, se se quisesse sustentar um discurso científico, era preciso não considerar o "social" como um todo cuja ação global agiria sobre o sujeito, mas, antes, como um sistema de relações que deveria ser definido. Nesse sentido, poderíamos, hoje, para satisfazer essa exigência, tentar apreender o que há de comum a todo meio. Perguntando-nos, portanto, sobre o que o constitui (ou ainda o que se encontra em todo meio, qualquer que seja ele), podemos dizer que o meio comporta, no mínimo, pessoas e objetos. E como as relações das pessoas com os objetos precisam passar por acordos coletivos, diremos que encontraremos regras, ou mais comumente, leis.

Os "objetos" são naturais ou artificiais, ou, ainda, os dois. Nesse sentido, são "objetos" tanto as fabricações humanas que transformam as matérias encontradas na natureza (objetos naturais) quanto suas criações mais específicas, como a língua, a ciência, a cultura, etc. (objetos artificiais). Qualquer que seja o meio, serão encontrados ali objetos, pessoas e regras. Evidentemente, isso implica que haja uma infinidade de meios conforme as pessoas que os compõem e que essa noção deve ser relativizada. Mas, a partir do momento que se quiser falar de um meio em particular, disporemos de um instrumento de análise e de observação, se levarmos em conta as interações que, necessariamente, vinculam todos esses elementos.

Assim, todo sujeito entra em relação com meios diferentes e variados – pois a complexidade da organização da sociedade de hoje impõe isso – de tal modo que a necessidade de se adaptar a eles o enriquece e o torna mais flexível e adaptável. Daí uma combinação de meios diferentes, em interação entre si tanto horizontal quanto verticalmente, pois há uma hierarquia dos meios: dos mais modestos ou mais simples aos mais abonados e complexos. Ainda assim, é o sujeito que se adapta, e não o meio que o adapta.

Dessa forma, desde seu nascimento, uma criança é mergulhada em um meio (aquele de sua família) do qual vai, progressivamente, se apropriando, e ao qual vai se adaptando. Para isso, ela desenvolve, por meio de sua atividade, estruturas de adaptação cada vez mais adequadas a suas exigências em um processo de autoconstrução.

Essa atividade autoconstrutora tem como correlato, evidentemente, a construção e a transformação dos elementos do meio pelo próprio sujeito. O que lhe é dado ou oferecido são as condições dessa autoconstrução. Sua ação, conforme se depara com a vontade dos outros, com as limitações impostas pelos "objetos", pode ser impedida e ter como consequência atrasos ou impossibilidades de desenvolvimento. Em compensação, quanto mais os elementos exteriores "desfavorecerem" sua ação, maiores são as chances para que esse desenvolvimento seja facilitado.

Há, portanto, uma ação do meio sobre o sujeito, mas ao mesmo tempo que o sujeito age sobre ele e interage com ele.

Para ajudar a fixar essas reflexões, o esquema a seguir pode ser de grande ajuda:

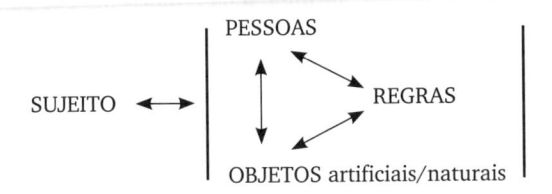

```
                    PESSOAS
                      ↑↓ ↘
    SUJEITO  ←→       |    → REGRAS
                      ↓↑ ↗
                    OBJETOS artificiais/naturais
```

Quanto ao que diz respeito ao sujeito dessa vez, e para levar em conta o que se acredita saber atualmente dos aspectos mais gerais de sua organização, falaremos de suas dimensões fisiológica, afetiva ou emocional, cognitiva e social. Está claro que o funcionamento da atividade se tornou possível pela organização do sistema nervoso central, que passa por uma maturação progressiva e por um desenvolvimento correlato a essa maturação e a esse funcionamento. Qualquer atividade que ative estruturas e, consequentemente, construa a partir daí novas estruturas, é acompanhada por emoções e sentimentos que constituem o aspecto afetivo do sujeito. E, como toda atividade acompanhada de emoções e de sentimentos é realizada em interação com o meio, ela adquire uma dimensão social. O sujeito, ao mesmo tempo biofisiológico, afetivo, cognitivo e social, se apresenta como uma totalidade complexa, hipercomplexa mesmo, um sistema em constante evolução e transformação.[1] Todas as suas experiências ou os conteúdos que ele organiza, vive e sente, não param de enriquecê-lo e de lhe permitir aumentar suas capacidades. Tudo devendo ser visto a partir de uma perspectiva genética, construtivista e de complexidade crescente tanto do ponto de vista do sujeito quanto das interações que ele estabelece continuamente com os elementos de seu(s) meio(s).

É evidente que não poderia haver sujeito sem meio, ao passo que um meio sem sujeito não apenas se concebe como se constata. Epistemologicamente, na maioria das vezes, olha-se o sujeito a partir do meio. O que desenvolve um tipo de psicologia que não poderia ser mais bem justificada do que pelo estímulo-res-

---

[1] Observamos que, ao final de sua vida, Piaget escreveu, na introdução geral do livro dedicado à Psicologia em *La Pléiade* (p. XXII): "... é banal lembrar que o meio é sempre, ao mesmo tempo, social, físico e relacional". Mas convém acrescentar que, na perspectiva da obra de referência, e provavelmente a fim de justificar os focos alternados no sujeito e no objeto na história da psicologia e dos métodos que ela desenvolveu, ele diz ainda: "Temos consciência do fato de que houve preferência em tratar simultaneamente esses dois polos que são o organismo e o meio (o sujeito e o objeto); acontece, no entanto, que, por razões históricas, eles foram, na maioria das vezes, isolados, e achamos oportuno reproduzir essa dissociação para dar conta do estado de avanço atual da psicologia" (ibidem). Concessão aos resultados obtidos em referenciais epistemológicos diferentes daquele do interacionismo, mas também admissão da atenção principal dada ao sujeito como via científica mais fecunda segundo ele.

posta. Mas então, se há estímulo, há capacidade inata ou adquirida de responder (ou de reagir), o que não é o caso para todos os estímulos, pois não há acordo pré-estabelecido entre a natureza e o ser vivo, entre a sociedade de hoje e o ser humano em desenvolvimento! Ou, ainda, entre a biologia dos genes e os estados sucessivos da sociedade.

Pensando em termos de "estímulos", pode haver resposta adequada ou não. O acordo entre a solicitação estimulante e a "capacidade" de responder só pode corresponder a um nível de competência estruturo-funcional adquirido. Da mesma forma, quando uma "resposta" considerada eficaz é dada, podemos nos perguntar se ela é simples repetição aprendida ou adequação resposta-estímulo; se é trabalho do sujeito ou repetição memorizada.

Qualquer que seja o caso, há uma outra atitude que consiste em só ver o sujeito do ponto de vista do que ele faz e do que faz para si em seu(s) meio(s). Se a primeira não chega ao sujeito, a segunda corre o risco de não chegar ao meio. No entanto, temos aí uma impossibilidade, pois a atividade do sujeito está inscrita no meio e o transforma pelo exercício de suas estruturas e, com isso, ela se transforma, por sua vez, para se adaptar melhor. O interacionismo leva, necessariamente, em conta o objeto e o contexto no qual ele se encontra.

Nossa representação do sujeito poderia ser ilustrada pelo seguinte esquema:

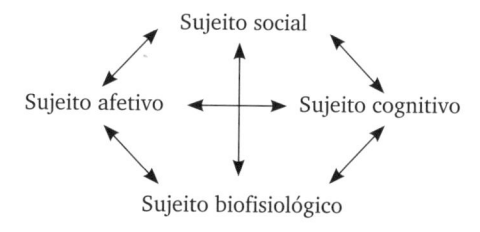

```
                    Sujeito social
                         ↑
                         |
   Sujeito afetivo  ←———————→  Sujeito cognitivo
                         |
                         ↓
                 Sujeito biofisiológico
```

Não se poderia ignorar a complexidade do sujeito que, em suas interações com os elementos do(s) meio(s), socializa todas as formas de sua atividade inscrevendo-as nos limites do possível social, isto é, das regras coletivas que podem tanto ser expressas pela moral quanto pelas convenções, pelo direito, pelos usos e costumes, pelas atividades reguladas pelo trabalho, etc. Todavia, por razões metodológicas, não é possível estudar tudo junto e ao mesmo tempo.

Acrescentemos, finalmente, não para calar os opositores de Piaget que o repreenderam (e continuam ainda a repreendê-lo) de ter desprezado o social, mas para lhes trazer um argumento capaz de confrontar sua ignorância, que a socialização é, em primeiro lugar, aquela das ações para se tornar, em segundo lugar, aquela das representações, e, por fim, do pensamento. A melhor prova disso é que a conduta de cooperação é o resultado da gênese da moral social que se tornou possível graças a essa propriedade particular que é a reversibilidade lógica.

A reunião dos dois conjuntos sistêmicos que são o sujeito e o meio em interação entre si resulta no seguinte esquema:

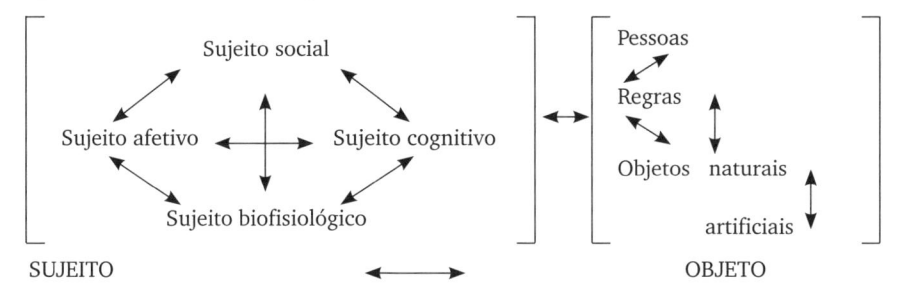

$$\begin{bmatrix} & \text{Sujeito social} & \\ \text{Sujeito afetivo} & \longleftrightarrow & \text{Sujeito cognitivo} \\ & \text{Sujeito biofisiológico} & \end{bmatrix} \longleftrightarrow \begin{bmatrix} \text{Pessoas} \\ \text{Regras} \\ \text{Objetos naturais} \\ \text{artificiais} \end{bmatrix}$$

SUJEITO ⟷ OBJETO

O sujeito e o objeto são totalidades hipercomplexas, das quais todos os componentes estão em interação constante com alternâncias de dominâncias, não somente nas relações sujeito-meio, mas no interior de um e de outro. Vejamos como exemplo: a interação dominante sujeito afetivo-objetos implica suas dimensões biofisiológicas cognitivas e sociais, assim como as regras e, conforme o caso, as pessoas. A emoção diante de uma paisagem de montanha em um passeio solitário só comporta as pessoas a título potencial ou virtual, mas os objetos naturais a alimentam. Em qualquer outra situação ela pode ser compartilhada.

O lugar do meio na concepção da interação desenvolvida do sujeito e do meio permite levar em conta os elementos, com frequência conexos ou associados, do objeto específico ou da pessoa, etc., mas não oferece o método capaz de dar conta disso. A aprendizagem cognitiva é feita sempre em situação e, muito frequentemente, sobretudo na escola, em presença dos outros sem que seu papel possa ser evidenciado. Mesmo em um contexto de cooperação sociocognitiva, é o próprio sujeito que resolve o problema que surge para ele, não o grupo, do qual todavia recebe ajuda e estímulo.

Apesar de toda situação de interação social e de cooperação, a aprendizagem cognitiva do sujeito, ainda que seja facilitada, continua sendo pessoal. É em um contexto coletivo que o sujeito se autoconstrói. Quando trabalhamos com uma criança em uma atividade de intervenção em clínica cognitiva, nossa presença acolhedora e respeitosa, a atenção que lhe damos, os estímulos que constroem as estruturas que lhe faltam, são todos elementos que poderiam ser chamados de "adjuvantes", que criam um clima de confiança, de encorajamento, em suma, afetivo, contribuindo para facilitar essa construção. Mas é, definitivamente, a criança que, a partir de si mesma, por sua atividade física e mental (sua reflexão), adquire o que lhe faltava. Não se questiona que o meio de trabalho e o acompanhamento do psicopedagogo são uma ajuda. Mas como atuam? Não podemos julgá-los senão por seus efeitos, sem conhecer seu modo operatório e sem ter condições de saber pela ciência. O objetivo desse adjuvante, que é o psicopedagogo ou o professor, é a autonomização da atividade cognitiva do sujeito.

Apêndice B

A dialética das atualizações/potencializações expressa o movimento que leva a umas e a outras, em um processo construtor de estruturas que funcionam sempre em interação com os elementos do meio. Esse movimento construtor de "previsíveis novidades" só pode se dar nesse contexto interativo, no qual o funcionamento das estruturas atualizadas de estágio N contribui para o aparecimento das estruturas do estágio imediatamente superior (N+1). E sem essa interação funcional, não haveria construção de novas estruturas. Sabe-se que é o funcionamento em interação que é estruturante. Diremos que se trata de "formas" que buscam encaixar e organizar conteúdos exteriores para se apropriar deles. Portanto, só há construção e dialética formas/conteúdos se houver encontro destes com aquelas. A gênese não é autônoma ou independente das condições de seu aparecimento e não poderia se "realizar" sem o encontro e a interação com o que, do meio, vai se tornar seu "conteúdo". Sem interação "sujeito ↔ meio", não há gênese estruturo-funcional. Não há determinismo pré-estabelecido da gênese, tampouco "condições" de sua "realização". O meio não é mais determinante do que a gênese do sujeito. Ele só oferece condições mais ou menos limitadas ou mais ou menos ricas das quais ele é o único a poder se apropriar por suas escolhas, mais ou menos voluntárias.

Posto isso, o problema é o de uma representação gráfica ou de uma modelização do que nos é oferecido. O estado de desenvolvimento da epistemologia genética se presta, ainda, dificilmente a isso. O que não é o caso da biologia. Mas nada nos impede de fazer uma tentativa, conscientes de seu caráter limitado e aproximativo.

1 – As duas senoides que se cruzam sugerem um desenvolvimento dialético, mas muito linear (Figura A). Sugere-se, nessa figura, a alternância de duas dominâncias, porém:

a – Falta a interação com o meio em geral, ainda que seja possível marcá-la expressando-se, como fizemos neste capítulo em relação às dominâncias.

b – O ponto de mutação I não é um cruzamento, mas a projeção no plano da inclinação das duas curvas que, para nós, são separadas como na dupla hélice do

DNA. A questão levantada nesse caso é aquela das ligações e, portanto, das interações dos diferentes estados da formação das estruturas próprias a cada helicoide. A aquisição dos elementos estruturais em sua sucessão genética deveria encontrar seu lugar aí. Sua identificação, porém, ainda não é bastante avançada para permitir isso.

c – O movimento dialético por atualização/potencialização se realiza em um sentido linear mais uma vez, mas tanto no plano vertical (dialética orientada potencializada/atualizada e atualizada/potencializada) quanto no plano horizontal (mesma dialética). Com efeito, o que é potencializado atualiza o que será atualizado.

d – A retroação *atualizada* em estado 2 deveria retroagir ao que foi em estado 1. Não se vê essa retroação em nossa figura.

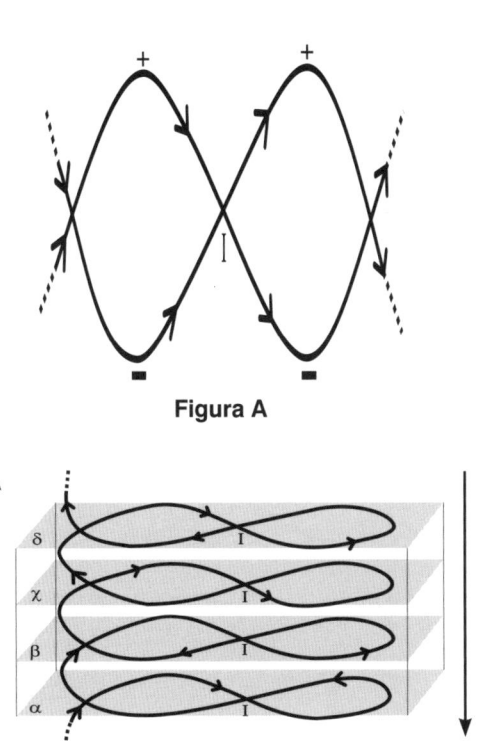

Figura A

Figura B

Para satisfazer essas exigências de retroação de um plano ao outro e de gênese, imaginamos planos sobrepostos (Figura B) nos quais ilustramos com lemniscatas que se abrem no momento de seu fechamento em um movimento de passagem do plano anterior para o plano seguinte. Expressamos a retroação de um plano ao outro por uma seta exterior ao esquema que indica que o que foi construído ou o que está se construindo retroage a tudo o que se organizou anteriormente. A primeira seta dá o novo sentido da progressão, como se vê com aquela das setas situadas sobre a lemniscata.

A vantagem dessa ilustração está no fato de que ela representa, ao mesmo tempo, o movimento de passagem de um plano inferior para um plano superior, mostrando que toda construção de esquema, de estrutura ou de estágio é inevitavelmente majorante. Mas isso não poderia ser suficiente se não víssemos mais o cruzamento de duas curvas com as atualizações e as potencializações. Não há mais dialética realmente, ainda que se tenha o sentimento de passar de um estágio para outro nos dois sentidos. Entretanto, a progressão das curvas em setas nos coloca em um quadro linear, embora isso se dê em curvas animadas por um movimento que se assemelha àquele de uma helicoide.

Voltamos à lemniscata de Bernouilli para insistir ainda mais em seu caráter de inverossimilhança, dessa vez das atualizações/potencializações nesse contexto.

Seguindo o sentido das setas, vemos a passagem de algo que é atualizado (+) em A para algo que está potencializado (–) em B. Na realidade, só pode ser a mesma coisa que se atualiza e se potencializa no tempo linear – mas onde estão as retroações, considerando que o movimento seja provavelmente linear, mas também retroativo? E tudo recomeça na passagem de C para D. Para que houvesse dialética, seria preciso que houvesse duas curvas escrevendo alternadamente suas próprias atualizações e potencializações. Mas como fazer isso?

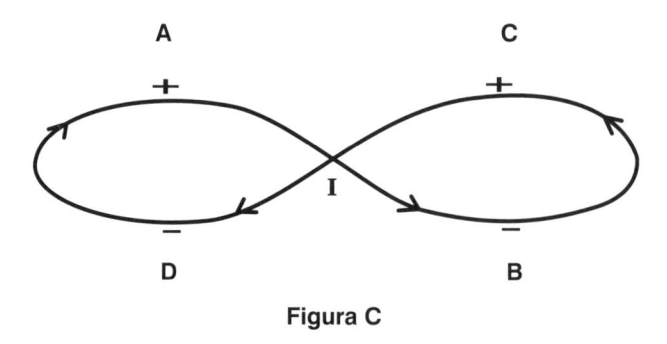

Figura C

Por outro lado, o fato de a lemniscata consistir em uma curva que corta a si mesma ou que se cruza em seus movimentos de direção inversa, não melhora a representação da dialética que falta, inevitavelmente, ali.

Pensar, por fim, com base no modelo da lemniscata que nos parece corresponder a um movimento linear com desprendimento no momento de sua conclusão para passar ao estágio superior, como na Figura B, conviria mais a esse aspecto fundamental de todo sistema, do qual ainda não falamos, que tende a se concluir. Mas a conclusão dos sistemas dinâmicos, como aqueles da gênese, se dá para se abrir em suas adaptações "majorantes". Eles tendem sempre a se concluir para se equilibrar. Mas, em seu funcionamento adaptativo, eles se desequilibram para se reequilibrarem e, com isso, se tornarem mais flexíveis e mais móveis, em um movimento incessante de fechamento-abertura. Como se sabe, todo equilíbrio, quanto a esses sistemas dinâmicos, ao se conservar, se desequilibra, para tender a um novo equilíbrio. Daí essa dialética dos desequilíbrios/equilíbrios e do fechamento/abertura.

Mas isso ainda não resolve nosso problema, restando ainda muitos progressos a serem feitos.

A dupla hélice, como aquela do DNA, talvez fosse a melhor expressão da macro e da microgênese, em que se poderia colocar as estruturas e as subestruturas, cada uma em seu ponto de aparecimento e determinar as interações que elas estabelecem entre si, e destacar essa interação constante do figurativo e do operativo. O problema das retroações e da influência do inferior no superior permaneceria enquanto não conseguíssemos chegar a um modelo dinâmico em três dimensões, tal como a visualização que a informática permite produzir.

Quando os epistemólogos vão se interessar por esse tipo de modelização?

2

A gênese do operativo sob dominância figurativa

O aprofundamento do estudo da dialética como movimento e gênese nos leva a apreender o surgimento progressivo e sucessivo das estruturas que se tornarão dominantes, porque atualizadas, no período seguinte (ou segundo momento), quando tudo o que depende do operativo atualizado potencializará o que havia sido construído no primeiro momento, o integrará e interagirá com ele, transformando-o e se servindo dele como referência experiencial para garantir sua aplicação, transformar seu funcionamento e seu papel.

O acesso às transformações em andamento só pode se realizar pela observação da atividade das crianças submetidas a provas operatórias. Disso resultou todo um corpo de dados fatuais que nos permitiram aprofundar as construções estruturo-funcionais que levam às "operações concretas". Essa atividade clínica teria o mérito de fornecer uma representação mais positiva do que se passa em termos de gênese das operações durante o período dito simbólico no contexto da epistemologia genética.

Antes de apresentar o que foi adquirido com o estabelecimento das estruturas da atividade de conhecimento, passaremos pela prática do diagnóstico do desenvolvimento operatório, mostrando que somente a clínica pode fornecer dados impossíveis de serem concebidos *a priori*, mas dando, em seguida, ao pesquisador igualmente objetos de observação e de experimentação sistemáticas.

Os trabalhos da escola de Genebra dirigidos por Jean Piaget tinham como objetivo estudar "como nascem e como se desenvolvem nossos conhecimentos". Disso resultou a construção de um sujeito epistêmico ou sujeito universal, sem existência concreta particular, mas que corresponde à realidade estruturo-funcional de cada um. Em outras palavras, o sujeito epistêmico, tal como a epistemologia genética o descreve em sua gênese e em seu aspecto estruturo-funcional, está para o pensamento assim como o esqueleto, o sistema nervoso, o sistema sanguíneo, o sistema respiratório, o sistema digestivo, etc., estão para a biologia e a medicina: um modelo que serve de guia e de referência para apreender os casos particulares na prática clínica e na prática psicopedagógica. Dito de outra forma, a construção do sujeito epistêmico vale como paradigma para o estudo de cada criança em consulta, mas não é essa criança. É preciso fazer a diferença entre o modelo e o caso concreto. O modelo descreve o que todos os homens têm em comum para pensar e conhecer; os casos particulares lhe escapam porque não correspondem a sua perspectiva. É por isso que Piaget não foi nem um psicólogo nem um pedagogo, nem um filósofo, mas um sábio/erudito, fundador dessa ciência nova que chamou, justamente, de epistemologia genética, isto é, para precisar novamente, o estudo da gênese das estruturas da atividade de conhecimento na espécie humana.

Quando uma criança chega para uma consulta, o modelo do sujeito epistêmico em gênese, como acabamos de dizer, serve ao profissional como referência para pesquisar as modalidades estruturo-funcionais que ela apresenta naquele momento em que se encontra seu desenvolvimento. O estudo que se faz não consiste tanto em saber quais são as estruturas que essa criança possui, senão em descrever, não somente como elas funcionam, mas como funciona seu pensamento, o que nos revelará o nível estrutural que ela atingiu e a maneira como o exerce. O mais característico na prática clínica operatória é que, em nossa pesquisa das estruturas – pois é exatamente por aí que devemos começar –, encontramos sempre um funcionamento. Nada de surpreendente, ouviremos, já que é próprio de uma estrutura justamente funcionar. Mas o que normalmente se ignora é que o funcionamento com o qual nos deparamos não é realmente aquele descrito pela epistemologia genética, mas sua maneira própria e particular. Esse funcionamento não é aquele da gênese em geral, mas o da atividade real e habitual do sujeito, revelando sua forma pessoal de entrar em interação com o real.

Sabe-se que os procedimentos encontrados na descrição do sujeito epistêmico são de duas ordens: figurativos e operativos. Os primeiros dizem respeito aos estados do real ou, em outras palavras, como aparece a nossos receptores sensoriais e como estes leem suas propriedades por meio das significações que eles construíram antes. Por serem simplesmente receptivos e descritivos, eles fornecem indicações sobre o que é o real, sobre seus estados, e nada mais. Os segundos, em compensação, dizem respeito às transformações que o sujeito impõe ao real, isto é, as operações físicas e mentais que ele exerce sobre o real para conhecê-lo. Para saber se um objeto é pesado, é preciso levantá-lo, o que, do ponto de vista físico, é uma transformação. Mas, para saber quantos legumes há em minha cesta, é preciso necessariamente, não apenas que eu os reúna, mas que eu os agrupe em uma classe lógica (estrutura do pensamento) a fim de contá-los. Esta é uma transformação executada em pensamento.

Quando comparamos sistematicamente as crianças que apresentavam dificuldades escolares e aquelas que não aprendiam absolutamente nada, percebemos que, no caso dos primeiros, os procedimentos figurativos eram mais fortes do que os operativos, presentes em graus diversos, mas presentes; ao passo que, no caso do segundos, esses procedimentos figurativos eram exclusivos, inexistindo por completo os procedimentos operativos ou as transformações mentais. Em outras palavras, essas crianças se apoiavam, para pensar, principal ou exclusivamente nos procedimentos figurativos do conhecimento. A consequência era que elas ainda não tinham elaborado as estruturas mentais necessárias para estabelecer as relações de classe, de número, de conservações físicas, etc., e para construir o conhecimento no nível da representação pensada (em oposição à imagética). Por exemplo, do ponto de vista funcional, descobria-se nelas uma série de argumentos que é possível, como vamos ver, de situar em uma hierarquia que vai do mais simples – e do mais próximo dos procedimentos figurativos – aos mais complexos, aqueles que revelam reversibilidade lógica como sistema aberto-fechado (operações). Sabe-se que, no período sensório-motor do desenvolvimento, as crianças agem sobre o real, mas em sua presença. Só podendo a atividade, principalmente perceptiva, ser exercida em relação ao objeto. Na ausência de qualquer objeto, nenhuma atividade é possível senão sobre si mesmo, e ainda esta devendo apresentar sérios limites, como se sabe (caso dos autistas, por exemplo). É porque o esquema do objeto permanente não está construído. Esse esquema – sabe-se bem – é uma estrutura da atividade segundo a qual todo objeto encontrado continua existindo após seu desaparecimento. É tratado como algo que se pode encontrar sempre, algo que está à disposição em algum lugar. O que supõe que ele seja representado, ou seja, exista, na mente do sujeito, na forma de uma imagem que vem duplicar a percepção e substituir o real como evocação. Esse suporte imagético é necessário para evocar, convocar à mente, o que não é perceptível, assim como para favorecer a conduta em relação à ausência.

O período aberto pelo surgimento da capacidade de se representar a coisa ou a situação ausente, enfim, tudo o que, uma vez percebido, não aparece mais aqui e agora, corresponde ao que conhecemos como período simbólico ou estágio pré-operatório. Estágio de transição ou fase de preparação, como destacava Piaget, que deve se desenvolver ou se concluir (estado final no sentido relativo) com a construção das estruturas das operações concretas. É por isso que podemos dizer que o período simbólico ou estágio pré-operatório corresponde, geneticamente, a um período em que dominam os procedimentos figurativos em relação aos operativos. Como não há operativo sem figurativo e vice-versa, as operações adquiridas ou disponíveis são as estruturas da atividade sensório-motora que se manifestam nas condutas simbólicas que realizam ou atualizam, na forma do jogo simbólico, modelos internos. A atividade é guiada nesse período pelas imagens ou cenas imagéticas (dominância do figurativo) que a criança conheceu ou viveu anteriormente. O que, no fundo, não a impede de inventar situações ou brincadeiras, mas sempre na modalidade figurativa, dominante em todos os aspectos.

Nesse período, a percepção se duplica pela evocação que liga o sujeito à imagem particular, singular, única, original. É importante estar bem ciente de que a imagem é a representação de ações possíveis, mas a partir delas. Isso porque as ações compreendem em si mesmas, de uma certa maneira, todas as regras de seu uso, por serem significantes, isto é, carregadas de experiências e de sentido para o sujeito.

Vemos esse funcionamento figurativo nas crianças que não aprendem. Mas, contrariamente ao que se poderia pensar, elas não ficam fixas/presas ao estágio simbólico porque, em qualquer circunstância, elas se adaptam e interagem com seu real ou seu meio, inventando soluções de acordo com seus meios e acumulando uma experiência cada vez mais rica, mas relacionada à singularidade e à particularidade que correspondem a uma atividade perceptiva e evocatória. É por isso que elas seguiram seu desenvolvimento, com os meios cognitivos desse estágio, sem que este resultasse na construção das estruturas das operações concretas que deveriam coroar seu desenvolvimento.

Cada um sabe que a atividade sensório-motora, se ela estabelece sistemas de significações ligados à coisa, portanto particulares ou singulares, possui a capacidade de reconhecer o que já foi percebido. O que se denomina de memória de reconhecimento. A recognição é a maneira de "re-conhecer" quando se encontra novamente o que já foi encontrado uma vez, isto é, o que teve sentido e significação pelo e para o sujeito. A recognição é também o fato, por reconstrução, da atividade de evocação. Como esta, porém, pode reconhecer o que se apresenta na forma imagética, ela adquire o caráter de memória de evocação, ou seja, de recognição da coisa evocada com todas as significações que são coladas a ela. Tudo isso significa que os sujeitos que não construíram as estruturas da atividade de pensamento estão fechados em suas significações pessoais e veem o mundo a partir de sua própria experiência. Pode-se dizer também que sua perspectiva é egocêntrica, continuando o egocentrismo intelectual do estágio anterior. Isso implica também que os conteúdos de pensamento permanecem particulares e subordinados às imagens próprias e pessoais, na impossibilidade de atingir à generalidade dos conteúdos de pensamento organizados pelas estruturas universais de classe, ordem ou séries, número, medida, etc., que possuem aqueles que atingem o pensamento operatório concreto. Daí, além do fechamento na perspectiva própria, a impossibilidade de se comunicar com outrem de outra forma senão evocando conteúdos experienciais comuns sem situá-los no espaço, no tempo e na causalidade, em relatos que só obedecem à lógica das associações livres e não à das relações entre proposições, associações que veiculam as significações cognitivas singulares e, ao mesmo tempo, as significações afetivas que as acompanham.

A esse funcionamento particular encontrado nas crianças que não entraram no pensamento operatório concreto, chamamos de *figuratividade*, para caracterizar sua originalidade e sua relativa coerência interna.

A figuratividade expressa essa modalidade de pensamento que, ao se apoiar somente nos procedimentos figurativos do conhecimento, ignora o tempo, o espaço e a causalidade reversíveis. Mas ela comporta também o fechamento no "aqui e agora" e nos conteúdos (afetivos/cognitivos/sociais) ligados à percepção e à evocação. Sobretudo por falta da reversibilidade lógica que torna possível a reciprocidade dos pontos de vista e do diálogo, ela significa a não acessibilidade à moral coletiva com o que isso implica em termos de dificuldades para entrar em condutas morais responsáveis e para se integrar na rede das obrigações sociais e profissionais em seguida. É a reversibilidade lógica que faz com que se compreenda a pertinência e a necessidade de se respeitar outrem; pois, se o que eu posso fazer a ele, ele pode fazer a mim, então não faço a ele, o que significa que o social está em mim/no eu. Sem essa reversibilidade, não há diálogo possível. O fechamento egocêntrico em si mesmo fecha/elimina as perspectivas, e cada um se encontra na presença dos outros e nunca de outra forma senão com um sentimento de participação afetiva, mas sem colaboração nem cooperação. A socialização das condutas que as crianças puderam adquirir no primeiro estágio não é reconstruída e não adquire o caráter da socialização do pensamento. É o que se observa, mais frequentemente, nas gangues de delinquentes dos bairros periféricos das grandes cidades, nas quais se vê apenas a socialização participante ou participativa.

A figuratividade sempre é apenas a ilustração do que se torna o pensamento simbólico em sua evolução adaptativa e sem sua integração no pensamento operatório concreto.

Essa descrição da modalidade figurativa dominante ou exclusiva do pensamento, ou *Figuratividade*, nos permitiu compreender que o que era mais importante em um exame clínico operatório (ou diagnóstico operatório) não era tanto saber o que o sujeito possuía, de fato, de estruturas, mas como aquelas que ele havia construído e aquelas que estava construindo funcionavam. Ora, que utilidade poderia ter o fato de saber se um sujeito possuía ou não a conservação da substância ou construía as classes lógicas se não sabíamos de que modo e de que forma estas se apresentavam? Com efeito, uma criança pode muito bem dizer que há a mesma quantidade de matéria em duas bolas de massa de modelar, inicialmente de mesmo tamanho, das quais uma foi transformada em uma salsicha, invocando o estado inicial. O que não passa de uma conservação qualitativa e não se baseia em transformações. Dizer que a criança é conservadora não leva a muita coisa. Mas como ela conserva nos informa exatamente sobre seu nível de maturação cognitiva. (Nesse caso, trata-se de atividade de tipo figurativo, e não operativo). É assim que se entra realmente no funcionamento mental dos sujeitos[1].

Ouviremos que um diagnóstico tão preciso quanto possível, mesmo que leve a uma análise clínica muito aprofundada e descritiva do nível estruturo-funcional atingido, não nos informa muito se não podemos chegar a uma atividade que melhoraria esse nível e favoreceria sua superação/transposição. Em suma, um diagnóstico sem intervenção (remediativa) não passaria de uma atitude compreensiva e não levaria ao tratamento, à terapia de algum modo, e, evidentemente, à profilaxia. Ou, em outras palavras ainda: uma atitude, por mais compreensiva que seja sobre as modalidades funcionais do sujeito, não poderia ter nenhuma utilidade se não resultasse em uma intervenção que tornasse possível a transposição da simples constatação, tanto para melhorar o que deve ser desenvolvido, por uma atitude corretiva, quanto o que está em construção.

A figuratividade se encontra na fase preparatória dos três "estágios" piagetianos e é, a cada vez, semelhante e diferente. Semelhante porque se apoia nos procedimentos figurativos do conhecimento e trata das configurações. Mas entre as configurações perceptivas e as configurações imagéticas há toda a diferença que existe entre uma percepção e uma representação imagética. A figuratividade, se abre cada estado em sua gênese, apresenta igualmente os caracteres da anterior, desenvolvendo ao mesmo novos caracteres específicos.

A respeito do diagnóstico, salientamos que, durante a gênese das estruturas e quando do aparecimento de "subestruturas" ou de estruturas subordinadas a outras mais importantes, tentativas de tratamento de conteúdos de resistência superior à capacidade de assimilação das estruturas disponíveis são observáveis. É de sua descrição que dependerão as solicitações destinadas a favorecer sistematicamente sua maturação em psicopedagogia. Durante essas tentativas, nota-se que o sujeito parece pressentir o tipo de tratamento que seria preciso que aplicasse ou, mais comumente, que buscasse nas configurações que encontra, seja procedendo por ordenações, seja encontrando nelas uma ordem que estaria escondida e que fugiria/escaparia a ele. No exemplo a seguir, Ju (16 anos) é confrontado com o problema das "permutações" e deve realizar todas as combinações possíveis com três fichas de cores diferentes. Ele pensa que terá 3 x 3 = 9 possibilidades sem saber por que e começa a realizá-las.

Ju começa por alternar as duas primeiras fichas e acrescenta uma terceira. Em seguida, coloca a última na primeira posição e recomeça. Como isso dá certo, ele continua fazendo a mesma coisa. Após seis permutações, ele busca novamente outras combinações para atingir seu objetivo de 9. Claro, ele procede por repetições que lhe escapam. Deixamos com que faça assim e, vendo-o bloqueado, fazemos com que note que está repetindo duas vezes a mesma configuração. Para terminar, e após verificação e análise dos critérios de posicionamentos e deslocamentos das fichas, ele conclui que combinações a mais não são possíveis. Perguntamos-lhe por quê. Sua resposta é que "ele não vê" o que poderia fazer de diferente, a não ser se repetir.

Fazemos com que note que, com duas fichas, ele havia obtido duas combinações, com três realizou seis. Como podia explicar então esse fato? E por que não conseguia chegar a nove, como previa? Ele não consegue responder, mas fica muito intrigado por esse problema e observa que havia procedido por ordem, mas, como mostramos a ele, aos poucos, apoiando-se nas configurações. Dessa forma, a organização que ele introduziu não é completamente a sua, pois ele se baseou nas alternâncias dos estados obtidos e não teve outra preocupação senão de evitar as repetições. Pedimos para que continue, mas com quatro cores diferentes de fichas. O mesmo procedimento se repete após ele ter considerado que 12 possibilidades eram um bom número previsível, pois 3 x 4 = 12, sem qualquer outra justificativa. Deixamos com que faça e notamos que logo ele fica perdido, porque as configurações começam a escapar a seu controle visual e o confundem.

O interesse de tal exemplo de figuratividade na entrada do nível das operações formais reside no fato de que a ordem dos posicionamentos sistemáticos das duas primeiras fichas, depois da última colocada em primeira posição para alternar as duas novas primeiras apresenta uma certa eficácia. Essa ordenação que revela a organização do sujeito se mostra, no entanto, imprópria para resolver o problema por sua relativa fraqueza: por um lado, porque leva à submissão, às configurações, por outro, porque se perde assim que se trate de permutar quatro elementos, fazendo com que as configurações diluam de algum modo o procedimento principal em e por sua multiplicidade. É preciso dizer que a intenção de alternar as duas primeiras, depois passar a última para a primeira posição a fim de permutar em seguida as duas novas primeiras, duas a duas, é um procedimento pertinente, mas ainda não é suficientemente segura para se impor a quatro fichas. Com cinco fichas é difícil, tendo o sujeito o sentimento de que a situação lhe escapa devido à imensa quantidade (pressentida) dos elementos a serem dispostos. O que evidentemente não está errado, mas não pelas razões que ele poderia levantar.

Quando insistimos na tentativa de pensar sobre o que aconteceu para construir literalmente a lei, retomamos à alternância das duas fichas. Com dois, temos duas possibilidades. Sabemos que, com três, temos seis. Por quê? Ainda que surpreso, mesmo que interessado, Ju nos diz que há seis porque..., mas ele lê as configurações para lhes impor uma ordem nascente, "toda vez que tenho duas fichas, acrescento uma. Isso resulta em seis. Tenho duas vezes duas, primeiro, e depois três vezes duas. O que resulta em seis". A questão é saber se poderíamos continuar raciocinando assim com quatro fichas. Mas Ju continua indeciso. Sua construção ainda é muito fraca. É preciso lhe dar a possibilidade de se afirmar para que a construção se torne autônoma e se generalize construindo o fatorial. Uma tentativa que se apoie nas configurações obtidas a partir de três para resolver o problema com quatro é bem-sucedida com o posicionamento da primeira cor diante da configuração global obtida com três, mas a generalização com as três outras não se dá. Não seguimos adiante, pois corremos o risco de dar a solução que cabe ao próprio sujeito construir.

A força atraente dos conteúdos sobre as formas destinadas a organizá-los constitui a resistência do real no que apresenta de configural (ou de figurativo). Isso explica, deve-se dizer, a dificuldade que algumas pessoas têm de se apropriar do mundo das formas do domínio da matemática, sobretudo em geometria, dificuldade que reside no fato de que é necessário se permitir ver pelo raciocínio (dedução) ou por construção, e não por intuição (visual e evocatória ou intuição antecipatória). É preciso construir a figura traçando-a por raciocínio para vê-la, e não vê-la intuitivamente para construí-la.

Para pretender uma intervenção remediadora, recorrer ao modelo do sujeito epistêmico é inevitável, pois o sujeito concreto passa pelos mesmos estágios em seu desenvolvimento. É por isso que ele nos serve de referência, tanto na descrição que ele dá da gênese quanto nas análises funcionais que nos fornece. O sujeito epistêmico ou universal é o paradigma da organização estruturo-funcional do espírito humano, como dissemos já no início deste capítulo. A prática clínica, ao nos revelar modalidades novas e insuspeitas em relação àquelas descobertas no quadro do laboratório, como foi o caso das pesquisas da escola de Genébra – e tudo conforme a ordem da gênese – considera as particularidades que se encontram e que não são todas previsíveis. Sendo cada sujeito único e original, ele não tem necessariamente o funcionamento de todo o mundo. A partir daí, conduzimos, seguindo ao mesmo tempo (e inversamente), o sujeito para ver até onde ele é capaz de ir e, em seus limites, se colocar em uma situação de solicitações ativas. Foi a partir do diagnóstico estruturo-funcional de Ju, por exemplo, que foi possível proceder a essas solicitações que, comportando algumas sugestões, sobre direções de pensamento possíveis, colocando esse sujeito em situação de construir, por si mesmo, a explicação exigida, ou seja, criando a solução. Um grande obstáculo, pois, como tudo é novo, tudo está por ser inventado.

Situamo-nos no contexto epistemológico da interação (Sujeito ↔ Objeto) e convocamos o funcionamento do sujeito no nível em que se encontra. O diagnóstico busca apreciar o mais próximo possível as estruturas adquiridas, provocando, por meio de situações apropriadas, seu funcionamento até os limites de suas capacidades, como acabamos de dizer. A intervenção remediadora ou psicopedagógica parte do diagnóstico para favorecer, por solicitações tão adequadas quanto possível, o funcionamento criador das estruturas em sua ordem de aparecimento. Em outras palavras, a partir do que é adquirido, favorecer o que deve geneticamente aparecer em microgênese.

Cada caso, em sua particularidade, nos obriga a nos adaptarmos e a modular os procedimentos. Mas nada nos impede de dar indicações de ordem geral que criam um percurso comum repousando, antes de tudo, no seguinte princípio: seguir a criança conduzindo-a e reciprocamente. Se ela está em plena figuratividade, por exemplo, faremos com que identifique os estados pedindo-lhe para nos dizer em que eles são diferentes uns dos outros, pois é pela diferença que aparece a identidade, atividade fundada na comparação. Mas, no contexto figurativo do período pré-operatório, só se trata ainda da comparação perceptiva (não somente dos próprios objetos enquanto permanentes, mas de suas qualidades distintivas), solicitada por questões como estas, por exemplo: "Entre esses dois objetos, pode-se dizer que há algo de semelhante?" Depois, conforme a resposta, "O que é semelhante e o que não é?" Tudo isso se apoiando nos procedimentos figurativos para levar à tomada de consciência do que são os objetos e as qualidades que as caracterizam. Com base na construção do esquema do objeto permanente, observa-se, assim, durante o período simbólico (mais ou menos entre 2 e 6/7 anos) que o sujeito vai multiplicar as identificações de substância ou de matéria, de forma, de qualidades diversas: cor, odor, maleabilidade, dureza, firmeza, porosidade, etc., contribuindo para a construção do que se chama de esquema da identidade do objeto, pelo qual cada um vai diferenciar/identificar qualidades, formas, dimensões, propriedades, pertencendo a cada um e distingui-lo dos outros. Essa atividade contribui para construir todos os elementos do real como singulares, particulares, únicos às vezes, etc. Daí a ausência de generalidade da representação que se limita à identidade da coisa no fato de que é ela mesma e não outra coisa. É também o desenvolvimento de um pensamento essencialmente *qualitativo*. Mas é preciso (tanto genética quanto logicamente) constituir a individualidade antes da generalidade. Deve-se construir a representação do objeto individual antes de colocá-lo com outros em uma categoria. Ao mesmo tempo, agindo sobre tudo o que encontra, a criança vai dispersar-reunir, acrescentar-tirar, constatando os resultados que obtém e descobrindo que, quando acrescenta, isso resulta em mais, depois mais que...; quando retira, isso resulta em menos, e também, mais tarde, em menos que..., observando também que se pode passar alternadamente da ação de acrescentar àquela de retirar, e comparar não apenas os resultados, mas as transformações, etc. Assim se constrói o esquema de composição aditivo-subtrativo que resultará naquele da adição-subtração lógica, que se especificará, mais adiante, em adição-subtração aritmética.

Convém considerar que a criança não percebe necessariamente o poder que ela tem sobre as coisas, nem que estas constituam apenas estados do real. Ora, não há estado do real sem transformação e não há transformação sem estado. O que é percebido, mais natural e mais espontaneamente, o que é dado a ver pela percepção, são os estados. Aliás, é por isso que os aspectos figurativos do conhecimento antecedem sempre, geneticamente, os aspectos operativos. É também a razão pela qual a atualização ou a dominância do figurativo antecede a atualização ou a dominância do operativo no nível dos estados. Dessa forma, favorecer a tomada de consciência de que os estados são produzidos por transformações parece ser a primeira etapa de qualquer intervenção remediadora, aquela que, permitindo ao sujeito identificar os estados diferenciando-os ao mesmo tempo, leva-o a tomar consciência de que as mudanças que ele observa correspondem a transformações, sempre devidas a sua própria atividade e às propriedades que esta desenvolve.

Observa-se frequentemente – mas isso é tão comum que nem se nota mais, na verdade – que, a partir do primeiro ano para os mais avançados, depois para os outros, o bebê brinca de fazer, de agir, de transformar. Assim, Alex, 11 meses, abre e fecha a porta baixa de seu armário sem se cansar. Ele recomeça essa atividade assim que tem oportunidade. Faz o mesmo com as gavetas que abre e fecha até se saciar. Os recipientes, durante o banho, são enchidos e esvaziados indefinidamente. A parte acessível da biblioteca de seus pais é incansavelmente esvaziada, depois, com a transformação inversa, refeita dentro dos limites restritos de suas qualidades de bebê. Os estados produzidos não têm praticamente interesse para ele, aberto/fechado, cheio/vazio, etc., não o atraem. Somente a ação é importante: abrir/fechar, encher/esvaziar, puxar/empurrar a gaveta, arrastar o carrinho para frente/puxá-lo de volta, etc. A mesma observação foi feita com seu irmão caçula 20 meses depois, portanto, mais precocemente ainda. A criança nota bem que essas transformações (ou suas, mas ela não tem consciência clara de que é o autor do que faz, sem recuo suficiente, pois está completamente na ação) partem, toda vez, de um estado para chegar a um outro, mas é a própria transformação que a interessa. Depois, confrontada com os estados nos quais está mergulhada e aos quais dá sentido e significação, ela focalizará mais sua atenção nos resultados ou nos estados produzidos, como se observa no período simbólico[2]. As atividades transformadoras que se criam ali são interrompidas pelos conteúdos encontrados. Assim, aos 14 meses, ela coloca e tira a tampa de sua mamadeira e constata o resultado produzido. Passa pequenos bonequinhos e uma caixa pelo buraco e se diverte em vê-los desaparecer, para ir procurá-los e recomeçar indefinidamente. Observa-se aqui que o prazer de fazê-los desaparecer deve ser renovado indo buscá-los na caixa, o que impõe a constatação de sua presença e, portanto, o resultado da transformação. As relações entre estados e transformações começam a se coordenar.

Se no período de valorização ou de atualização das transformações físicas o bebê se detém menos nos estados do que no movimento que os produz, o período seguinte é focado na atualização desses estados, sendo as transformações potencializadas. Mas aí se tratará de reconstruir o mundo dos objetos no nível da representação imagética ou simbólica. Esse foco na atividade em si corresponde ao término do estágio sensório-motor, em que se atualizam os procedimentos operativos então dominantes.

No período simbólico, em compensação, toda a atividade está focalizada na identidade dos objetos com seu suporte substancial e nas qualidades relacionadas a isso. Daí o interesse da pesquisa no que é diferente e no que é semelhante ou "igual" na linguagem das crianças. Durante esse período, isto é, a partir da entrada na representação simbólica, a pesquisa/busca do que é parecido e do que é diferente é, sem dúvida, o melhor meio de preparar, no plano pedagógico, para a construção das classes do estágio seguinte, já que se trata de uma classe/grupo, com uma ou várias semelhanças, dos objetos diferentes. Mas com elas, a(s) semelhança(s) não é (são) perceptível(is); são categorias do sujeito. Com efeito, situamo-nos aqui em um nível superior, aquele do pensamento ou da interiorização das ações em transformações reversíveis.

A identidade qualitativa na qual chegam as construções do final do estágio sensório-motor, e sobretudo no início do período simbólico, e as diferenças ordenadas que começam a aparecer na forma mais do que/menos do que, o maior, o médio, o pequeno, etc., comportará – o que se nota muito menos do que as outras estruturas – estruturações espaço-temporais que "localizam", de algum modo, os objetos singulares uns em relação aos outros em lugares relativos, tais como direita/esquerda, na frente/atrás, em cima/embaixo, perto/longe, etc., com todas as variantes relativas, tais como à direita de, ou as composições à direita de, mas na frente, atrás, à esquerda, etc. (Salientemos, o que é evidente, porém, que a criança nomeia, e deve ser convidada a nomear, as semelhanças e as diferenças não somente para desenvolver sua linguagem, mas sobretudo para favorecer suas tomadas de consciência do que são os objetos, sua substância, suas qualidades, etc.). Nesse momento, buscamos apenas precisar quais estruturas se criam a partir do momento em que o esquema do objeto permanente é constituído e justo antes que sejam construídos os objetos em sua singularidade. Em outras palavras, as estruturas que tornam possível seu aparecimento na dominância, repetimos, dos procedimentos figurativos.

Voltemos à prova da conservação da quantidade de matéria ilustrada pelas bolas de plasticina. Trata-se de saber se, apesar das mudanças de forma de uma das bolas, a igualdade quantitativa estabelecida previamente se conserva. Essa prova, resolvida por volta dos 7/8 anos e reveladora de certas operações concretas, é bastante instrutiva quanto às capacidades dos pequenos.

A qualidade (formas dadas à bola: salsicha, achatada, ondulada, divisão em bolinhas, mas também a cor) e a quantidade nutrem relações dialéticas entre si. Na transformação de uma das bolas em formas diferentes, a matéria (plasticina ou massa de modelar) e sua quantidade permanecem as mesmas, sendo modificada apenas a forma. Tudo ocorre na comparação perceptiva entre a bola testemunha e as formas sucessivas que se imprimem à segunda. Dito de outro modo, há algo igual e algo diferente entre os estados sucessivos entre a segunda bola e a bola testemunha. Antes, porém, talvez pelo fato de que não se conheça sua verdadeira gênese, a identificação de cada bola, de sua matéria, de sua cor, etc., se mostra uma preliminar necessária. Ora, como se propõe à criança que faça duas bolas que têm "a mesma quantidade de massa', supõe-se que ela seja capaz, mas sem que se saiba que isso vá ocorrer exatamente assim, não somente igualar as bolas por sua grossura, mas simplesmente compará-las para avaliar eventualmente suas diferenças. Trata-se, em suma, de identificar a identidade de diâmetro ou de tamanho das duas bolas e de anular qualquer diferença perceptível. O que supõe que as diferenças sejam levadas em conta; mas igualmente que elas são idênticas, com exceção da cor, na matéria e na forma.

Considera-se que tal prova possa apresentar dificuldades às crianças de 3 a 5 anos que não construíram as estruturas prévias à resolução desse problema. E, como vimos, a igualização dos tamanhos e dos diâmetros ("fazer uma bola da mesma grossura") implica a capacidade de anular as diferenças, o que comporta, ainda, a comparação. Esta estrutura foi construída? E em que momento da gênese ela aparece quando se questiona uma criança? Qualquer que seja sua idade, aliás. Além disso, as avaliações do tipo "mais aqui, então retiro daqui, menos, então coloco mais ali..." não somente significam mais..., menos..., mas também a adição e seu contrário. Nesse caso, ainda não necessariamente adquiridas. Daí, novamente, a importância do diagnóstico.

Piaget observava que o questionamento clínico com as crianças pequenas se confrontava com a ausência de domínio da linguagem e que seu método fracassava em esclarecer o que se queria. Nem é preciso dizer que, nesse nível, a pesquisa deve criar situações que levem à observação sistemática a partir de paradigmas experimentais baseados nas hipóteses mais plausíveis sobre a gênese dessas estruturas prévias das quais falávamos antes.

A organização perceptiva permite apreender a diferença de tamanho e constitui um regulador visual ou, conforme o caso, tátil, mas revelando essas estruturas, quando a operação aparece?

De qualquer modo, a atividade da criança não parece escapar à comparação que estrutura sua percepção antes que ela a faça de suas ações.

Se acontece de o sujeito não ser capaz de realizar a comparação solicitada, o tiramos desse contexto a fim de que se concentre, por exemplo, somente em uma única bola, pedindo-lhe para nos dizer como ela é. Como ele nos responde normalmente descrevendo-a em termos de tamanho ou de grossura, detemo-nos em seu tamanho, sendo a bola pequena ou grande para a criança. Se buscamos saber porque é assim, obtemos, com frequência, esta resposta com as crianças menores: "Ela é pequena porque não é grande", ou então "Ela é grande porque não é pequena". O que surpreende nesse tipo de resposta é que o sujeito não sai da consideração dos estados e que, assim, inconscientemente, para ele, um estado só se explica pelo estado que não é. Embora isso possa corresponder a um círculo vicioso, mas somente para o pensamento adulto, o que se revela positivo é a resposta do *princípio de identidade* que funciona quase por si mesmo. Isso significa dizer, de todo modo, que a bola pequena é pequena porque ela não é o que não é, sobretudo grande. Poderíamos pensar que pequeno implicando seu contrário, sobre o qual a criança tem a experiência, potencializa grande e vice-versa, ou seja, o lugar no plano virtual – pequeno se opondo a grosso (ou grande), estamos também na presença de um pensamento por pares no qual uma realidade presente remete a sua complementar. Na verdade, há dois níveis em que devem ser situadas as respostas: o primeiro é aquele em que as crianças dizem que a bola é pequena porque é pequena, grande porque é grande. Tautologia? Provavelmente, mas afirmação de que a coisa é a coisa (presença do princípio de identidade), o que nos leva ao estágio seguinte, mais elaborado, que consiste em enunciar a identidade pela diferença.

Essa afirmação, banal para um adulto, não é menos importante na gênese das estruturas do pensamento, porque ela revela que um objeto é ele mesmo e não um outro e que a matéria do qual é feito permanece a mesma, apesar das modificações de forma que lhe são impostas (conservação da matéria, por exemplo, como qualidade, antes da conservação de sua quantidade). De todo modo, na resposta segundo a qual a bola pequena é assim porque não é grande, e a grande, porque não é pequena, temos a explicação do estado considerado pela existência do estado oposto e reciprocamente, mas também a ilustração do fato de que a identidade se define pela diferença, isto é, por tudo o que não é o que é o objeto ou a coisa considerada. Ao menos nessa situação de par. Porém, esse funcionamento é um fechamento do qual teremos de tirar o sujeito em intervenção psicopedagógica. Para isso, sem antecipar acerca do que será dito no capítulo seguinte, propomos fazer isso – mas, de acordo com seu nível, podemos proceder de outra maneira, perguntando sobretudo o que ela poderia fazer para que a bola pequena fosse grande, etc. – transformar a bola pequena em uma bola grande exigindo que ela diga como vai. O que quer dizer que a saída dos estados deve ser feita pelas transformações[3]. Se ela não sabe, daremos uma sugestão durante o ato acrescentando uma certa quantidade de massa à bola pequena para saber se, depois de ter sido incitado a dizer o que estamos fazendo, em sua opinião, a bola obtida era igual, maior ou menor do que a anterior. Assim, nomeando as transformações em um sentido e no outro (acréscimos/retiradas) até que a criança, sensibilizada com a diferença dos estados, as enuncie. Além disso, essa atividade nos levará a observar se ela tem consciência de que "quando se acrescenta, há mais" e, inversamente, mas não necessariamente ainda em coordenação, "quando se tira, há menos" – o que já se pode considerar como as premissas do esquema aditivo-subtrativo. Ela nos permitirá não somente considerar dois estados diferentes – um, o estado pequeno, o outro, o estado grande –, mas identificá-los diferenciando-os.

Nós nos permitiremos insistir aqui no fato de que, se a criança tem dificuldades para comparar dois estados, ela não escapará disso, conforme, na base da estrutura do par, grande chamando pequeno e inversamente, por exemplo, o estado produzido e constatável perceptivamente provém de uma diminuição do anterior, dessa vez não percebido. Daí, por um lado, a comparação do estado evocado com o estado produzido e perceptível e, por outro, durante a realização do estado oposto, não somente a antecipação do que se produz, mas também a retroação para o estado anterior e oposto. Porém, isso não seria chegar a um ponto muito refinado de adulto que não tem a prova e atribuir à criança modos de raciocínio dos quais ela não é capaz? Acreditamos que sim, pois, na realização da "bola pequena", se está funcionando bem, inconsciente, o esquema da diminuição ou do aumento, o sujeito se adapta conforme o estado produzido: cada vez menor ou imediatamente menor ao retirar do grande e acrescentando ao pequeno. Nesse caso, não há necessidade de um regulador do pensamento que se baseie na reversibilidade lógica. A transformação é suficiente. Com um sujeito que não sabe fazer outra coisa senão opor a bola grande à pequena ou um estado a seu estado oposto, não há saída, exceto provocando-o por meio de uma questão que rompa com os estados. Por exemplo: "A bola ficou grande ou pequena sozinha?" Ao que normalmente as crianças respondem: "Ah não, fui eu!" Porém, elas sabiam bem que havia sido elas que tinham produzido essa mudança, mas não levavam isso em conta porque não tinham consciência disso. Com essa "abstração pseudoempírica", elas saem das simples constatações para entrar nas explicações. Passagem capital visto que substitui a simples leitura da experiência pela construção de uma relação, verdadeira invenção do sujeito. Mas, também, o que é constatado é o resultado do que fizeram, e não mais algo de totalmente exterior e independente. A partir daí se vai brincar de provocar mudanças, constatar os estados produzidos, no sentido do aumento, depois da diminuição, depois, alternadamente. Os resultados serão comparados quando se retira o que se acrescentou, quando se acrescenta o que havia sido retirado, etc. Finalmente, será trabalhada a coordenação retirar-colocar, colocar-retirar, a fim de conduzir progressivamente à seguinte formulação: "para se ter mais, é preciso colocar, para se ter menos, retirar", que é uma abstração reflexionante.

    O que pensamos ter conseguido que a criança construísse é, por um lado, a diferenciação dos estados, por outro, a diferenciação das transformações, para chegar, progressiva e lentamente, à coordenação dos estados e das transformações. Ao mesmo tempo, contribuímos – mas para chegar a isso, é preciso fazer conscientemente e suscitar as explicações correspondentes – para a construção da causalidade no sentido em que a passagem do estado inicial ao estado final, sendo feita por intermédio das transformações, toda vez que a criança produz intencionalmente um estado novo, ela é a causa desse estado, mas também realiza um deslocamento no espaço em certo tempo, podendo retornar ao anterior. O elo entre a causalidade, o espaço e o tempo aparece assim evidente. A coordenação dos estados iniciais e finais e das transformações de níveis hierárquicos cada vez maiores, com retroações a partir das quais renovamos o esquema já dado no capítulo anterior.

```
Abstração refletida ────────────────────────────┐
                                                │
Abstração reflexionante ──────────────┐         │
    ↕                                 ←         │
Abstração pseudoempírica ────┐        │         │
    ↕                        ←        │         │
Abstração empírica ←─────────┘        │         │
    ↕
```

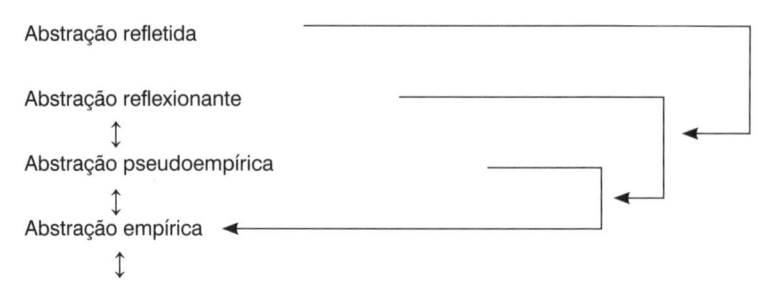

Figura 2.1

Cada nível de abstração superior retroage sobre o(s) nível(is) inferior(es) em um sistema de autoequilíbrio e hierárquico. Esse sistema funcional, de abertura e de mobilidade cada vez maiores, corresponde aos processos estruturantes das estruturas sucessivas que se organizam em sistemas de conjunto em cada nível integrativo ou estágio acabado.

Até o momento, falamos dos princípios mais gerais do método, do diagnóstico e da intervenção remediativa. Vimos que não há diagnóstico possível sem referência, não somente ao sujeito epistêmico, mas também, e sobretudo, às variedades do funcionamento figurativo e operativo do sujeito concreto. Para realizar uma intervenção remediativa, precisamos mais do sujeito epistêmico, porque ele representa, mais uma vez, a referência universal da gênese que nos indica a ordem natural a ser seguida em nossas intervenções, sem que se trate, para nós, de aplicar as provas operatórias tal qual esse modelo. Então, seguindo a ordem do aparecimento das estruturas da atividade de conhecimento tal como o descreve o sujeito epistêmico, podemos, após um diagnóstico tão preciso quanto possível, empreender uma intervenção remediativa, qualquer que seja a idade do sujeito, qualquer que seja sua cultura, sua religião, sua formação, seu país, etc., para lhe permitir, por meio de solicitações apropriadas, construir, por meio de sua própria atividade, as estruturas universais que lhe faltam, porque ainda não as construiu ou porque foi impedido disso.

Para dizer a verdade, o sujeito epistêmico, tal como nos desenha Piaget, é falho quanto à descrição, em termos positivos, do que se constrói, do ponto de vista das operações ou das transformações durante o período simbólico, inteiramente sob o domínio dos aspectos figurativos do conhecimento. Ora, sob essa dominância figurativa, assistimos, graças ao que nos ensinam as crianças em situação de intervenção remediativa, a construções estruturo-funcionais que não podemos deixar passar em branco e que devemos solicitar se queremos lhes permitir atingir, pelo efeito de sua atividade autoestruturante, o estágio das operações concretas. Mas como elas aparecem então?

É muito importante lembrar que o surgimento do esquema do objeto permanente abre o período da representação simbólica, como todos sabem, por volta dos 18 meses – 2 anos. E não é nosso propósito repetir que a distinção do significante e do significado permite a conduta simbólica, o poder de "fazer como se" (ou parecer), imitar na ausência do modelo, desenhar, entrar na linguagem, formar imagens mentais que tornem possível para o sujeito a "presentificação" dos objetos, das pessoas ou das situações ausentes. O que nos importa, ao contrário, é evidenciar o que o sujeito constrói que prepara as estruturas das operações concretas sob a dominância dos procedimentos figurativos.

Observa-se, na base do esquema do objeto permanente, que, é preciso lembrar, não é um objeto no sentido comum do termo, mas o fato de que, na organização das estruturas da atividade da criança pequena, se encontra uma forma dessa atividade segundo a qual todo objeto que tenha desaparecido do campo perceptivo continua a existir, apesar do fato de que não seja mais percebido. É com base no que permite esse esquema que vão começar a funcionar três tipos de atividades que se desenvolverão conjuntamente e que, ainda que tendam a se especializar em um domínio preciso, intervirão de todo modo nos outros. Vemos aí as premissas das distinções que Piaget fará entre o que ele chamará de a Lógico-Matemático, a Quantificação das Conservações Físicas e a Infralógica, ou seja, a seguinte organização:

Esquema do objeto permanente →
1 Lógico-Matemático
↕
2 Conservações Físicas
↕
3 Infralógico

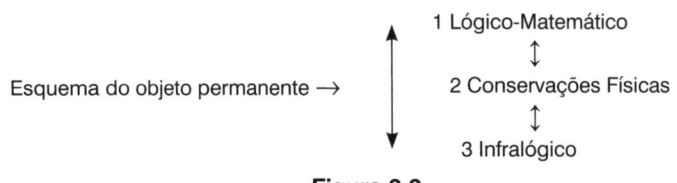

Figura 2.2

O esquema do objeto permanente permite construir, com o tempo, esse sistema ao longo da gênese entre 2 e 12/13 anos tanto durante a formação do pensamento simbólico ou estágio pré-operatório quanto durante a formação das operações concretas. Se o esquema mostrado anteriormente expressa o estado do sistema acabado, é a sua constituição que buscamos nos deter, principalmente no período pré-operatório, pois ainda não é bem conhecido, apesar de tudo. Durante esse período, a dominância é dos processos figurativos, mas, como nessa dominância, as estruturas operatórias da dominância seguinte – estágio das operações concretas – estão sendo elaboradas, vamos tentar localizar seu aparecimento, na medida do possível, tanto com a ajuda das observações que fizemos em situações de diagnóstico e de intervenção remediativa quanto com o suporte da reflexão teórica, deixando aos pesquisadores que nos seguirão a tarefa de dar continuidade às observações sistemáticas para provar a pertinência ou não do modelo que se elabora assim.

Sabemos que o momento de atualização do figurativo é um período em que domina o qualitativo, o individual, o singular, o particular. Mas, para estruturar esse qualitativo, há operações em andamento que o organizam aos poucos. É por isso que, ainda que as estruturas que se constroem assim de maneira discreta ainda não sejam distintas e especificadas umas das outras, aplicaremos o quadro exposto antes, a fim de nos servir de guia e nos permitir colocar ordem no que aparece na aparente confusão de um conjunto em que tudo está misturado.

Para maior comodidade, daremos uma ordenação numérica aos diversos componentes do operatório concreto, correspondendo àquele que anunciamos. Teremos então, mas em interação constante e sem que uma distinção autêntica seja ainda manifesta devido à ausência de generalidade das qualificações do objeto construído em sua individualidade, os seguintes três aspectos estruturo-funcionais:

1 – O que é de ordem lógico-matemática e que estrutura normalmente as relações entre objetos distintos, ou discretos, mas no plano das categorias lógicas, nas quais podem ser inscritos e, portanto, da generalidade. Ele chega ao número e à construção das relações entre categorias e números. Mas 1 supõe -2-, isto é, a permanência quantificada da matéria que sustenta as qualidades categorizadas; em outras palavras, algo como a matéria, o peso, o volume, etc., mas também (elo com -3- o espaço do próprio objeto que permanece e perdura durante as transformações que os diversos conjuntos mutáveis de categorias e/ou de quantificações numéricas operam. A permanência do objeto, porém, diz respeito tanto ao objeto qualificado e quantificado quanto ao objeto categorizado. Cada um tem seu próprio espaço e ocupa um lugar no espaço construído pelo sujeito como estrutura de suas ações. Repetimos: a direita, a

vertical, a superfície, o volume, etc., são propriedades do sujeito que ele atribui aos objetos e aos estados que produz.

O que consideraremos como lógico-matemático em gestação, bem como a lógica-matemática propriamente dita, é apenas uma forma de nomear um aspecto estrutruro-funcional da atividade de conhecimento que não é, mais uma vez, em nada separável dos outros, como a infralógica e o espacial. Sua especificidade está no fato de que, quando estrutura as relações entre objetos discretos, isso é feito por meio do exercício prevalente ou dominante sem exclusão dos outros domínios estruturo--funcionais nomeados antes. É por isso que as distinções operadas entre esses três aspectos da atividade no nível das operações concretas, tanto no período de preparação quanto no período de finalização/conlcusão, são úteis para a análise, assim como para a pesquisa sobre a organização das estruturas da atividade de conhecimento. Tudo funciona em interação sob dominâncias mutáveis segundo as necessidades do tratamento dos dados fornecidos na interação sujeito/objeto. Todavia, as interações internas à organização das estruturas marcam mais as diferenças ou as especializações estruturo-funcionais no estado das operações concretas propriamente dito do que no anterior.

O que se verá no estágio ao qual nos detemos é a atividade de comparação que estabelece, entre objetos distintos, diferenças e semelhanças. Mas essa atividade está relacionada com sua complementar necessária que consiste em separar/unir produzindo os estados separado/unido, daí diferenciar/estabelecer semelhanças tendo como resultado os estados diferentes/semelhantes.

2 – As operações de conservações quantitativas da matéria, do peso e do volume prolongam o esquema do objeto permanente criando permanências que subentendem os objetos discretos do lógico-matemático assim como os objetos contínuos do infralógico. Elas fundam todas as conservações, sejam Lógico-Matemáticas sejam espaciais, sem o que não haveria conhecimento possível: se tudo muda ao mesmo tempo, nada é estável. Os objetos constituídos em subclasse de uma classe englobante se conservam durante as transformações se lhes são impostas, passando de uma categoria para outra. Assim como o objeto espacializado conserva suas propriedades espaciais, seja ele deslocado ou integrado a conjuntos mais amplos. É por isso que a separação em Lógico-Matemática e Infralógica só tem sentido na medida em que o primeiro estrutura tudo o que é discreto, descontínuo, ao passo que o segundo faz o mesmo com o

contínuo. Mas tudo está relacionado ao fato. É preciso realizar diferenciações para se reconhecer ali e aprofundar a abordagem estruturo-funcional da atividade de conhecimento.

No estágio que nos ocupa (pré-operatório ou simbólico, ou, ainda, qualitativo), consideraremos que os aspectos de permanência no seio do objeto singular e particular são constituídos por seus atributos qualificados com base em sua matéria. O que permanece invariante, nesse caso, são os atributos individuais, tais como matéria, forma, tamanho, qualidades de cor, de odor, de sabor, etc. Sendo as diferenciações do Lógico-Matemático feitas por comparação estruturantes do objeto em sua particularidade, as semelhanças que vão aparecer dependerão da qualidade que especifica cada objeto em si mesmo em relação a outros. No entanto, as semelhanças e as diferenças dependem também do lógico-matemático em sua atividade de comparação de objetos distintos ou discretos.

O que resulta da atividade aqui mesmo é que, devido às diferenças/semelhanças, o sujeito vai diferenciar e identificar as qualidades características dos objetos e determinar o que é permanente.

3 – Cada objeto identificado em suas qualidades intrínsecas ocupa um espaço que resulta de deslocamentos/posicionamentos e estabelece com outros relações de posições em que encontramos certos aspectos lógico-matemáticos de relações entre objetos discretos. Deslocar/posicionar estrutura o espaço da ação sobre os objetos e constrói tanto seu espaço interior quanto o espaço exterior a eles, no qual tomam lugar pelo efeito da atividade do sujeito. Na realidade, nesse estágio, eles são mais localizados em relações que, depois dos trabalhos de Poincaré, chamamos de topológicas: à direita, à esquerda, etc.

Insistiremos no fato de que nem todas essas formas da atividade, ainda que tendam a se especificar, são menos indistintas. É por isso que nos foi difícil identificá-las e separá-las.

Seguiremos e retomaremos nossa análise em cada um desses três aspectos para aprofundar sua significação e destacar sua importância.

Em 1, descobre-se, ao observar as crianças de pouca idade, que elas constroem todas as quantificações qualitativas que, mais tarde, resultarão no número. Se o bebê começa por dispersar os objetos reunidos, ele os reunirá depois desenvolvendo o esquema de reunião (dispersão/reunião). Constituindo assim "tudo" por reunião de elementos diversos e heterogêneos, ele descobre que obtete muito (quantificação positiva). Fazendo o contrário, dispersando ou retirando elementos, ele descobre que não tem muito (quantificação negativa). Dos estados que produziu por sua atividade de dispersar/reunir, ele não sabe que é o autor, mas começa a se dar conta de que, para ter muito, é preciso acrescentar, para ter menos, retirar. Cada ato de juntar ou de tirar, porém, é um em si mesmo, e sua repetição corresponde a uma iteração. É esse ato de juntar ou de tirar que, ao se repetir, cria essa organização: "uma vez, e mais uma vez, e depois ainda mais outra vez, etc.". Cada ato, colocar/retirar, se repete como tal. Pouco importa a quantidade do que é assim acrescentado ou retirado, o produto é sempre (resultado da transformação) muito ou não muito.

Essa organização iterativa – "uma vez, e mais uma vez, e depois ainda mais outra vez, etc." – está na origem do número que começa por ser uma quantidade de vezes (no sentido qualitativo de "muitas vezes") antes de adquirir o caráter que conhecemos: tantas vezes (cardinação de um conjunto). A consideração da repetição, iteração do mesmo ato, constrói a ordenação, enquanto o fato de levar em conta o que é produzido a cada vez dá a ideia do que será a cardinação. Ordenação e cardinação são essencialmente qualitativas, porque não são numéricas. Nem por isso a criança quantifica o qualitativo por procedimentos qualitativos.

Para resumir, vemos que a iteração engendra a ordenação, a reunião dos produtos, sendo a cardinação a consequência da outra e reciprocamente. Mas aqui ainda estamos muito longe de tudo o que constitui o número e todas as relações da aritmética. A quantidade, obtida por reunião, depois por iteração, repetimos, não é numérica, mas qualitativa. Nem por isso ela deixa de preparar a quantidade numérica.

A sequência das ações e dos produtos contribui para a construção de quantidades que ainda são apenas globais: muito/não muito. Mas elas começarão a ser numéricas quando a criança, sendo capaz de enumerar pequenas quantidades sem, no entanto, que tenha construído a noção de número, mostrará que está elaborando sua conservação. Isso será percebido quando, sem contar, depois de ter estabelecido a correspondência termo a termo de cada um dos elementos de dois conjuntos de pérolas ou de fichas, ela afirmar sua conservação quantitativa global, apesar das modificações perceptivas e espaciais dessa correspondência.

A comparação dos estados produzidos vai contribuir também para avaliar, globalmente, mais uma vez, a diferença quantitativa expressa por mais/menos que, mais/menos, que é quantitativa, mas não numérica no sentido estrito nesse estágio. De qualquer forma, a atividade de comparação, relacionada à atividade iterativa e cumulativa (esquema de composição aditiva) leva à noção de quantidade global, depois àquela de quantidade numérica. Não estamos falando (ainda) de construção do número, mas das etapas que permitem seu aparecimento.

A sequência iterativa do mesmo ato engendra uma continuidade feita de sua repetição: colocar um, depois colocar um, depois colocar mais um, ou, ainda, acrescentar, acrescentar, ou, ainda, então, retirar, retirar, retirar de novo, etc., produz o tempo, continuidade da repetição de descontinuidades.

Em 2, é principalmente à construção da qualidade que assistiremos, mas em completa colaboração e complementaridade com a construção da quantidade qualitativa (em 1). A atividade principal nessa fase é a diferenciação/identificação – percebe-se isso imediatamente – relacionada necessariamente com a comparação, mas sobretudo responsável pela construção, por meio das qualificações, da conservação da matéria da qual são feitos os objetos, pelo surgimento progressivo do esquema da permanência material e substancial do objeto. Essa conservação, essencialmente qualitativa, tornará possível a conservação das quantidades físicas do estágio seguinte. Por hora, é pela diferenciação (o que exige a comparação mais uma vez) que o sujeito identifica as qualidades dos objetos que se apresentam a sua percepção e a sua evocação e os nomeia, adquirindo um vocabulário que se enriquece de cada uma de suas identificações e que se associa progressivamente ao que constitui seu suporte, a saber: a matéria do qual é feito o objeto qualificado para elaborar progressivamente o esquema da identidade material e substancial (do objeto). Ao identificar os objetos grandes, a criança descobre que há aqueles pequenos, daí os pares qualificados: pequenos/grandes, finos/grossos, pesados/leves, escuros/claros, depois, ainda por comparação, porém diferencial, em que se vê a marca da quantificação qualitativa, maior/menor, mais colorido/menos colorido, etc., sob a influência da ordenação que se manifesta nas construções das quantidades qualificadas: grande, médio, pequeno correspondendo à construção das séries, aqui também qualificadas.

No campo das construções qualitativas, assistimos ao que constitui realmente a particularidade e a variabilidade qualitativa de cada objeto no que este tem de singular. Variabilidade que vai resultar na permanência do suporte das qualificações e que constitui sua espécie de quantificação (estamos falando da permanência da matéria: "são fichas de plástico, de madeira, de cartolina, etc."), antes do que será sua quantificação no plano das conservações físicas. Percebemos que a qualificação constitui o cardinal da qualidade, cujas variações de intensidade seriam seu ordinal. Cada qualidade, à medida que se articula com seu suporte, corresponderia ao que são as subclasses em relação às classes, todas misturadas, aliás. De qualquer modo, a variabilidade qualitativa acarretaria a permanência material e substancial (de madeira, de ferro, de metal, de plástico, de papel, de cartolina, etc.) do objeto qualificado.

Em 3, é a construção do espaço dos objetos singulares ou particulares a que assistimos. Conforme estes são deslocados/colocados, eles alimentam entre si relações de proximidade/afastamento, de entorno e de cobertura, de posição: entre, ao lado de..., à esquerda/à direita, em cima/embaixo, acima/abaixo; depois, relações relativas: à esquerda de/à direita de, acima de/abaixo de, etc., para chegar a "seriações espaciais" relativas, mais perto de/mais longe de, mais alto/mais baixo com comparações sistemáticas, mais perto de... que/mais longe de...que, mais alto que.../mais baixo que..., etc. Essa geometria dita das posições ou topologia, ganha todo seu sentido na organização do objeto particular qualificado, antes que este se torne aritmética, física e geometricamente quantificado (medido) com a construção que se seguirá das operações concretas.

Podemos dizer, para completar a descrição do sujeito epistêmico piagetiano, que o estágio dito pré-operatório ou simbólico se apresenta como a conjunção das três invariantes funcionais em interação umas com as outras e que intervêm, em graus diversos, no domínio mais específico que cada uma parece descrever, ao menos na análise que fazemos delas. Ou, em outras palavras, o que domina nesse estágio é a construção da particularidade do objeto qualificado (qualificação), agrupado ou separado (quantificação qualitativa) em posições variáveis uns em relação aos outros (topologia ou geometria das posições).

Para resumir, temos um sistema composto da seguinte forma:

Do ponto de vista do funcionamento:

1 – Comparar { Separar/reunir ; Diferenciar/Criar semelhanças }

2 – Diferenciar/Identificar

3 – Deslocar/Colocar

Quantificar

Qualificar

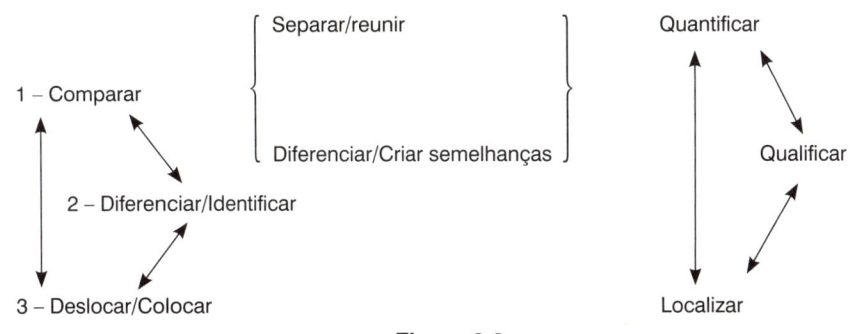

Localizar

Figura 2.3

Do ponto de vista estrutural, ele se apresenta da seguinte maneira:

1- Quantidades

2 – Qualidades

3 – Espaço

Esquema de composição Aditivo/Subtrativo

Deslocamentos/posicionamentos

Esquema da Identidade Substancial

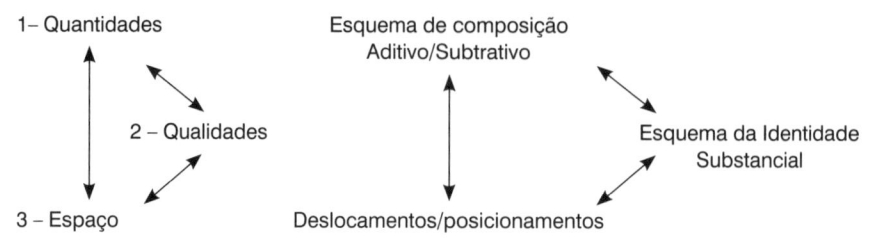

Figura 2.4

Do ponto de vista da criação dos estados, teremos:

Quantidades (qualitativas) → Objeto quantificado qualitativo

Qualidades → Objeto qualificado

Espaço → Objeto situado ou localizado

Criação do objeto em sua particularidade

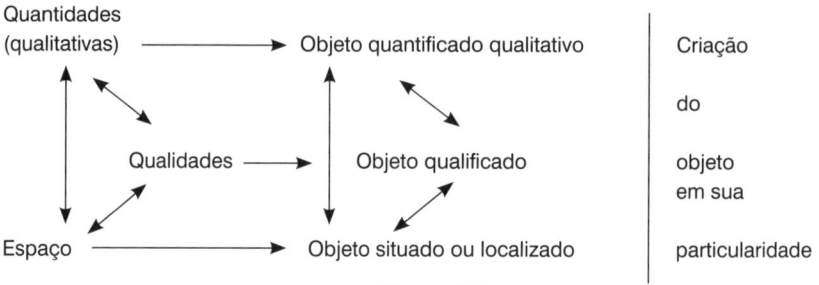

Figura 2.5

Poderíamos, detendo-nos a tudo o que se cria como esquemas e como estruturas que produzem estados cada vez mais elaborados do real, multiplicar os esquemas. Mas isso não acrescentaria muito ao que adquirimos e não revelaria mais do que pudemos explicitar assim. Em compensação, seguindo o que descrevemos anteriormente, uma reinterpretação do que conhecemos do estágio dito das operações concretas se mostra necessária.

Se a dominância figurativa parece caracterizar o pensamento simbólico, é com aquela da operatividade que vamos ser confrontados quando do acesso ao estágio seguinte. Em outras palavras, vamos passar de uma dominância figurativa a uma dominância operativa, segundo o processo que se renovará no estágio seguinte, em macrogênese, mas que encontraremos em microgênese para o estabelecimento de cada uma das estruturas que o estado em questão comporta, segundo uma organização chamada de "fractal" a partir dos trabalhos de Benoît Mandelbrot. O esquema geral desse movimento de dominância revertida ou reverso dialético em gênese poderia ser escrito da seguinte maneira, na interação com o meio:

```
SUJEITO           ←──────────────→              M

  ┌─► 1º momento:    Figurativo (atualizado)
  │                           ↕                  E
  │                  Operativo (potencializado)
  │                                               I
  ▼ 2º momento:     Operativo (atualizado)
                            ↕                    O
                    Figurativo (potencializado)
```

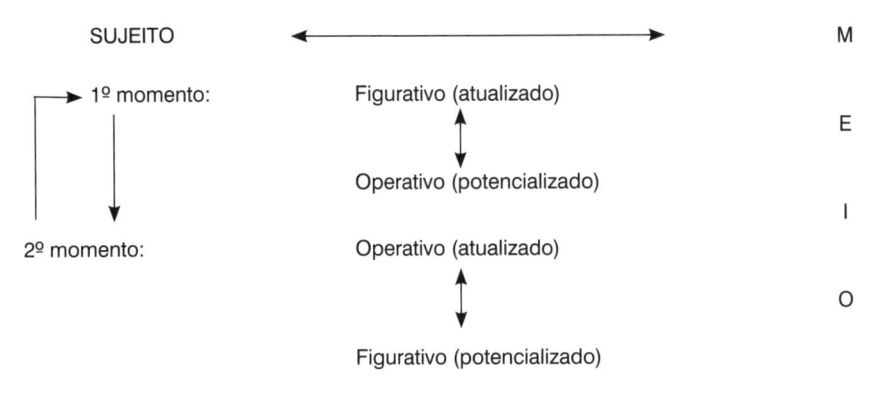

Figura 2.6

Situamo-nos sempre no contexto da interação Sujeito ↔ Meio.

O que se produz dentro do sujeito é uma reorganização em função das aquisições estruturo-funcionais. Daí os dois momentos dialéticos que se dão sempre na seguinte ordem: 1º figurativo > operativo, com passagem para o reverso dialético seguinte: 2º operativo > figurativo. Na ordem da gênese, mais uma vez. Como estamos em um sistema de construção hierárquica com integração do inferior ao superior, entendemos por potencialidade o que é assim integrado (presente, disponível) ao estágio superior e, ao mesmo tempo, o que, nesse estágio, se constrói e prepara a inversão de dominância seguinte. Observamos também que cada momento remete ao anterior em um movimento retroativo que expressa o princípio segundo o qual quem pode mais pode menos, mas também o fato de que a integração torna os processos reversíveis.

Considerando os desenvolvimentos anteriores, podemos escrever a dialética mencionada de uma forma mais simplificada, tal como segue:

```
    1º momento ─────────────────► 2º momento
      ▲                                    │
      │                                    │
   Qualitativo (+) ──────────► Quantitativo (+)
      ↕                                    ↕
   Quantitativo (–)              Qualitativo (–)
      ▲                                    │
      └────────────────────────────────────┘
```

Figura 2.7

Podemos também representar o movimento dialético do figurativo e do operativo, do qualitativo e do quantitativo, como fizemos em outros momentos, por duas curvas que pareceriam se cruzar se pensássemos em referência à cadeia de DNA, cuja estrutura helicoidal apresenta duas faces que nunca se cruzam, mas que oferecem ao observador mais um lado do que o outro, segundo a posição deste. Para ser mais claro, diremos que cada curva que forma essa helicoide aparece sempre alternadamente, diante do meio, e entra em interação com ele conforme os constituintes ou suas estruturas atualmente dominantes. Assim, em estágio de dominância figurativa, as interações com o meio trazem a marca disso; em estágio de dominância operativa, é o contrário. A diferença com a curva em hélice do DNA é que, por um lado, estamos em um sistema que só se desenvolve em interação com o meio exterior, e que, por outro, se dá como um sistema hierárquico que integra e ultrapassa cada um dos estágios que construiu, fortalecendo com eles relações proativas e retroativas. Desenvolvido horizontalmente, por comodidade, o esquema ao qual chegamos é apenas uma fração de um todo do qual se pode imaginar a composição de conjunto.

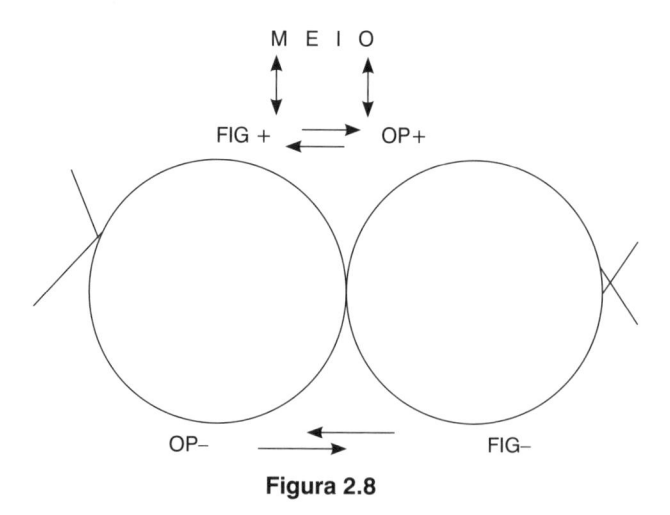

Figura 2.8

Passamos, então, de uma dominância qualitativa para uma dominância quantitativa, ou seja, de uma dominância figurativa a uma dominância operativa. Essas dominâncias gerais que caracterizam os estágios tomados em sua totalidade, não excluem inversões sucessivas e parciais sob essas dominâncias gerais. É o que se pode observar em microgênese, isto é, na sucessão das estruturações intraestágios que a epistemologia genética descreve. Assim, as classes lógicas passam, sob a dominância operativa ou quantitativa geral do estado das operações concretas, de uma dominância figurativa ou qualitativa para uma dominância operativa (quantitativa) em sua própria construção.

Se a gênese – dialética genética ou em dois níveis – comporta a passagem de uma dominância figurativa a uma dominância operativa, localizamos/identificamos, no seio desta, construções que, ainda que intimamente ligadas, não precisam ser separadas ou distinguidas para justificar as construções que a observação nos leva a identificar. É assim que, na dominância figurativa, tiramos três que se implicam reciprocamente: a quantitativa qualitativa, a qualitativa e a espacial, que misturadas, não estão sendo especificadas. Nós as encontramos no nível de organização superior, cada uma identificável porque específica, mas em interação constante.

Para começarmos, nós nos limitaremos às distinções tradicionais: Lógico-Matemática e Infralógica, a primeira – para lembrar – designando tudo o que constrói o discreto do descontínuo e do contínuo, (e estruturas que se constroem em paralelo e em interação para originar o número e a medida).

Partindo do descontínuo constituído concretamente de objetos discretos ou separados e comportando seu espaço próprio, independentemente de sua localização no espaço circundante, a mente procede, primeiramente, a reuniões de elementos perceptivamente parecidos e a separação dos que são diferentes.

Por exemplo, as crianças que conhecem as cores – o que nem sempre é o caso, mesmo aos 6 anos – vão agrupar todas as fichas redondas vermelhas porque são vermelhas e separá-las das azuis. O que é "igual" é que elas são redondas; o que é diferente é que "tem as redondas vermelhas e as azuis". Não podemos dizer ainda que temos classes e relações autênticas, porque os critérios são visíveis e não constituem categorias como seria a reunião segundo o critério da diferença de cor e da semelhança da forma. A cor, em si mesmo, não se vê porque o termo cor não tem cor que lhe seja própria; concretamente, em compensação, ele vai se apresentar com o aspecto de uma cor a cada vez particular, como em nosso exemplo, vermelho e azul. Redondo, tampouco é uma forma, uma figura, poderíamos dizer, particular. Mas redondo se inscreve na categoria das "formas" que não têm forma. A forma redondo constitui uma subclasse da classe "forma", subclasse que comporta uma infinidade delas. A passagem da qualidade redondo e vermelho/azul para aquela da classe "forma" e "cor" marca a passagem do particular ao geral, da qualidade à categoria, do figurativo ao operativo.

Enganamo-nos se pensamos que as crianças fazem classes no sentido estrito quando elas agrupam as peças redondas vermelhas com as vermelhas e as azuis com as azuis. Elas fazem somente aglomerados (reuniões) com base em critérios perceptíveis. E se essa atividade prepara as classes lógicas, ela ainda não dá acesso a ela.

O contínuo Lógico-Matemático só poderia estar nas classes, não consiste em estabelecer um objeto complexo com a reunião de suas partes, concretamente, como quando se reúnem as vermelhas que são quadradas e redondas, por exemplo, mas em reunir, com base em um critério comum, propriedades imateriais de algum modo, já que elas são apenas categorias mentais.

Mais uma vez, no entanto, como a Lógica-Matemática gera contínuo que nunca é espacial, pois é feito de relações entre elementos discretos, assistimos, em seu raciocínio, à continuidade relacional de elementos discretos que, como tais, podem ter um caráter espacial, como é o caso das fichas redondas, quadradas, retangulares, etc., de madeira ou das flores compostas por margaridas e por rosas. De madeira reúne os objetos de mesma matéria, somente de madeira não é de madeira (em relação à variedade das essências), e flor não é nenhuma flor. E o fato de relacionar as classes em operações de adição, subtração ou multiplicação lógicas não tem nada de espacial. Ela cria um contínuo constituído exclusivamente por relações lógicas não materiais e não visíveis, não estendidas. Assim, o sentido do "descontínuo" Lógico-Matemático pode ser de duas ordens: objetos concretos e "categorias" mentais que, agrupadas com base em um critério, adquirem algo de comum que os reúne ou os liga e que constitui o "contínuo" segundo esse ponto de vista. O sentido das transformações Lógico-Matemáticas vai do descontínuo ao contínuo. Mas o contínuo, mais uma vez, não é um objeto concreto; ele é pensado e se apresenta na forma de uma relação. Veremos que o mesmo ocorre com o número, com essa diferença de que as classes desenvolvem uma idêntica espacial, como diz Piaget, que limita a composição aditiva dos elementos de uma classe.

A Infralógica, ao contrário da Lógica-Matemática, efetua separações, segmentações, leva o estendido a unidades descontínuas, linhas, comprimentos, superfícies, volumes, ângulos, etc. Ao introduzir a medida ou a quantificação, ela procede do contínuo ao descontínuo. Trata-se, assim como para a Lógico-Matemática, de estruturas transformadoras do sujeito que recortam o espaço exterior em unidades (espaciais) para estabelecer relações quantificadas que engendram a métrica.

Quando do estágio pré-operatório, essas unidades ainda não estão constituídas, mas ganham, como dizíamos anteriormente, a forma de perto/longe, à esquerda/à direita, acima/abaixo, na frente/atrás, depois valores relativos como à esquerda de/à direita de, na frente de/atrás de, etc. Essas estruturas afetam o espaço focado no sujeito, inicialmente, para, em seguida, adquirir um caráter proporcionado a favor do descentramento progressivo: em face à face, "o que está a minha esquerda está a tua direita", etc. Mas o que está em cima e embaixo está assim para dois (somente em face a face). Esse estágio inteiramente topológico vai permitir a construção da geometria métrica (ou euclidiana) e da geometria projetiva, antes de tornar possível, no estágio seguinte, a geometria conhecida como "no espaço".

Tende-se a achar que o espaço é um universo que basta ser contemplado para se descobrir suas propriedades (empirismo). Como explicar que a construção da direita projetiva só aparece na atividade das crianças por volta dos 8-9 anos? Que o volume espacial só começa a se construir nas estruturas do sujeito a partir dos 9 anos? Que os comprimentos, as superfícies aparecem entre 6-7 anos e 8 anos?

O que é preciso ter bem em mente é que, se o espaço nos é exterior, somos nós que o organizamos e o levamos para a direita, para ângulos, superfícies, perímetros, etc., que a geometria não faz nada além do exteriorizar essas propriedades do sujeito se dando um objeto que ele vai construindo aos poucos, estabelecendo relações entre comprimentos, superfícies, ângulos e retas, etc.

Nesse sentido, Kant escrevia – embora seu pensamento ainda genético se movesse em um contexto epistemológico racionalista – ao final do século XVIII, em 1783:

> "O primeiro que demonstrou o triângulo isósceles (que se chamasse Thales ou como se queira) teve uma revelação, pois ele pensou que não deveria seguir passo a passo o que via na figura, nem se deter ao simples conceito dessa figura como se isso devesse lhe ensinar as propriedades. Mas que lhe era preciso realizar (ou construir) essa figura, por meio do que ele pensava e representava para si mesmo *a priori* por conceitos (i.e., por construção) e que, para saber com segurança qualquer coisa que seja *a priori*, só devia atribuir às coisas o que resultaria necessariamente do que ele mesmo havia colocado ali, conforme o conceito". (Kant, *Crítica da razão pura*)[4].

A dialética contínuo-descontínuo, se ocorre "horizontalmente" dentro do Lógico-Matemático e do Infralógico, se constrói também entre o Lógico-Matemático e o Infralógico "verticalmente". Com efeito, assistimos a passagens constantes do Lógico-Matemático ao Infralógico e vice-versa. As operações de adição lógicas e aritméticas, para só citar estas, se encontram no Infralógico e inversamente, no Lógico-Matemático. Há um movimento de um para outro, em que as "formas" ou estruturas encontram conteúdos diferentes (contínuos/descontínuos e descontínuos/contínuos de todas categorias), os organizam em um processo de adaptação em que levam em conta sua particularidade. O que, vale dizer, revela o caráter flexível e móvel dessas estruturas vivas sempre inscritas no movimento adaptativo.

Transpor essa dialética complexa para um esquema poderia ajudar a compreender, desde que se atribuísse aos termos sua especificidade.

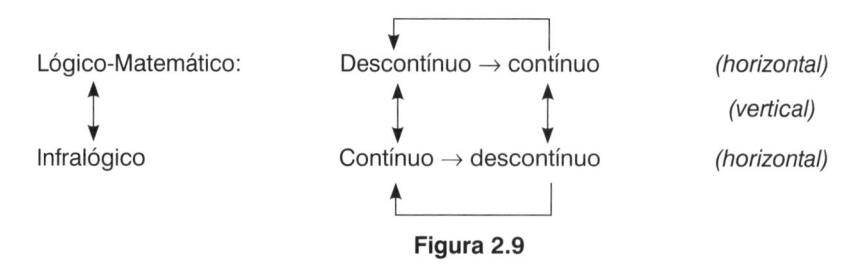

Lógico-Matemático: Descontínuo → contínuo (horizontal)
                                              (vertical)
Infralógico   Contínuo → descontínuo (horizontal)

Figura 2.9

Seria, entretanto, não compreender a significação profunda da dialética se nos contentássemos com essas oposições, ao passo que elas comportariam passagens de um contrário a outro, em um movimento que, inevitavelmente, leva a pensar em um círculo. Ora, a dialética não é apenas a expressão do que se passa entre contrários complementares, mas sobretudo a lógica do movimento que leva de um estágio a outro de complexidade maior. Em outras palavras, a dialética seria a expressão do movimento criador tal como o encontramos nos fenômenos genéticos dos quais se ocupa a epistemologia genética. Nesse sentido, haveria uma dialética sincrônica e uma dialética diacrônica, elas mesmas em interação dialética. (Mas sua representação gráfica é pobre).

Dessa forma, em sincronia, vamos descobrir que há passagens entre o Lógico-Matemático e o Infralógico e reciprocamente. E o ponto de passagem de um para outro, nos dois sentidos do percurso se expressa na criação das invariantes de substância, de peso e de volume que não são nem especificamente Lógico-Matemáticas nem Infralógicas, mas que representam exatamente a transformação de um em outro e vice-versa. Assim, ir do Infralógico ao Lógico-Matemático impõe que se deixe o contínuo pelo descontínuo, constituindo unidades numéricas. No sentido inverso, deixa-se o numérico para entrar na medida (expressão numérica) do contínuo. Durante essas passagens, porém, algo muda e algo não muda, ou algo se estabelece como permanente, ao passo que ocorrem as transformações que a dinâmica estruturo-funcional impõe aos conteúdos que ela elabora (o objeto). O lugar da permanência são as conservações que não se limitam às quantificações de substância, de peso e de volume, mas comportam todas as conservações que se constituíram anteriormente, a partir da construção do esquema do objeto permanente e de todas aquelas que o funcionamento do esquema da permanência permite.

E percebe-se que, se o Lógico-Matemático estrutura o descontínuo, é com o tempo que ele se preocupa. O Infralógico, por sua vez, se é por natureza contínua, se decompõe em unidades pela medida e passa, mais ou menos ao descontínuo constituindo unidades de espaço cada vez menores ou numerosas e engendra o descontínuo que ele expressa pelo número em unidades de medida. Espaço e tempo ou contínuo e descontínuo são abstrações ou noções construídas e dialeticamente ligadas. E passamos de uma à outra, e vice-versa, pelo efeito de transformações mentais. O tempo vai do descontínuo ao contínuo, o espaço do contínuo ao descontínuo. A passagem, porém, do espaço para o tempo e do tempo para o espaço corresponde às transformações que são feitas nos dois sentidos (sincrônico-diacrônico e diacrônico-sincrônico).

Repetimos: a passagem sincrônico-diacrônica do Lógico-Matemático ao Infralógico e, reciprocamente, do Infralógico ao Lógico-Matemático é o lugar da construção das invariantes de qualquer natureza cuja origem é o objeto permanente, para se tornar a permanência da quantidade de matéria, de seu peso e de seu volume. Nem Lógico-Matemático nem realmente Infralógico, mas oriundo dos dois. Acrescentemos que, uma vez que em toda transformação algo muda e algo não muda, há uma infinidade de conservações, umas efêmeras, outras permanentes, que não podem ser todas enumeradas, mas que não deixam de constituir os suportes de todo o conhecimento.

Não poderíamos expressar melhor esse fenômeno de dialética vertical ou sincrônica – no sentido relativo, aqui também – do que pelo seguinte esquema:

```
Lógico-Matemático:      descontínuo – contínuo:           o tempo

              As conservações físicas:    a causalidade

    Infralógico          contínuo – descontínuo:          o espaço
```

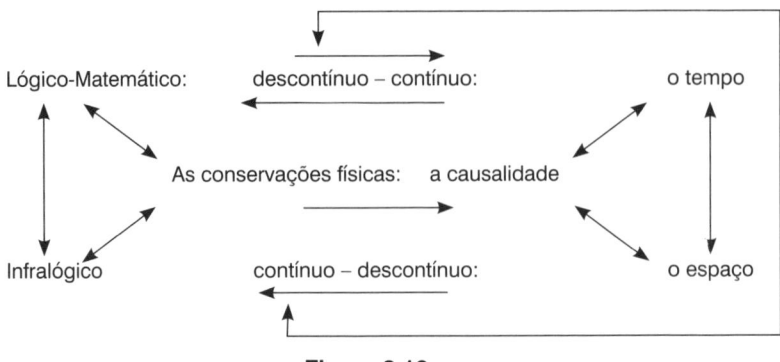

Figura 2.10

Sem dúvida, pode surpreender que tenhamos colocado, sem anunciar, a causalidade na intersecção do tempo e do espaço no lugar da constituição das invariantes físicas e mentais, negligenciando – o que poderá passar por uma falta de requinte na análise – o estabelecimento da invariância do objeto discreto em si mesmo, que vai ser situado em uma classe, ou do comprimento como tal que entra em composição em um espaço ou volume. Porém, tendo em vista que as "regulações" de todas as invariâncias são feitas nessa passagem – trate-se da invariância espacial ou da invariância temporal, da invariância do descontínuo ou daquela do contínuo nas duas significações que eles recebem do Lógico-Matemático e do Infralógico –, consideramos que, como cada estado está em sua permanência relativa, produto de transformações, ele ocorre por efeito de uma causa que o produz. Assim de um estado físico ou de um "estado" mental construído por um raciocínio. O que se elabora, desse modo, obedece a uma lógica criadora cujo "rigor" se expressa pela noção de causalidade. Provavelmente estejamos simplificando o problema. Mas tudo depende da maneira como raciocinamos. Em dialética, admitindo outras maneiras de considerar essa questão, não vemos em que seria proibido situar a causalidade onde a colocamos. Mais uma vez, o pensamento é movimento de transformações criadoras de estruturas novas e de funcionamentos novos que produzem continuamente permanências que encontram ali sua razão na ordem de sua manifestação. O que justamente qualificamos de causalidade é inseparável do tempo e do espaço, como toda a organização do sistema de conjunto de todas as operações concretas.

Esse movimento, nos dois sentidos, do Lógico-Matemático ao Infralógico e deste àquele, expressa não somente o movimento transformador que leva de um a outro, mas o fato de que a passagem sincrônica comporta uma diacronia, portanto, uma dialética, segundo a qual, em um momento sincrônico, o instantâneo se instaura, não deixando de comportar seu deslocamento no tempo que potencializa a diacronia. Em outras palavras, falar de sincrônico-diacrônico é se situar no tempo sincrônico atualizado, mas potencializando (e, portanto, começando a atualizar) o tempo diacrônico. O que quer dizer que, a rigor, não há simultaneidade absoluta e que duas sincronias não são simultâneas. Encontram-se aí elementos que fazem pensar na experiência de Michelson-Morlay, que descobriu sua resolução no princípio da relatividade de Einstein. Por razões que não têm a ver aqui com a curvatura do espaço, mas com o fato de que a sincronia só é sincrônica de forma aproximativa ou relativa, já que implica, necessariamente, sua própria superação na diacronia e vice-versa.

Poderíamos pensar que, com a constituição das conservações ou das invariantes físicas, nos vemos confrontados com uma dialética de três termos. Mas seria tapear/esconder a natureza dinâmica do fenômeno do qual falamos. Ora, desde que se trate de transformações, somos remetidos ao movimento e, portanto, a fenômenos de passagens dinâmicas criadoras, nos dois sentidos, de um estado [LM – Lógico-Matemático e IL – Infralógico] e de outro e reciprocamente. Assim, para resumir:

LM ⇌ CONSERVAÇÕES ⇌ IL

Figura 2.11

Ou seja, na realidade, a expressão mais justa, expressa de forma muito figurativa, é seguinte:

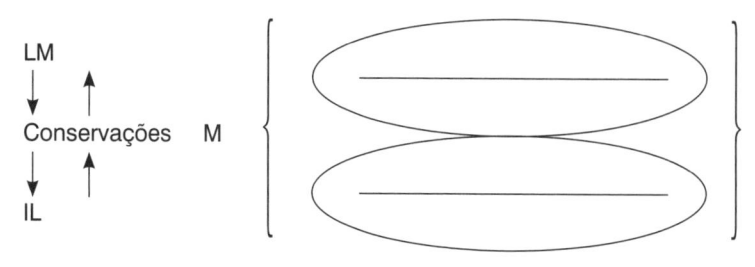

Figura 2.12

A atividade do sujeito, passando do domínio Lógico-Matemático ao domínio Infralógico, isto é, organizando conteúdos espaciais, se manifesta em um movimento cuja lemniscata de Bernouilli é a expressão aproximada, pois, ainda que sincrônica, é ao mesmo tempo diacrônica e engendra, em sua passagem, na região do ponto de mutação (M), lá onde um e outro domínio se aproximam e poderiam levar a pensar que se encontram e se confundem em M, não tínhamos pensado no fato de que o ponto de mutação em questão não corresponde a um cruzamento de curvas, mas a uma reorientação da curva dominante que o cede a uma outra (dominante) na interação prevalente que ela nutria com o meio, como nas cadeias de DNA[5]. Essa prevalência não deixará de alternar conforme a natureza dos conteúdos que a atividade irá organizar no meio. Nessa região intermediária ou de passagem, no entanto, estruturações que não são nem Lógico-Matemáticas nem Infralógicas aparecem, pois, se nos detemos nas definições, as primeiras organizam os conteúdos descontínuos lá onde as segundas fazem o mesmo com os contínuos. Na verdade, as conservações de substância, de peso e de volume não dizem respeito nem ao descontínuo nem ao contínuo, mas aos dois, pois, se a matéria, em sua extensão, sua forma, é contínua, ela não é em sua quantidade, em seu peso e em seu volume. Elas pertencem ao mesmo tempo, ao Lógico-Matemático, que quantifica, e ao Infralógico, que mede. A bola de massa de modelar é, ao mesmo tempo, contínua em suas fronteiras e descontínua em relação às outras bolas. Ponto de encontro, se consideramos a região do ponto de mutação (M) como uma passagem, mas ponto de conjunção se consideramos que, quando algo muda, algo não muda, que há permanência na mudança e mudança na permanência. Eterno problema dos estados e das transformações nas quais o que muda o faz porque algo não muda. Posso modificar a forma, mas trabalho sempre com a mesma quantidade de matéria, se não acrescento ou retiro algo. Posso variar o perímetro sem alterar a superfície e modificar esta sem tocar naquela. Mas posso também medir e contar as unidades que constituem essa medida, assim como posso contar sem medir. Jogo de interações entre o Lógico-Matemático e o Infralógico e vice-versa, que são, ao mesmo tempo, independentes e interdependentes, distintos e misturados.

Na verdade, somente o movimento transformador é criador de permanência em diacronia e em sincronia.

Sem voltar ao que já havíamos falado, podemos dizer que essa dialética em sincrônico-diacronia e vice-versa não poderia tampouco se bastar por si mesma. Com efeito, na passagem de um domínio para o outro, transcorre um certo tempo que é marcado por um deslocamento inevitável que nos faz dizer que a sincronia é diacrônica e a diacronia, sincrônica. Sem que haja logomaquia, não podemos considerar uma sincronia que não seja, ao mesmo tempo, diacrônica. Quando falamos em termos de diacronia, atualizamos a dimensão diacrônica potencializando a outra, e, inversamente, quando falamos de sincronia, atualizamos essa dimensão potencializando a outra. De fato, não sabemos falar de duas coisas ao mesmo tempo em virtude do princípio de identidade. No entanto, podemos pensar no outro aspecto do que estamos falando se temos consciência da dialética. Daí as relativizações que somos obrigados a fazer em toda afirmação que só é feita a partir de um certo ponto de vista. Nesse caso, ainda, para ajudar a pensar, o esquema seguinte será de uma certa utilidade:

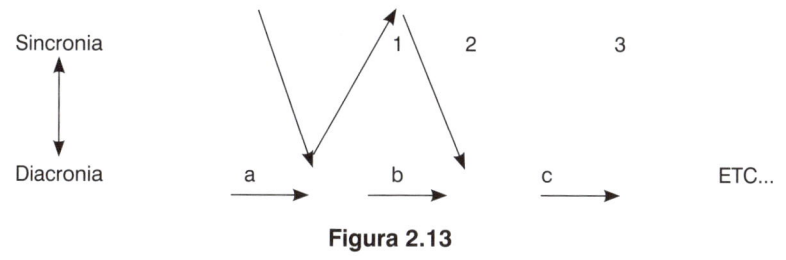

Figura 2.13

Obviamente, o movimento pode ser o inverso, uma vez que o sentido da passagem é oposto, ou seja, contrariamente ao que sugere o esquema anterior, da diacronia para a sincronia. O que ilustra não apenas essa propriedade de todas as estruturas mentais a que chamamos de reversibilidade lógica, mas o fato de que, por ela, o tempo, o espaço, a causalidade são reversíveis. Daí sua grande flexibilidade e seu poder sobre o real.

Podemos dizer também que, quando passamos do Lógico-Matemático ao Infralógico, em sincronia, sempre há uma diferença (setas *a, b, c*) temporo-espacial entre o ponto de partida e o ponto de chegada, e assim por diante. De modo que a sincronia-diacronia aparenta mais a uma sequência de lemniscatas, que se deslocam e se engendram umas como as outras, como sugere o esquema a seguir:

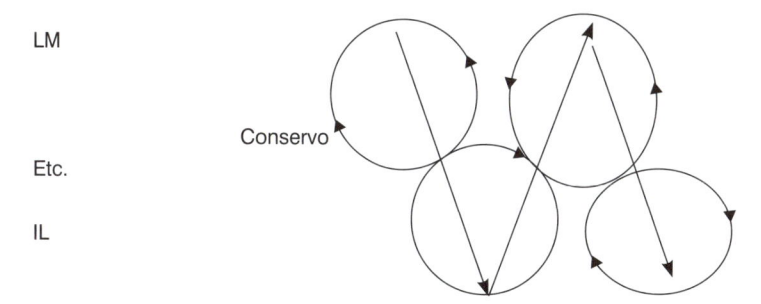

Figura 2.14

Contrariamente à representação clássica das estruturas mentais concebidas como elementos espacializados ou localizados misteriosamente no cérebro, no melhor dos casos sem que se saiba onde – mas não apareceria tal concepção com as neurociências e as teorias conexionistas? –, as estruturas mentais operatórias concretas são os elementos desse movimento incessante que vai do Lógico-Matemático ao Infralógico e vice-versa. Esse movimento estruturado, ou composto, como o fluxo de luz o é pelas partículas, organiza e transforma, em sua passagem, os elementos concretos do real para fazer deles seus conteúdos, que, ao se associarem aos sistemas de significações anteriormente construídos, os transformam e compõem outros que integram os anteriores, e assim por diante. Mas sempre no sentido de um aumento de eficiência, de complexidade e de flexibilidade. A passagem para o ponto de mutação, vertical ou horizontalmente, ou em diacronia-sincronia e em sincronia-diacronia, constrói todas as permanências, sejam temporais, espaciais, quantitativas, etc. Trata-se da organização da permanência sem a qual não haveria transformações. E reciprocamente.

Para terminar, o pensamento é organização dinâmica autotransformadora e auto-organizadora de conteúdos sempre novos, associados uns aos outros, e que constroem o conhecimento.

O pensamento dos resultados nunca é somente o resultado do pensamento: é, em si mesmo, movimento, e essencialmente movimento organizador dos conteúdos que ele se dá.

Se agora voltamos às implicações às quais a existência do sujeito epistêmico conduziu, pensamos poder afirmar que ele representa o conjunto das estruturas da atividade ou, para ser mais preciso, suas formas mais gerais, quaisquer que sejam os conteúdos que ele organiza e com os quais entra em interação. É esse conjunto que coloca em ordem e que dá sentido – segundo seu estágio de desenvolvimento – a todos os conteúdos ligados à experiência individual, seja ela física, afetiva, cognitiva, social, etc. Como, além disso, todos esses conteúdos relacionados à diversidade dos aspectos que o sujeito apresenta estão em interação entre si, todas as estruturas gerais da atividade se encontrarão ali. É por isso que pensamos ser possível solicitar a formação dessas estruturas a partir dos conteúdos. No entanto, nem todos os conteúdos têm o mesmo valor permanente. (E hoje em dia se sabe, pelos estudos canadenses com os autistas, que todos os conteúdos podem ser aprendidos da mesma forma, como se tivessem o mesmo valor – assim como acontece com os computadores – o que não lhes dá nada em particular e coloca o sujeito em uma relativa indiferença, como se não estivesse afetivamente implicado, não recebendo esses conteúdos de sua parte nenhuma significação em termos de emoção ou de sentimento). Pode acontecer, inclusive, de alguns conteúdos dependerem da estruturação de outros para que a sua possa começar. Então nos perguntamos se a afetividade não seria daqueles, já que ela permanece dependente, quanto ao aspecto de repercussão, do estado de maturação dessas estruturas gerais da atividade. A questão continua valendo, e não pode ser tratada, no atual contexto, se consideramos que os acontecimentos repercutem mais do que em outros no nível de desenvolvimento estruturo-funcional comparável[6].

Podemos reunir as aquisições da gênese do operativo sob dominância figurativa (estágio simbólico ou pré-operatório) no resumo a seguir:

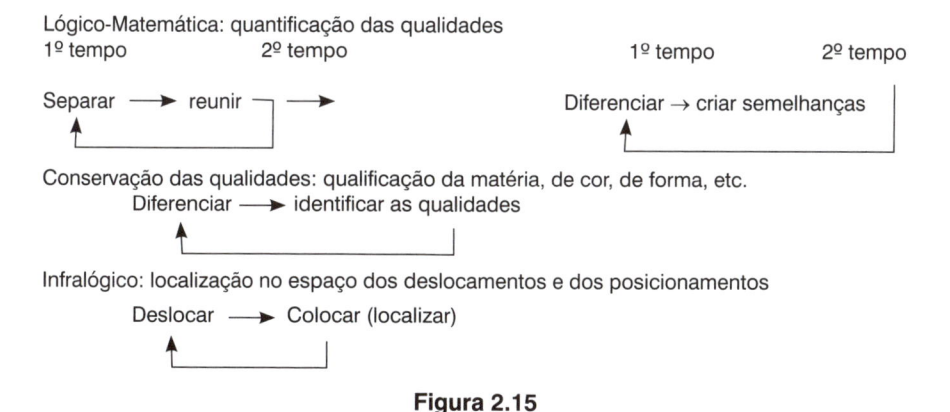

Lógico-Matemática: quantificação das qualidades
1º tempo   2º tempo   1º tempo   2º tempo

Separar ⟶ reunir ⟶   Diferenciar → criar semelhanças

Conservação das qualidades: qualificação da matéria, de cor, de forma, etc.
        Diferenciar ⟶ identificar as qualidades

Infralógico: localização no espaço dos deslocamentos e dos posicionamentos
        Deslocar ⟶ Colocar (localizar)

Figura 2.15

Seria possível se lançar em uma análise desse tipo com as estruturações do estágio sensório-motor, o que seria de grande ajuda para os psicomotores. Mas este não era nosso objetivo[7]. O que buscávamos eram as estruturações das operações sob dominância figurativa, estruturações preparatórias àquelas do estágio seguinte, em que serão dominantes as operações ou transformações mentais realizadas em conteúdos concretos.

Graças às organizações que se constituem geneticamente, torna-se possível solicitar sua formação de um ponto de vista psicopedagógico, não somente em uma perspectiva reeducadora, mas também, e sobretudo, na escola maternal, profilática.

NOTAS

1 Aproveitamos para observar que se cede ao ser e que a psicologia oriunda da epistemologia genética é uma psicologia focada no ser. Daí resulta o humanismo de Piaget.
2 Observa-se também que o bebê pode jogar todo objeto a seu alcance e permanecer em contemplação diante do resultado obtido. Jogar é a atividade que permite constatar. O interesse está no resultado. E assim que se devolve o objeto ao bebê, ele o joga novamente e o contempla com a mesma intensidade. Aqui, contrariamente à abertura-fechamento da porta do armário, a transformação "jogar" não é observável, pois é muito rápida. Daí o interesse voltado para o resultado.
3 Dizíamos anteriormente que, quando uma criança está sob dominância figurativa, devíamos partir do figurativo, o que poderia parecer contraditório com o que afirmamos agora. Mas não o é, contanto que aceitemos a resposta da criança, para quem, no fechamento em que se encontra, a saída é a transformação. Se a bola é pequena porque não é grande, etc., a saída reside somente na pergunta: "Como fazer para que ela seja grande?" Evidentemente, deve-se colocar mais massa. Mas a criança não faz ideia disso. Então a sugestão transformadora que consiste em colocar um pouco mais de massa e perguntar o que acontece se impõe. O que se passa resulta em um estado sobre o qual se questiona. "Mas por que esse estado?" – Porque você colocou mais massa", etc.
4 Dem ersten, der den gleichseitigen Triangel demonstrirte (er mag nun Thales oder wie man Will geheissen haben), dem ging ein Licht auf; denn er fand das ser nicht dem, was er der Figur sahn, oder auch dem blossen Begriffe derselben nachspuren und gleichsam davon ihre Eigenschaften ablernen, sondern durch das, was er nach Begriffen selbst a priori hineindachte und darstelle (durch Konstruktion), hervorbringen musse, und das ser, um sicher etwas a priori zu wissen, er der Sache nichts beilegen musse, als was aus dem notwendig folge, was er seinem Begriffe gemässt selbst in sie gelegt hat. Kant. *Kritik der reinem Vernunft*, Feliz Meiner Verlag, Hamburg, 1956, seite 17.
5 Essas curvas se cruzam ou se "cortam" por projeção em duas dimensões. De fato, elas nunca se encontram, mas correspondem, como havíamos dito, a mudanças de declínio.
6 A formação dessas estruturas, a partir de solicitações de caráter social no quadro de atividades escolares já é uma realidade, não apenas no laboratório, com os trabalhos de Anne Nelly Perret-Clermont, de Doise e sua equipe na Suíça, mas na sala de aula, no Brasil, no movimento pedagógico do PROEPRE (dirigido pela professora Orly Zucatto Mantovoni de Assis na Universidade de Campinas, SP).
7 Pode-se ler, a respeito desse problema, *Le développement sensori-moteur de l'enfant e ses avatars*, Eres, 2005.

3

Elementos de psicopedagogia

Os conhecimentos são o produto da atividade do sujeito. Ora, como toda atividade ativa estruturas, o primeiro percurso de um pedagogo é saber qual o nível que elas atingiram no desenvolvimento da atividade de conhecimento do(s) aluno(s) do(s) qual(is) se encarrega. Daí a necessidade de proceder (ou de levar a proceder) a um exame cognitivo prévio a qualquer processo de aprendizagem ou de construção dos conhecimentos.

Tal diagnóstico se apoia na epistemologia genética e tira daí sua justificativa. Esta, assim que o diagnóstico é feito, se associa ao estudo da gênese das estruturas da atividade de conhecimento na criança e no adolescente, apresentando a seguinte questão: "Como nascem e como se desenvolvem nossos conhecimentos?" Este ainda é, hoje em dia, seu objetivo após décadas de pesquisas, descobertas e aprofundamentos.

Sabe-se, já há muito tempo, que não é possível separar estruturas e funcionamento, assim como que é pelo funcionamento que se constroem as estruturas.

A justificativa de um diagnóstico tem, portanto, sua legitimação no que nos ensinou a gênese (epistemologia genética). Mas, contrariamente ao que se poderia pensar, deformada nesse caso pelo hábito de considerar principalmente as crianças como tendo tal idade e, portanto, tais capacidades, como se a idade fosse um fator pertinente e determinante do desenvolvimento, consideramos o nível adquirido ou, sobretudo, o estágio ao qual chegou a criança. Em outras palavras, nós a situamos na sucessão da construção das estruturas, uma vez que o ritmo de desenvolvimento de cada um é sempre particular e depende de sua história, de seu meio e das experiências por que passou. Ninguém tem o mesmo passado, recebeu as mesmas solicitações, teve o mesmo entorno[1], apesar de alguns fatores serem equivalentes, não adquire, enfim, as estruturas de pensamento na mesma idade que outros, etc. Para ser mais preciso, há aqueles que apresentam retardos, aqueles que são precoces e aqueles que não progridem ou estagnam.

Todo diagnóstico permite saber onde está a organização da atividade cognitiva de um determinado sujeito. Mas isso não basta, pois a pesquisa estrutural deve vir acompanhada da observação do funcionamento, isto é, principalmente da modalidade que ele apresenta.

O conhecimento é produzido, como dizíamos anteriormente, pela atividade do sujeito. E tal tipo de conhecimento só é possível em função das estruturas que o estabeleceram. Mas, se falamos de atividade, é porque entendemos como produção pelo sujeito de algo que escapa à repetição do que foi aprendido e é simplesmente repassado, por memória ou por hábito. É por isso que é importante distinguir entre o saber e o conhecimento.

O saber é sempre particular. É o fruto da experiência que temos com cada coisa, com cada situação, com cada pessoa. Tudo o que vivemos e tudo com o qual estivemos em contato se refere a nossa atividade perceptiva (no sentido em que ela recebe, principalmente o exterior) e se encontra na singularidade de uma relação perceptiva com a coisa, a pessoa, a situação, etc. É por isso que o saber é pessoal, único, singular. O que aprendemos por simples memorização também é saber. E um conhecimento pode adquirir o caráter de um saber a partir do momento que nos mostramos incapazes de explicá-lo. Ora, conhecer é exatamente isto: ser capaz de explicar.

O saber, fruto da percepção e da memória, pode levar ao conhecimento, mas ele não é conhecimento. Ou melhor, é apenas o saber de um conhecimento.

Adquirimos informação na interação que estabelecemos com o real por meio de nossos sentidos e de nossa motricidade. No entanto, mais uma vez, a leitura que fazemos da experiência nos situa sempre no individual, no particular, no único, no singular. O que vemos, ouvimos, sentimos, etc., se apresenta, na experiência ordinária, como evidente e indiscutível. Fixa-se na memória e podemos evocá-la na forma de imagens que traduzem de forma mais ou menos fiel a particularidade ou a singularidade, etc., do objeto individual. Evidentemente, damos sentido a todos esses conteúdos a cada vez, mas esse não é nosso propósito atual.

O conhecimento é outra coisa. Ele funda o universal, o geral. Ele começa, certamente, pela percepção, pelo saber, mas é o resultado de transformações que o sujeito introduz no real percebido.

Com efeito, quando um bebê, ao pegar fichas, as amontoa, ele produz um estado do real que não existia antes que ele tivesse agido. Ora, juntar aqui é iterar um movimento que transporta ou desloca essas fichas de uma maneira repetitiva. O que é produzido vai sendo, aos poucos, uma reunião, um "monte" em linguagem popular, por deslocamento no espaço e no tempo. Lá onde não havia nada ou havia algo (estado inicial), há algo ou há algo diferente (estado final). Ora, o estado final só é explicado pela transformação que o produziu, isto é, em nosso exemplo, pela iteração de um gesto, sempre o mesmo, consistindo em "colocar fichas" – pouco importa a quantidade – depois em "colocar de novo", e assim indefinidamente, sem que seja necessário, toda vez, que as fichas sejam acrescentadas uma por uma, que as quantidades sejam as mesmas, podendo estas variar a cada transporte. A unidade de deslocamento/posicionamento é o gesto de colocar que se repete. Essa iteração do mesmo gesto está na origem da numeração, como se sabe. Com certeza, a distinção de um estado inicial e de um estado final supõe a passagem do primeiro para o segundo, mas este pode ser invertido física e mentalmente. O estado final só se explica pela transformação que consiste, nesse exemplo, a iterar ou a repetir o mesmo gesto produtor de uma quantidade, fazendo com que a criança com mais idade diga: "muito" ou "não muito" (quantificação da qualidade nesse nível).

A partir do momento em que saio da evidência da consideração somente do estado inicial ou final e justifico a produção do segundo pela transformação ou pelo gesto produtor deste, passo do saber ao conhecimento. E posso explicar porque "há muito ou não muito", pois sou eu quem produziu esse estado.

Vê-se que conhecer está na fronteira de dois tipos de atividades: a primeira que consiste em "ler as propriedades do real" a partir da capacidade de "recebê-las"; a segunda em exercer sobre estas as estruturas transformadoras de nossas ações. Ora, se "há muito" ao final, é porque "acrescentei" por iteração do mesmo ato. Produzi, dessa forma, um estado que não existia até então e que posso justificar, explicando assim a razão desse estado constatável.

Há, pode-se dizer, dois procedimentos do conhecimento que são: 1 – os procedimentos ditos "figurativos", que trabalham com a percepção física dos objetos, das pessoas, das situações em sua singularidade, bem como em sua evocação na forma de imagens mentais e que acompanha todos os estados que produzo; 2 – os procedimentos "operativos", que são transformações fisicamente realizadas nos objetos por uma atividade física qualquer ou por uma atividade mental, ou as duas. Seja uma transformação física ou mental, nos dois casos, podemos falar de operação. Mas, para ser mais preciso e distinguir uma da outra, poderemos falar de operação física e de operação mental. Ainda que isso constitua pleonasmo, já que toda operação é uma transformação realizada mentalmente que apresenta a propriedade de ser reversível. Uma operação física sendo, nesse sentido, irreversível, será apenas, no melhor dos casos, invertível.

Quando o sujeito se apoia em sua percepção ou na interiorização desta, a saber, a representação imagética ou simbólica, ele desenvolve um tipo de atividade bem particular. Tudo se passa como se o real ou a natureza fosse se revelar para ele, tal como ele é com seus "segredos". Como se bastasse ver ou olhar para saber ou para conhecer. Nesse contexto, o critério da verdade é a evidência: é verdade o que eu vejo, ouço, etc., ou é o sujeito que "aprende", percebe ou se lembra de algo que ele "sabe", baseando-se em sua percepção e em sua memória e encontrando-se na situação de ter de repetir ou imitar. Repetir e imitar são as saídas mais frequentes da pedagogia. São também as mais imediatamente acessíveis. Tenhamos consciência de que, ao sair da percepção ou da evocação, elas consistem na consideração dos estados mais evidentes do real e de suas "evocações". Mas, embora elas constatem, elas não provam. Elas engendram a crença, sem prova e, sobretudo, sem crítica.

Desse modo, como todo estado do real é o produto de uma transformação, trate-se do que constatamos ou do que produzimos, o conhecimento é, quanto ao ser humano, essa relação que ele construiu, ou que está construindo, ou que estabelece entre dois estados do real. Esse conhecimento leva à explicação, para além da evidência, e fornece a prova de que avança pela demonstração. A prova pode ter como base, em se tratando dos conhecimentos como a matemática ou toda ciência dita "noética", somente a demonstração de que podemos refazer. Mas ela pode residir também, principalmente quanto à ciência experimental, na capacidade de produzir e de reproduzir a qualquer instante o estado final em condições iguais ou equivalentes. Ela pode remontar do estado final ao estado inicial. Tudo isso porque consiste inteiramente na produção de transformações.

O conhecimento é feito, portanto, de relações e de redes de relações que o sujeito estabeleceu entre elementos do real. Assim sendo, um estado do real produzido como conhecimento pode estar na origem de outro estado, por transformações, o que nos leva a produzir conhecimento a partir do conhecimento. Dessa forma vai a ciência que retoma sempre seus percursos transformadores a partir de um estado inicial, que só é o estado terminal de uma infinita conjunção de transformações anteriores.

Percebe-se que, quando a pedagogia estimula a ver e a repetir, ela encerra as crianças em procedimentos "empíricos" e em uma concepção da verdade segundo a qual é verdadeiro o que eu vejo, é verdadeiro o que é a "boa resposta" (nesse caso, porém, podemos nos situar mais no correto e no não correto do que na verdade propriamente dita), ou pior, o sucesso, como pensava William James, ou o que é evidente. Quando a escola solicita às crianças que forneçam a "boa resposta", ela as impede de refletir. Com efeito, se há uma boa resposta e uma má resposta, uma resposta correta e uma resposta errada, a criança nunca poderá saber qual é a boa e por quê, uma vez que ela não possui nenhum meio para isso. É o professor o detentor ou o reservatório das boas e das más respostas. (Talvez também, em certos casos, os "bons alunos" capazes de dar as respostas esperadas. E como não há critérios para a resposta correta ou errada, esses bons alunos só são bons porque se deram conta de que era preciso fornecer a resposta esperada, aquela que agrada ao professor e lhe dar, assim, a ilusão da eficácia de seu ensino. Nesse contexto, todo o mundo é tolo.)

Que se preste bem atenção: toda vez que só se apoia no que se vê, na evidência, gera-se o simples saber, bem como a crença. Mas, também, cada vez que se procede assim, privilegiam-se os "estados" em detrimento das transformações. E como só se apoia no que é dado pela percepção, são os estados perceptíveis que são favorecidos e sua evocação imagética. A partir daí, privilegiam-se os procedimentos "figurativos", excluindo ou tendendo-se a excluir os procedimentos "operativos" que são os procedimentos produtores das transformações, uma vez que "operar", no plano mental, é pensar; evocar é apenas se lembrar das coisas particulares. Não é pensar, é apenas saber. De qualquer forma, não conhecer. A memória não é o pensamento.

É evidente que, se conhecer é transformar, não se conhece de qualquer modo, pois não se transforma de qualquer modo. Há, de fato, uma ordem necessária das transformações. Essas transformações, quando são justificadas, fornecem a explicação do porquê do estado produzido, e sobretudo a possibilidade de refazê-lo à vontade.

Não se mudará em nada a pedagogia enquanto continuarmos encerrando as crianças na epistemologia limitada à prática da "pergunta-resposta", isto é, no plano epistemológico do "estímulo-resposta". Ao contrário, a partir do momento em que se permitir que elas reflitam sobre o que estão fazendo – o que significa que a pedagogia coloca as crianças em situação de ter que agir, fazer, transformar, quaisquer que sejam as maneiras para isso – porque o fazem, como fazem, será possível conduzi-las ao conhecimento, porque serão colocadas em estado de pensar. A dificuldade maior, para favorecer a passagem à autonomia do pensamento, é questionar de tal modo que, não somente a questão não comporte nada que possa dar a menor indicação sobre a resposta, mas coloque o sujeito em situação de ter de construí-la. O que não impede que a criança receba sugestões ou contrassugestões, porque lhe é dada liberdade a para decidir. Assim como liberdade para partir de um ponto de vista, aceito tal qual por aquele que a interroga, contanto que saiba argumentar. O resultado é que, por um lado, ela descobre que é respeitada porque se leva em conta seu ponto de vista e, por outro, que se oferece a ela a possibilidade de justificá-lo. Daí a confiança em si mesmo e no adulto.

Para fundar um percurso pedagógico apropriado – científico, ousemos dizer –, nada nos parece mais favorável do que levar em consideração a forma como as crianças procedem naturalmente para aprender. Em outras palavras, devemos nos apoiar na epistemologia genética que estuda não somente o estabelecimento progressivo das estruturas, mas seu funcionamento, além de considerar, pode-se dizer também, a maneira como eles constroem e aumentam seus conhecimentos. Mas isso não deveria bastar se prestamos atenção na maneira como procedem para não aprender. Ou seja, há tanto a reter da saúde como da doença, do que é geral e do que é particular, no sentido de que um se compreende pelo outro, mais precisamente, *déficits* ou retardos de desenvolvimento, da prevalência dos procedimentos figurativos nos procedimentos operativos, etc. Queremos dizer também que, quando uma criança soma as couves e as cenouras, ela nos ensina mais sobre ela mesma do que quando consegue fazer isso com os legumes. Ela ainda não compreendeu, na verdade, que só se podem somar semelhantes. O sistema das classes e, consequentemente, o número ainda não foram construídos. Ou quando, ao ler, ela confunde "campanha, companheiro, companhia, etc.", não sendo essas palavras, para ela, dissociáveis umas das outras. Desse modo, observamos que é preciso que compare notando o que, em cada um, é igual e o que não é, identificar as semelhanças e as diferenças para identificá-las no que elas têm de específico e proceder por diferenciações de escrita e de sentido. Entre "campanha" e "companheiro" ou mesmo "champanhe" e "*champignon*", a diferença não é muito grande se nos detemos somente no aspecto global que essas palavras apresentam. É permitir, assim, o exercício das classes lógicas ao favorecer a esse respeito a distinção do que eles têm de parecido e de diferente. De uma palavra à outra, na verdade, a diferença pode ser apenas de uma letra ou mesmo da posição, do deslocamento de uma letra no espaço da palavra, da introdução de uma outra letra que passa despercebida, etc. Resumindo, trata-se simplesmente de comparar identificando o que é parecido e o que é diferente.

Neste sentido, se vê que as estruturas devem organizar os conteúdos que elas encontram, mas contanto que se favoreça seu funcionamento adequado. O que supõe que se conheçam tais estruturas e que se saiba localizar seus pontos de obstáculos. De qualquer forma, da epistemologia genética ou do estudo da gênese das estruturas da atividade de conhecimento e de seu funcionamento a suas disfunções, a distância não é tão grande, como aquela da saúde à doença ou à patologia em geral, como dissemos. Mas, se nos damos conta de que a gênese revela modalidades funcionais que se encontram nas aprendizagens, encontram-se outras imprevisíveis nas intervenções remediativas e nos retardos ou nos *déficits* cognitivos. O conhecimento da "normalidade" não pode se dar sem aquele dos distúrbios diversos observáveis nas condutas das crianças que, mais uma vez, não seguem com o mesmo passo o mesmo caminho do desenvolvimento. Disso resulta que a pedagogia deve proceder mais por observação, em uma atitude científica que consiste em acompanhar a criança conduzindo-a, ao mesmo tempo e, inversamente, conduzi-la acompanhando-a, do que por aplicação, segundo o método clínico operatório praticado por Piaget em todas suas experiências.

A pedagogia, repetimos, não pode ignorar a criança descrita pela teoria, suas necessidades fisiológicas e afetivas, a gênese de suas capacidades cognitivas com suas diferentes etapas e as necessidades de sua socialização, mas o desenvolvimento e o funcionamento "normal" devem ser completados pelo que é observado nas intervenções educativas, aquelas que dizem respeito às recuperações dos *déficits* e dos retardos cognitivos do aluno real, aquele com o qual se trabalha. Nem é preciso dizer que ela só poderia adquirir o estatuto de ciência nessas condições.

Para voltar à criança em suas atividades espontâneas, percebemos – para ficarmos no que ela faz na escola maternal, por exemplo – que ela produz efeitos e que os constata. Acontece-lhe mesmo de reproduzi-los para estudar suas variações, criando estados diversos do real. Acontece-lhe também de projetá-los ou antecipá-los. Muito frequentemente, essas produções são o fruto do acaso. E ela se conforma sempre, em tudo o que faz, com os resultados obtidos, pois, nela – sendo o imaginário mais relevante que o real – as "insuficiências" que este pode apresentar a seus olhos são compensadas. Contudo, se a criança é capaz de constatar suas produções, raramente as explica. Ou melhor, o que ela pode fazer é dizer como fez, mesmo através de aproximações. Ora, o papel do adulto não seria de lhe permitir justamente tomar consciência do que faz durante sua ação para conduzi-la progressivamente, ao longo de sua infância, ao pensamento? Pois, ao questioná-la sobre o que está fazendo, durante o fazer, ou depois, sobre a maneira como fez e por que, permite-se à criança construir progressivamente, a partir de seus atos, as transformações mentais correspondentes. Em outras palavras, pelas tomadas de consciência de suas ações, construir as operações mentais que são a reconstrução daquelas; favorecer – e facilitar – o pensamento que se antecipará e acompanhará a ação; ou permitir passar "do ato ao pensamento", segundo a formulação extremamente judiciosa de Henri Wallon, uma vez que toda tomada de consciência produz uma conceitualização.

Quando – para sustentar o que estamos dizendo – pedimos a uma criança para fazer de uma bola de massa de modelar uma salsicha e que, enquanto ela rola a massa em sua mão aberta, a questionamos para saber o que está fazendo, ela nos responde, geralmente espantada, pois isso lhe parece evidente: "uma salsicha". O que não é incorreto, mas atesta a falta de dissociação do objetivo e dos meios para atingi-lo. A partir de uma bola, pede-se a ela para fabricar uma salsicha, mas esta é de tal modo confundida com sua fabricação que não se distingue mais dela. Na verdade, ela rola (meio ou transformação) a massa (permanência da matéria) *para* (objetivo projetado) fazer uma salsicha e, ao rolar, produz, cria. Ela parte de um estado inicial, que é a bola de massa, realiza uma transformação (ela rola apoiando) e produz um estado final. O estado inicial desapareceu, mas se conserva em evocação; a matéria permanece (a massa continua sendo massa durante as manipulações); o objetivo projetado continua sendo o mesmo durante a transformação e um estado novo, verdadeira criação, aparece na forma de uma salsicha.

O que tiramos de tudo isso é o seguinte:

1º Que, quando a forma muda, a massa (ou a matéria) não muda (fato constatável perceptivamente – mas não necessariamente constatado, portanto, não consciente; ao menos usado como evidente), ou seja, *propriedade da matéria*.

2º Que a passagem do estado inicial ao estado final se realiza por uma transformação (que pode ser constatável), ou seja, *propriedade do sujeito*.

Sabemos, como nos ensina a epistemologia genética, que a criança, desde os 2 anos (mais ou menos), alcança a representação simbólica e conserva a imagem dos objetos, das pessoas, das situações anteriormente percebidas. Ela pode evocá-las mentalmente em sua ausência. É por isso que, durante a transformação da bola em salsicha, ela conserva presente em sua mente o estado inicial. Mas, como "tem consciência" de que está fazendo uma salsicha, ela antecipa sua forma de modo imagético, isto é, o estado final do qual faz a representação, porque ela sabe o que é uma salsicha e que está produzindo uma simbolicamente. E é para obter essa salsicha "simbólica" que ela rola a massa. O importante aqui reside no "rolar" a massa "apoiando", pois é por essa ação que "se faz" esse objeto que não é, de forma alguma, uma "salsicha"; é apenas a forma aproximativa e só oferece, com a salsicha real, cuja experiência já foi adquirida, uma "analogia". É apenas uma "intenção" de salsicha simbolicamente realizada.

É importante levar em conta também o fato de que a criança é capaz de fazer "como se", de "imitar" reproduzindo um modelo interno, e de gerar no exterior de si algo cuja intenção é de "figurá-lo" simbolicamente, insistindo no que o caracteriza mais – aqui, a forma dada à massa de modelar como suporte.

Fazendo-a agir assim, a apoiamos em um saber que diz respeito a ela, seja consciente ou não, e solicitamos uma capacidade de fazer, suposta ou perfeitamente sabida, que deve ser realizada para obter o resultado esperado. Essas condições mínimas revelam, para quem sabe ler ou simplesmente observar, elementos que estruturam a atividade e que constituem sua organização. Tratando-se desta, poderemos identificar sua presença ou ausência e determinar os momentos de seu aparecimento (sua gênese). Desse modo, na manipulação da massa, o fato de que esta continua sendo o que é, a saber, massa de modelar, durante todas as manipulações, atesta o fato de que o sujeito que age construiu a invariância da matéria. O que nem sempre é o caso, como mostra a reflexão de um jovem "com deficiência mental", que já citamos, ao se perguntar se a massa em forma de salsicha que acabava de produzir continuava sendo a mesma massa da bola inicial (confusão matéria/forma). Quando se sabe que algumas crianças pensam que a bola azul confeccionada previamente igual a uma outra, mas vermelha, não tem realmente essa igualdade que afirmam, somente pelo fato de sua diferença de cor, percebe-se que é importante estar atento ao que elas revelam de si mesmas em seus atos e em suas palavras. Muito longe de se encontrarem em plena contradição, o que pode ser uma interpretação de adulto desatento ou não informado, elas hesitam entre a identidade no sentido absoluto e a identidade no sentido relativo. Diremos que elas ainda não levam em conta que, em tudo, há o que é parecido e o que não é, há identidades que tornam as coisas intercambiáveis porque totalmente idênticas, enfim, que tudo pode apresentar semelhanças e diferenças. Entre o tudo idêntico (e, em alguns sentidos, intercambiáveis) e o totalmente diferente, como são uma girafa e um vidro de ketchup, há espaço para uma variedade infinita de coisas que apresentam semelhanças e diferenças e que podem ser agrupadas em sistemas de classes por semelhanças sem limite. Mas isso supõe, para o pedagogo, a capacidade de levantar ou identificar pela observação do que a criança dispõe, de pesquisá-la pelo questionamento e de solicitá-la pela manipulação de situações capazes de favorecê-la, não somente pelo funcionamento, mas pela construção. Isso qualquer que seja a área na qual o pedagogo mergulhe seus alunos.

Deve-se ter em mente o que se passa quando uma criança, qualquer que seja sua idade, produz um estado, a fim de nos colocarmos nas condições de lhe permitir conceber suas condições, não somente de realização, mas de concepção. Se se trata de favorecer a distinção das semelhanças e das diferenças, a tarefa deve consistir em propor objetos que variem entre a diferença absoluta e a identidade total para agrupá-las em conjuntos idênticos, diferentes, semelhantes e diferentes, dar o número das semelhanças e das diferenças. Para chegar, finalmente, ao que tende a construção de toda a variedade das estruturas, saber aquela das classes. Isso pode ser feito com qualquer conteúdo, contanto que se permita a cada aluno "realizar" seus conjuntos e fornecer a justificativa de sua ação. Insistimos: isso pode ser feito em aritmética, geometria, gramática, geografia, história, etc. De fato, em todas as disciplinas.

Nos últimos 10 anos de sua vida, Piaget havia estudado, em *A tomada de consciência*, o que um sujeito é capaz de dizer, de explicitar, o que se produz quando ele age. Por exemplo, como fazemos quando andamos em quatro patas, mais precisamente, como procedemos para fazer isso? Ora, ele revelou que poucos sabem relatar como fazem para realizar o que, no entanto, eles sabem fazer. Por exemplo, alguns acreditam que eles avançam junto o braço e a perna do lado direito, depois do lado esquerdo, e assim por adiante. Outros pensam que projetam alternadamente as mãos, depois os pés. Raros são aqueles que têm uma representação do movimento cruzado das mãos e dos pés em uma alternância mão direita e pé esquerdo e vice-versa. Esses estudos realizados com adultos, mas também com crianças, mostram o quanto nos iludimos sobre o que realizamos em nossas atividades, mas também o quanto nossas representações do que fazemos são errôneas – por exemplo, ao lançar uma pedra com um estilingue em uma caixa que está na nossa frente. Uns acreditam que o deslocamento da pedra é perpendicular ao lançador, outros que é circular, mas que faz um ângulo para atingir o alvo, outros ainda que o atinge por um movimento tangencial. Evidentemente não temos consciência do que implicamos quando agimos. Daí a extrema importância dos trabalhos que foram realizados nesse sentido e publicados no original em francês em dois tomos.[2]

Nessas duas obras, Piaget havia conseguido descrever assim um conjunto de procedimentos que apareciam geneticamente, tanto em macrocomo em microgênese, e que formavam um sistema hierárquico de elementos integrativos sucessivos e retroativos. Esses procedimentos ou *abstrações* se ordenam, como já mostramos no capítulo anterior, em um sistema de complexidade crescente, integrativo e retroativo a partir de baixo, isto é, das abstrações empíricas. É evidente que um bebê não poderá ir além das abstrações reflexionantes, mas, ao crescer, a cada nova experiência, ele tem a capacidade, por pouco que tenha sido favorecida, de proceder a essas abstrações que se organizam em sistema, mesmo que não possa, em todos os casos, levar à boa ordenação hierárquica que indicamos (cf. Cap. 2). A dominância figurativa limita a atividade à abstração empírica e à abstração pseudoempírica que, vale lembrar, é considerada como uma abstração reflexionante. Em nossa opinião, mais intermediária entre a empírica e a reflexionante, o que não impede que não possa haver construção de toda a hierarquia de forma regional. De qualquer modo, a cada experiência, o sistema se elabora sem necessariamente se fechar.

Quando uma criança de 5-6 anos diz que um objeto é vermelho, de madeira, grande, etc., tudo se passa como se ela extraísse essas propriedades do objeto, como se tirasse dele no sentido etimológico de "*abstrahere*" em latim. Mas é evidente que "vermelho", "de madeira", "grande", etc., são termos significantes aprendidos em outra época e que permitem atribuir essas "qualidades" a esse objeto. O mesmo ocorre com "*rouge*", "*en bois*", "*grand*", no contexto da língua francesa, ou de "*rot*", "*aus Holz*", "*gross*" na língua alemã. Cada uma realiza a mesma operação de abstração que expressa em termos diferentes. Mas, após adquirir o hábito de identificar os diferenciando de tudo o que não são (princípio da identidade), a cor, a matéria, o tamanho, etc., cada criança nomeia o que vê com a ajuda de um significante que remete ao significado ou, em nosso exemplo, a vermelho, de madeira e grande. Toda essa atividade é realizada a partir da percepção de qualidades especificadas que se servem da comparação, fonte de toda diferenciação/identificação. Estamos diante de uma "abstração empírica", nesse caso, pois nascida e tirada da experiência. É óbvio que esse tipo de abstração procede do contato com o objeto cujas qualidades lhe são atribuídas (no sentido em que são seus atributos). Ela traduz, portanto, o que se produz quando o sujeito tira dos objetos suas propriedades. É pela abstração empírica que a criança toma consciência do que os caracteriza e adquire o que se chama normalmente de saber.

Saber é tudo o que se aprendeu da coisa no que ela tem de específico, de particular, singular, único, original. Saber não tem outro caráter. Saber permite, em suma, se reconhecer no mundo que nos cerca, seja ele material, cultural ou social. Saber nos fornece o modo de uso de tudo o que nos cerca ou que regula nossos usos das coisas e dos seres. Saber, sobretudo na escola, é repetir algo que foi aprendido sem, no entanto, que seu sentido seja realmente apreendido. Assim ocorre com as palavras, os teoremas ou as regras de gramática, etc[3]. Acontece que o ato de abstrair, a partir do objeto produzido pela atividade de percepção, é uma tomada de consciência do que vem do objeto, mas que lhe é atribuído, como suas qualidades, em um dado contexto cultural. Que não se vá crer que a percepção, que se contenta em constatar o exterior, seja suficiente e satisfatória para produzir uma abstração empírica. Quando, de fato, levantamos um corpo e descobrimos que ele é pesado, atribuímos-lhe essa qualidade após a transformação. Assim como quando tentamos empurrar nosso carro para tirá-lo de uma rodeira ou da lama, descobrimos que ele tem um peso tal que somente nossa força não basta para movê-lo. A constatação aqui resulta de uma transformação ou de uma tentativa de transformação.

É possível realizar uma abstração empírica por meio somente da leitura da experiência ou de uma ação sobre o real.

Essa ação sobre o real não permite somente ler propriedades que não aparecem de outro modo senão como seu resultado. Ela produz um efeito cuja constatação pode levar a uma abstração dita pseudoempírica no sentido em que ela favorece uma tomada de consciência do que é o objeto ao mesmo tempo do fato de que é o sujeito que é o autor do estado no qual ele o descobre. Vemos na prática da atividade clínica e remediativa inúmeros casos de abstrações pseudoempíricas nos quais a criança não se dá conta do efeito que produz sobre as coisas, mas do fato de que é ela que é o autor. Essa constatação, que, na verdade, não o é realmente enquanto tomada de consciência, é tanto a constatação do que ela produziu do que do poder que tem de produzir. Tudo se passa como se o sujeito, ao tomar consciência de que o que acaba de realizar foi criado por ele, fosse capaz de dizer em um primeiro momento: "Fui eu que fiz", e eventualmente, em um segundo momento: "Tenho o poder de fazer". Mas essa tomada de consciência é de um grau superior à anterior e difícil de ser distinguida da abstração do nível seguinte ou "abstração reflexionante". Ainda que essa consciência do "poder de fazer" ou mesmo do "poder fazer" não informe o sujeito sobre as propriedades desse poder.

A abstração reflexionante apresenta essa particularidade na qual o sujeito toma consciência das propriedades de sua ação. Por exemplo, ao colocar números da esquerda para direita, depois da direita para a esquerda, ele descobre que a soma obtida independe da ordem dessa operação e que, portanto, pode adicionar (mas também contar) em qualquer ordem. Assim como reunir peras e maçãs produz um conjunto que as compreende ambas e implica que há mais frutas do que peras ou maçãs. Ou, ainda, que as peras e as maçãs são diferentes, mas que a justificativa de sua reunião está no fato de que são frutas (semelhança). Em outras palavras, a identificação de "peras", por um lado, e de "maçãs", por outro, vem da comparação que permitiu, por diferenciação, nomeá-las devido a suas propriedades diferenciais reconhecidas (abstração empírica). Essa reunião foi realizada pelo próprio sujeito (abstração pseudoempírica) – as peras e as maçãs não decidiram se reunir para formar uma categoria que as unisse por sua semelhança. A reunião das diferenças sob o vocábulo de "fruta" se explica pelo fato de que se trata de realidades que apresentam algo de semelhante (abstração reflexionante).

Notaremos que a abstração reflexionante trata também das coordenações das ações. Por exemplo, a reunião das duas subclasses produz a classe, mas, se consideramos esta como compreendendo as duas outras, teremos a + b (reunião das duas subclasses) = B. Porém, inversamente, a = B – b ou b = B – a.

Quando Sim (2 anos) procede por encaixamentos de pequenos cubos, ele coloca os pequenos dentro dos grandes e descobre, progressivamente, que os pequenos são cada vez menores e que se pode colocá-los no maior organizando-os conforme o tamanho, ele realiza uma sequência de abstrações reflexionantes que, depois, se coordenam para dar a seriação sensório-motora completa. Um certo dia, porém, ocorre-lhe de proceder inversamente e ele tenta colocar os grandes dentro dos pequenos. Evidentemente, ele não consegue: o material resiste a sua ação. É como se dissesse "não". Um pouco mais tarde, e após múltiplas tentativas todas igualmente infrutíferas, ele encaixa corretamente os pequenos dentro dos grandes e, quando um maior não ocupa o lugar que lhe imporia a ordem serial, ele faz "não" com a cabeça. O conjunto dos cubos dispersos não lhe inspira mais a ideia de colocar os grandes dentro dos pequenos. A ordem das grandezas progressivas e crescentes não é invertível. Belo exemplo também da adaptação na interação sujeito-objeto, onde o sujeito, apesar de suas competências sensório-motoras, descobre que não é todo poderoso, que suas ações podem ser limitadas pelo real que recusa seu exercício. Mas, nesse caso, trata-se de uma abstração reflexionante ou, ainda, da tomada de consciência dos limites da ação diante do real que ela deve levar em conta e ao qual deve se adaptar. Em outras palavras, no processo de adaptação às propriedades do real, a criança constrói as estruturas adequadas que lhe permitirão não somente levá-las em consideração, como também organizá-las em função do que elas são. A ordem serial não é uma propriedade dos objetos, mesmo que estes últimos possam ser seriados. É sempre o sujeito que os coloca em ordem, em virtude desse mesmo caráter.

Em todas essas manipulações, assistimos a um conjunto de abstrações reflexionantes cada vez que a criança descobre que seu encaixamento é inadequado e que corrige, pela escolha de um cubo maior ou menor, ou da mesma forma, quando percebe que falta um. Essa regulação da ação perceptiva pela coordenação das operações seriais exige uma reflexão no sentido estrito do termo que produz um reflexionamento no plano da representação que leva a um ajustamento ou a uma correção no estabelecimento da série completa. Esse movimento de abstrações sucessivas que se coordenam entre si tende a se generalizar, o que é a lei das séries ordenadas $a<b<c<d<e<f<...$ ou $f>e>d>c>b>a$ se o sujeito, em vez de encaixar, empilhar. Todos esses "ajustamentos" correspondem à ativação de uma estrutura prévia e contribuem para seu refinamento.

Quando as crianças entre 7 e 9 anos, na prova da conservação da quantidade de matéria, dizem: "Se diria que há mais massa, mas não é verdade" e que justificam ou não – "porque não tiramos nem colocamos mais" – elas fazem uma sequência coordenada de abstrações reflexionantes, ou, então, coordenações de abstrações reflexionantes. Mais tarde, elas serão capazes de dizer, antecipando qualquer transformação efetiva que seja: "Você pode fazer uma bola ou um disco, em qualquer forma que você quiser, haverá sempre a mesma quantidade de massa. Porque você não retira e nem coloca mais". Assistimos aqui a uma coordenação de abstrações reflexionantes no sentido de uma generalização.

A abstração refletida vem coroar, assim, o todo e explicitar de alguma forma a lei que organiza todas as transformações. A criança já procede assim quando diz: "Você pode mudar a forma, isso não mudará a quantidade", existe aí uma generalização, mas que não tem a mesma extensão da anterior.

A abstração refletida favorece essa generalização quando enuncia a lei. Por exemplo, a partir de generalizações sucessivas, modificar a forma sem alterar a quantidade de matéria não a aumenta. Ou, ainda, só se adicionam semelhanças. O que não aparece em nossos exemplos, e do qual só se adquire a experiência pelas solicitações em situação de intervenção remediativa, é que essa hierarquização com retroações sobre os elementos anteriores é observada desde as primeiras abstrações. Umas se limitam às empíricas, evidentemente, mas, muito rapidamente, o sujeito percebe que é o autor das transformações que produziram o resultado que ele constata (abstrações pseudoempíricas). Depois ele se dá conta também de que procedeu desta e daquela maneira e que, para obter o mesmo resultado, é preciso que proceda dessa mesma maneira (abstração reflexionante), para, finalmente, por generalizações sucessivas, chegar a dizer que, para obter tal resultado, é preciso, em todos os casos semelhantes, proceder assim (abstração reflexionante). A retroação é observada nos ajustes das modalidades da ação sobre os objetos a partir da representação. Pode-se observar isso nas antecipações, como no exemplo citado anteriormente.

O favorecimento as tomadas de consciência por meio das abstrações sucessivas no sentido da hierarquia pode ser feito pelo questionamento. Por exemplo: "Como você fez?" depois da ação. Com Ju (16 anos), obtivemos, a respeito das permutações que ele realizou, a explicitação de uma ordem sistemática, que consistia em permutar as duas primeiras, o que lhe deu duas possibilidades, depois deslocar a terceira (no caso de uma permutação com três elementos) para lhe dar o equivalente da primeira posição, tornando possível duas novas possibilidades, etc. Durante a operação, nada impede que se pergunte ao sujeito o que está fazendo e o que ele pensa em fazer.

O que importa em todos esses exemplos, que não precisam ser multiplicados infinitamente, é ter consciência de que alguns princípios animam e dirigem toda a atividade de conhecimento além do princípio de identidade (fundamento de nosso pensamento).

Podemos enunciá-los da seguinte maneira:

1º Os estados do real são o produto de transformações (dentre estas, aquelas efetuadas pelo sujeito).

2º As transformações produzem estados a partir de estados.

3º O estado final só se explica pela transformação que o produziu a partir do estado inicial.

4º A transformação modifica algo deixando algo inalterável (ou seja, há o que muda e o que não muda).

5º A transformação pode ser invertida, seja física (revertibilidade) seja mentalmente (reversibilidade).

6º A comparação de estados permite identificar em um conjunto algo que é diferente e algo que é semelhante (ou parecido), ou, ainda, decidir que só há semelhanças ou só há diferenças. A passagem de uma dessas extremidades à outra passa pelas diferenças/semelhanças em um movimento que faz parte da dialética das diferenças/semelhanças, nos dois sentidos do percurso.

7º Cada ação sobre o real pode dar lugar a tomadas de consciência que podem se expressar nas diferentes abstrações precipitadas e a generalizações que assentam o conhecimento e lhe dão seu caráter universal.

É com base nesses princípios que deve se apoiar toda intervenção psicopedagógica, e que também de inspirar a pedagogia, porque estão no coração do conhecimento[4].

O espaço, o tempo e a causalidade, sobre os quais não falamos aqui, são, na realidade, o produto da atividade de conhecimento e fazem parte da "ordenação" dos elementos deste.

O problema apresentado pela intervenção psicopedagógica, antes de nos determos na pedagogia propriamente dita, é saber essencialmente o que faz o sujeito durante sua ação. Por que faz? Como faz? Em outras palavras: o que, por que, como? Tantas provocações para a tomada de consciência que podem levar tanto à explicação da atividade quanto à construção mental das operações pelas abstrações. Para ser ainda mais explícito, acompanhamos sempre a criança com questões durante sua atividade do tipo:

"O que você está fazendo? Por que você está fazendo isso? Como você está fazendo?"

Muitas são as questões capazes de permitir explicitar a natureza de sua atividade, os meios que emprega, a ordem na qual os utiliza, em função do objetivo que busca atingir. Daí a formulação da causalidade no tempo e no espaço.

Durante a fabricação de uma bola feita com massa de modelar igual a uma outra, perguntamos: "O que você está fazendo?" Invariavelmente a resposta é: "Estou fazendo uma bola igual aquela lá". Tal resposta não requer outra explicação, uma vez que a criança está confeccionando uma bola: "a mesma coisa redonda, igual aquela (bola modelo)". Geralmente esse tipo de resposta, por sua evidência, desarma a pessoa que está iniciando nesse trabalho. Se se trata de acompanhar conduzindo a criança, a pergunta feita pede a resposta obtida, "estou fazendo uma bola igual". Ora, duas operações se confundem aí: por um lado, "estou fazendo", por outro, "uma bola igual". Em outras palavras, o objetivo ou o estado final não é distinguido da transformação que leva a ele. Um implícito aparece ao observador atento: o "estou fazendo" parte de um estado inicial evidente, mas não consciente (só o objetivo é consciente). Na verdade, para que haja realmente transformação, convém ter em mente que se parte sempre de um estado inicial. Ademais, o estado final só poderá ser admitido por uma operação de comparação. Daí resulta a pergunta "Como você sabe que as duas bolas são iguais ou como você fará (ou está fazendo) para saber que as bolas são iguais?" O "estou fazendo" não explicita a maneira de fazer. Ora, se todos sabem que, para fazer uma bola, deve-se rolar a matéria, muitos são aqueles que ignoram que eles rolam com deslocamentos laterais insensíveis, pressionando levemente, se não acabam obtendo uma salsicha (ou chouriço).

O "eu faço" implica, portanto, a maneira como "eu o faço" e vem seguido da pergunta: "eu o faço?"

A bola igual (estado obtido por transformação) só é determinada como tal por uma ação de igualização e por comparação de volume.

Quanto a sua transformação em uma salsicha, a questão "o que você está fazendo?" produz a resposta "uma salsicha". Essa nova evidência atesta, mais uma vez, o foco no objetivo final que orienta todas as transformações, mas as ignora enquanto tais. Quando perguntamos à criança como ela faz para fazer a salsicha, ela nos diz que rola a massa. De fato, é tão evidente para ela que está rolando a massa, que "o fazer" se confunde com o "o que eu estou fazendo" e o estado final antecipado e em andamento. É por isso que a pergunta a surpreende. Aliás, o "o que você está fazendo?" lhe parece idiota, pois, para ela, está claro ou evidente que está fazendo uma salsicha. Ou seja, "como você faz" foca no "fazer" que está em andamento sem dissociá-lo de "o que se faz" ou da salsicha, no caso. Mas também o "como você está fazendo" resulta, evidentemente, no "estou rolando" que esconde de algum modo o "estou pressionando também" ao rolar, pois, sem isso, "eu rolaria infinitamente"[5]. Observa-se que isso não tem nada de evidente enquanto não for formulado.

Se é importante se colocar sempre no nível da criança, isso quer dizer que se trata de eliminar os implícitos tanto nela quanto no adulto, isto é, evidenciá-los. Pois a evidência nem sempre é evidente, pela falta de consciência desta. Na resposta: "Estou fazendo uma bola", ou melhor, "Estou rolando", o como estou fazendo aparece implicado no "estou fazendo". Nesse caso ainda, se está claro que estou rolando e pressionando ao mesmo tempo em vai-vem, mas sem saber explicitamente, estou rolando e só persigo o resultado: o aparecimento da forma de salsicha, sem que seja necessário que eu diga que rolei pressionando ao mesmo tempo. O dizer após ter tomado consciência significa que, sem pressionar, eu poderia continuar rolando por muito tempo sem alongar a forma, exatamente o que é preciso para que o resultado esteja de acordo com a representação antecipada que fiz.

O importante é permitir a tomada de consciência pela criança dos meios que ela utiliza para obter seu resultado. Em outras palavras, "o que você está fazendo enquanto está fazendo" explicita todo o sentido do "como você está fazendo" ou "como você faz para chegar a conseguir isso?" A vantagem desse questionamento, com as tomadas de consciência que ele é capaz de favorecer é que a organização das ações se reflete no nível da representação e contribui para sua reconstrução mental na forma de esquemas coordenados, e conscientes (ou "conscientizáveis"). É assim que se favorecem as abstrações reflexionantes.

Com a pergunta "como você está fazendo", a criança é desarmada porque está tão dentro de sua ação que ignora como ela faz ao agir. E, ela sempre fez assim sem se observar. Para ela, só conta o resultado, na ignorância de todos os seus atos e na inconsciência de si mesma (ela sabe fazer uma bola ou uma salsicha, mas não "sabe" como ela os produz). Algumas nem respondem de tanto que isso as perturba. Outras dizem que fazem a bola, o que nos leva a responder que sabemos disso, mas que o que se gostaria de saber é "como elas estão fazendo para fazer". A tentativa de responder pode paralisar igualmente a ação em andamento e provocar um tempo de pausa. Pausa para a reflexão. Outras nos dizem que estão rolando a massa. Mas não a deixamos sossegadas com isso, pois precisamos saber, é preciso que elas próprias saibam como fazem para rolar: "Observe bem como você está fazendo", provoca um descentramento capaz de favorecer a tomada de consciência do que está sendo feito e as abstrações criadoras de estruturas de nível superior. Contanto que o questionamento tenha continuidade. O que constitui toda a arte do acompanhamento psicopedagógico.

Para fazer uma bola igual, às vezes as crianças fazem uma bola qualquer e se esforçam para comprimi-la se for maior do que a bola modelo.

Aí está uma indicação clínica importante do nível de sua representação da redução do volume ou do tamanho. (Comprimir, nesse caso, pode ser uma assimilação devido ao fato de que, pela experiência, a criança sabe que toda matéria mole pode ser comprimida – o miolo de pão por exemplo – o que, normalmente, ou após generalização, na maioria das vezes, a reduz em tamanho, em volume, etc.). Com a massa de modelar, porém, uma vez que isso se mostra ineficaz, elas terminam por perceber a inadequação de seu procedimento e têm ideia ou descobrem (tomada de consciência abrindo a via para a conceitualização por abstrações) de que é preciso "retirar matéria". Mas isso demanda tempo. E, por parte do observador, muita paciência, pois a criança não abandona tão facilmente um procedimento do qual ela não está certa que não produz efeito. Podemos identificar que o esquema retirar/acrescentar aparece ou se manifesta porque está presente e começa a funcionar nessa situação. Enquanto a acompanhamos, fazemos a seguinte a pergunta: Por que você quer retirar massa? A resposta é evidente para o adulto, mas, para a criança, pode se tratar de uma invenção naquele momento: "Porque há muito". Daí, se isso ocorre, há necessidade de transformar o estado atual para obter o estado desejado. Para provar uma hipótese que formulamos a nós mesmos, podemos perguntar: "E em que isso vai resultar se você retirar?", porque a resposta pode ser o efeito do acaso, uma vez que a criança pode responder simplesmente por responder. Não estamos na lógica da reposta correta ou incorreta ou da conduta eficaz. A criança deve poder justificar, ou seja, explicar por que ela pensa em reduzir a quantidade de massa.

Com as crianças que ficam obstinadas em continuar comprimindo a massa a fim de diminuir seu volume, podemos, segundo o caso, dizer em forma de sugestão: "Uma criança me disse que seria preciso retirar massa. O que você pensa disso?" Ou então: "O que aconteceria se você tirasse um pouco de massa?" E observa-se se ela segue essa indicação ou se, ao contrário, a rejeita. Nunca esquecendo que devemos acompanhar conduzindo e conduzir acompanhando. Mas, se ela não nos segue, precisamos nos perguntar também se nosso questionamento foi bem compreendido, se a saída desse procedimento não está sendo demorado devido a uma reflexão interior ou por uma inibição que não imaginamos, etc[6]. Podemos, igualmente, se a pergunta leva a um impasse, deslocar o problema e perguntar: "como você faz quando não tem água suficiente no copo e está com muita sede?" Ou ainda: "Como você faz se há comida demais no prato?" Ou então: "Se seu copo está muito cheio de água, como você faz para que tenha exatamente o que precisa?" E assim por adiante. Há sempre um aspecto da experiência da criança no qual é possível se apoiar a fim de favorecer a construção da resposta adequada ao problema posto.

O que suscitamos na ação da criança com esse questionamento? A tomada de consciência da inadequação da ação em andamento e sua renúncia a favor de uma outra que ativa o esquema de retorquir, "porque há muito", "para fazer do mesmo tamanho", ou volume, ou o que quer que seja. A criança se focando nos resultados que obtém, corrige suas produções em função do objetivo buscado. As abstrações sucessivas são construtoras dos diferentes procedimentos corretores realizados por esquemas que se coordenam em função da tarefa.

A partir desses exemplos de análises que levam ao diagnóstico do funcionamento real atual, pode-se dizer que a consideração somente do resultado obtido ou da adequação da ação à tarefa não tem grande valor informativo sobre as capacidades do sujeito, pois está limitada a uma constatação. Não mais que isso. De um simples ponto de vista clínico, o que pode nos ensinar o fato de que uma criança se saia bem em uma prova destinada a avaliar o nível de desenvolvimento atingido por um sujeito? Somente que ela foi bem-sucedida. A partir daí, que conclusões tirar sobre suas competências? Nenhuma. A menos que nos refiramos a um quadro estatístico que indique as médias de sucesso para crianças de mesma idade. Mesmo assim, o problema é apenas recuado, pois não se deixou o domínio da constatação. Tudo se passa como se estabelecêssemos uma atitude que consiste em constatar a presença ou a ausência da conduta adequada ou não. O "sucesso" ou a "competência" está presente ou não. Se o sujeito se situa na média de idade em que tal competência pode estar ausente, tudo parece ir bem. Pode-se supor que isso "virá", mas como? Por solicitações de que consiga, de repetição? Aprendendo a acertar? Favorecendo a aprendizagem da resposta? Evidentemente, ser bem-sucedido, nesse caso, não é compreender. E a distância é ainda maior entre "compreender" e "explicar"!

Como se decide que uma criança "tem" a estrutura pesquisada? Simplesmente porque deu a resposta esperada? Mas, justamente, esta não é pertinente, pois é somente o "bom resultado" que pode contar na prova em questão; falta, nesse caso, a maneira como o sujeito construiu sua resposta. Sabemos, pois não paramos de repetir, que a conservação da quantidade de matéria se baseia em toda uma argumentação que comporta a identidade, a inversão, a compensação, que são transformações reversíveis porque executadas em pensamento. O fato de que haja a mesma quantidade de massa na salsicha, no bolo, no cordão, nas bolinhas, etc., porque "antes" havia "a mesma coisa de massa", não basta para afirmar essa conservação. Onde está a transformação mental? Do ponto de vista do desempenho, há conservação – diremos qualitativa ou intuitiva –, mas essa conservação, na verdade, não existe porque não resulta de um raciocínio, isto é, de transformações executadas em pensamento.

Subjacente à epistemologia do acerto ou do desempenho, há o empirismo sem gênese. As "capacidades" do sujeito aparecem ou não, sem que se saiba realmente por que e como. Tudo se explica pela magia do meio, da classe social, da hereditariedade e de muitas outras coisas. Navega-se em plena metafísica pretendendo fazer ciência.

Ultrapassar o simples desempenho se dando os meios para a observação, é mudar fundamentalmente de epistemologia. Se o sujeito é o produto do que faz em seu(s) meio(s), ou seja, se é colocado em um contexto de interação adaptativa com o real exterior, descobre-se que seu desenvolvimento se produz geneticamente em função não somente das solicitações que ele recebe (contanto que responda a elas), mas também e sobretudo, de suas ações sobre ele. Daí uma gênese de seus desempenhos em consequência direta com o desenvolvimento de suas "capacidades" ou de suas "competências". O resultado, ou a resposta adequada (ou correta), ou, ainda, o desempenho atingido, só se justifica em função do nível de competência interna atingido, não como produção misteriosa de uma pressão qualquer do meio, mas como gênese observável e localizável de um sujeito a outro das formas universais da atividade. Em outras palavras, a constatação do simples desempenho só tem sentido em relação à gênese em que encontra sua explicação. E convém, ainda, analisar suas modalidades, pois se pode muito bem dar a boa resposta sem poder justificá-la. Como isso se manifesta nos procedimentos figurativos[7]. A competência da criança é medida por sua capacidade de justificar o que faz.

A análise clínica e a observação da atividade da criança deve permitir compreender o porquê de suas respostas, lhe proporcionar uma forma de tomar consciência delas para favorecer sua reconstrução interna ou mental. Vantagem suplementar, a análise clínica de cada caso fornece também fatos de observação que enriquecem o conhecimento da epistemologia genética no sentido do aprofundamento estruturo-funcional da gestão dos conteúdos e da construção das estruturas novas pelo funcionamento.

Assim, a abordagem clínica do diagnóstico se mostra indispensável para adquirir, no mínimo, dois tipos de informações: 1º o nível estruturo-funcional atingido pelo sujeito (que não tem nada a ver com o fracasso ou o sucesso), 2º as modalidades funcionais dominantes reveladoras das estruturações que estão ocorrendo na interação com os conteúdos da experiência e da pedagogia.

Se aprender é uma atividade que, como tal, exige estruturas que funcionem, evidentemente é preciso que as conheçamos e que sejamos capazes de favorecer seu aparecimento, uma vez que elas se revelam em uma gênese, no fundo suficientemente conhecida (mesmo que ainda seja insuficientemente conhecida) para que se possa seguir suas etapas.

Em seu percurso de conhecimento, o espírito humano constrói essas estruturas que são como formas a priori capazes de organizar os conteúdos que encontram. O contexto interacionista Sujeito ↔ Meio (ou dialética do sujeito e do meio), no sentido mais geral, implica que ele se encontre constantemente em um processo de adaptação. A gênese estruturo-funcional de estruturas de níveis e de complexidade crescentes o confronta com conteúdos cada vez mais variados e mais ricos, indo das percepções às representações conceituais, passando pelas representações imagéticas ou simbólicas. Das estruturas da ação em associação direta com o objeto percebido, passando pelas representações imagéticas, depois conceituais para se chegar à combinatória interproposicional do pensamento formal, o sujeito organiza, dando-lhes sentido, conteúdos cada vez mais ricos e variados, como dizíamos anteriormente, mas também mais complexos. Assim, a necessidade de se adaptar cada vez mais para se ter cada vez mais conhecimentos contribui para obrigar o sujeito a se autoconstruir, no sentido de criar estruturas de tratamento dos conteúdos cada vez mais complexas e de nível hierárquico cada vez mais elevado. Mas isso não se faz sem as tomadas de consciência e a interação social.

Já que a ordem genética é conhecida e que sabemos que uma estrutura não aparece antes de uma outra, ou seja, já que a ordem de sua construção é invariável, podemos, por um lado, proceder por um diagnóstico do desenvolvimento estruturo-funcional de cada sujeito, e por outro, favorecer a construção das estruturas em andamento ou suscitar o aparecimento daquelas que não estão presentes, por solicitações apropriadas com conteúdos adequados. Com o questionamento conveniente de um mediador externo, experiente, capaz de permitir as diversas abstrações, das mais simples às mais sofisticadas, com o que comportam de generalizações necessárias. É isso o que fundamenta, com razão e de fato, a legitimidade de uma intervenção psicopedagógica junto a sujeitos que apresentam *déficits* cognitivos ou retardos do desenvolvimento. Porém, como os conteúdos suscitam o funcionamento das estruturas que estão à disposição e que seu grau mais ou menos elevado de resistência a seu projeto os obriga a se transformar em estruturas de grau superior e de complexidade crescente, a multiplicação das solicitações pelos conteúdos – pedagógicos especialmente – só pode favorecer sua maleabilidade adaptativa e a flexibilidade de seu funcionamento, contanto que se saiba tornar tais conteúdos compatíveis com as capacidades atuais dos sujeitos. Daí a necessidade da pesquisa nessa área.

Dessas considerações, decorrem:

1º a legitimidade do diagnóstico clínico operatório;

2º a pertinência de uma intervenção psicopedagógica apropriada para remediar os retardos e déficits estruturais-funcionais individuais;

3º e, por extensão, a necessidade de desenvolver uma pedagogia das disciplinas que seja capaz de favorecer, pelo funcionamento adaptativo, a construção de estruturas cada mais maleáveis, flexíveis e complexas. A solicitação adequada das estruturas pelos conteúdos permitiria não somente ir além do empirismo do simples desempenho (estímulo → resposta) favorecendo a interação "sujeito ↔ objeto" no contexto "sujeito ↔ meio", mas também ampliar a construção dos conhecimentos.

Um diagnóstico do desenvolvimento cognitivo (diagnóstico operatório) não se limita à administração das provas piagetianas. E, além disso, impede que isso ocorra conforme os testes de desempenho. O que está em causa é, evidentemente, a busca, setor por setor, pelas estruturas adquiridas, mas procedendo a recortes entre provas e analisando qual a modalidade dominante que atua ali. As resoluções são realizadas por procedimentos figurativos ou por procedimentos operatórios? Há oscilações entre esses procedimentos? Analisando as justificativas formuladas pelos sujeitos, pode-se identificar a natureza dos procedimentos empregados para resolver o problema que se coloca em cada prova, isto é, como ele é resolvido. O que permitirá se pronunciar sobre a aquisição das estruturas buscadas ou sobre o fato de que não estão acabadas ou fechadas. Uma única prova não basta, portanto, mas um conjunto, com recortes e cruzamentos (passagem de um setor para outro a fim de evitar os fatos de perseverança: por exemplo, após uma prova Lógico-Matemática, passar para uma prova de tipo Infralógica, depois para uma prova de conservação das quantidades, e assim por adiante. Mas não há uma ordem imposta. É em função das primeiras hipóteses feitas pelo psicopedagogo que a investigação diagnóstica se elabora. Em outras palavras, é sempre conforme o caso. A tomada de notas ajudará a construir em seguida o diagnóstico por meio da reunião de todas as informações colhidas a fim de descrever a fisionomia cognitiva do sujeito – abordagem estruturo-funcional).

O programa da pesquisa científica se abre assim, oferecendo às ciências da educação a perspectiva, assim como em todas as outras ciências humanas, de se constituir como ciência no domínio preciso da construção do conhecimento.

Se este é o objetivo que atribuímos implicitamente ao ensino, o problema preliminar é redefinir o que se entende por conhecimento e por construção, em oposição ao saber.

O ensino tem como missão dispensar "saberes" ou permitir o acesso ao "conhecimento"?

A resposta é clara: trata-se de fornecer os saberes necessários e indispensáveis para se ter acesso ao conhecimento. A meta, o objetivo a ser atribuído ao ensino é permitir esse acesso ao conhecimento, ou seja, tornar os alunos capazes de explicar. Com efeito, repetimos mais uma vez, só se conhece o que se consegue explicar, porque se trata do refazer, do reconstruir. Assim acontece com todas as áreas. É a passagem da particularidade ou da singularidade ao universal.

Considerando tal objetivo, que meios criar então para responder às exigências que são, a partir daí, as do ensino e com base em que fundamentos cientificamente estabelecidos que justifiquem essas práticas? Dito de outro modo: como os sujeitos fazem isso naturalmente para se apropriar das diferentes disciplinas pedagógicas e transformá-las em conhecimento? Daí a imperiosa necessidade da observação sistemática que implica seguir a ordem da gênese das diferentes formas dessa apropriação, matéria por matéria (pela consideração da especificidade do objeto de cada uma). Que se fale então de "didáticas" das disciplinas, pouco importa. O importante reside nas condições e na maneira como se favorece, nos sujeitos, a construção dos conhecimentos se articulando a suas capacidades atuais.

A ideia que preside essas perspectivas está no fato de que, se aprender é uma atividade e que, como toda atividade, ela ativa (coloca em funcionamento) estruturas, o mínimo é poder averiguar previamente quais são aquelas que dispõe o sujeito antes de aprender e articular os conteúdos que vão ser propostos a suas capacidades. Com efeito, é ilusório pretender iniciar uma criança na geometria euclidiana se ela não construiu a reta projetiva ou se não conserva os comprimentos. É ilusório igualmente querer garantir a aprendizagem da leitura a uma criança que não é capaz de identificar a letra à esquerda ou à direita de outra letra (identificação por diferenciação das letras e estruturação da geometria topológica). Por quê? Porque, apesar das compensações que todos podem realizar para chegar ao resultado, o *déficit* dessas estruturas comprometerá gravemente outras aprendizagens, isto é, a apropriação de outros conteúdos.

As estruturas da atividade de conhecimento são as "formas universais" capazes de enquadrar e organizar todos os conteúdos com suas particularidades. É preciso, ainda, que elas estejam presentes e sejam suficientemente exercidas para adquirir a mobilidade necessária à apropriação da diversidade destes. Nesse sentido, a especialização precoce é sempre uma restrição, e uma amputação. E a distinção operada pela escola entre disciplinas literárias e científicas é a pior das besteiras que se possa cometer, pois as estruturas que organizam os conteúdos da matemática, da física, da química ou da biologia são rigorosamente as mesmas que se aplicam à literatura, à história, às línguas vivas ou mortas, a qualquer arte, etc. Só muda o conteúdo que elas enquadram. A interação que essas estruturas universais mantêm com os conteúdos que organizam explica as diferenças que se encontram entre um homem de letras e um homem de ciências ou um artista. Não é preciso uma aptidão especial para se tornar pianista, matemático ou poliglota. A diferença só se explica pelo interesse apresentado, depois pelo gosto cultivado pela prática, por esses conteúdos. Esse interesse pode ser bem precoce, como aconteceu com Mozart, ou tardio. Pouco importa. Os fatores afetivos – gosto, interesse, atração, paixão, etc. – não explicam tudo, mesmo que tenham sua importância. O que faz um matemático é o fato de ele se entregar à matemática, assim como o poeta só o é ao se tornar um poeta. Mas todos têm a mesma organização estruturo-funcional da mente. O que os distingue são os objetos sobre os quais eles trabalham. É evidente – caso de Mozart – que o contexto ou o meio pode ser um elemento solicitante muito forte. O fato de viver em meio à música e entre músicos pode ativar e multiplicar o interesse por essa disciplina, contanto que o sujeito se entregue a ela. Se não, não se forçará alguém a se tornar um músico de talento. Contrariamente a Helvetius, filósofo e enciclopedista francês, que pensava que a educação pode tudo, pois faz com que o "urso dance", o meio não faz o músico. Apesar de tudo, é assim. A essa pretensão de transformar qualquer um em um Tartini, Diderot opunha: "contanto que ele tenha ouvido". O que reintroduzia a parte fundamental do sujeito.

Os conteúdos, em sua particularidade e em sua singularidade, provêm de uma organização prévia que vai do sentido ligado à experiência individual ao saber oriundo das aprendizagens, como as aprendizagens escolares. Assim ocorre com a fórmula do teorema de Pitágoras, do ácido acético ou da data da Revolução Francesa, etc. Mas, como tais, são produtos somente da memória. Esta, partindo do reconhecimento, sobe à evocação para se tornar pura memória de algo, de um fato, por exemplo, ou de um saber como H_2O, descontextualizado ou não. A memória que expressa o "saber" apresenta "conteúdos" às estruturas que as organizam, mas que, tratando-se do conhecimento, as reconstroem. Ora, nesse nível, não pode haver memória estruturo-funcional. A memória da estrutura é a própria memória. Como conceber que a classificação como funcionamento possa ser a memória da estrutura de classe, enquanto ela só se exerce sobre conteúdos que ela reúne de acordo com seu caráter comum? Podemos ter a memória das classificações que operamos, mas a classificação não depende da memória. Sendo classificar uma atividade universal, a lembrança de uma classificação efetuada sobre tal conteúdo é particular, singular, única. Nesse sentido, reduzir a atividade mental à memória é limitador. Fazendo uma analogia, é como se se identificasse o CD com o leitor de CD. Este lê qualquer CD que lhe seja apresentado, aquele só contém seus próprios dados. Mas estamos fazendo apenas uma analogia, não tendo a atividade cognitiva nada a ver com essa tecnologia.

Tem-se a impressão de que os defensores da memória consideram o cérebro como uma caixa registradora sem que sejam levadas em conta as escolhas do sujeito, as relações que ele opera entre conteúdos, enfim, toda a atividade da mente que, não se reduz, somente aos conteúdos que organiza, mas também às estruturas neurológicas do cérebro, que não passam do suporte e tornam possível essa atividade *sui generis* que é o pensamento.

A psicopedagogia nos aparece como uma prática fundada cientificamente na epistemologia genética e na experiência da clínica cognitiva, que, partindo do diagnóstico estruturo-funcional, propõe ao sujeito situações-problema adequadas a seu nível, mas que comportam um grau de dificuldade levemente superior, destinado a desequilibrar o mínimo a fim de permitir que se adapte e construa a solução criando seus próprios meios (estruturo-funcionais) para tanto. Toda a dificuldade reside na escolha da tarefa desequilibrante adequada ao nível de tolerância aceitável pelo sujeito. Na verdade, o trabalho é realizado setor por setor: trabalho sobre o Lógico-Matemático, por exemplo, favorecendo a identificação das diferenças/semelhanças entre objetos, propriedades de objetos, transformações de estados, etc., tendo, a cada momento, a preocupação de proceder por abstrações compatíveis. Para dizer a verdade, o diagnóstico, por mais que não seja perfeito, acompanhado pela experiência adquirida, permite escolher a situação desequilibrante adequada. Mas sempre com essa margem de aproximação devido ao fato de que, por isso, nada é absolutamente certo. Assim acontece com a maioria das ciências que diz respeito ao homem, como a medicina, por exemplo, que, ao se fundar no que chamaremos de ciências médicas (i. e., todas aquelas que envolvem o conhecimento dos diversos aspectos da vida), se apoia na prática clínica do quotidiano, etc.

Para favorecer a passagem da representação imagética à representação conceitual, uma multiplicidade de experiências inspiradas nesta podem ser consideradas: dá-se, por exemplo, a uma criança que apresenta dificuldades, para passar da simples percepção, três fichas de plástico duro, duas quadradas e uma redonda. Uma das fichas quadradas é vermelha, a outra, azul. A ficha redonda também é azul. Dispõe-se de uma pequena caixa de madeira cuja tampa é removível e que se mantém de lado.

Duas classificações são possíveis:

1 – as azuis de um lado, a vermelha de outro: reunião segundo as cores.

2 – as quadradas de um lado, a redonda de outro: reunião segundo as formas.

Nota-se que vermelho e azul são perceptíveis, quadrado e redondo também. Mas cor e forma não. Esta é toda a diferença existente entre uma reunião e uma classe.

Os critérios de reunião resultam em:

Azuis	/	vermelho	redondo	/	quadrados
Redondo + quadrado		quadrado	azul		vermelho + azul

Os critérios de classe são:

Forma	Cor
Redondo / quadrado	azul / vermelho

Vermelho ou azul são cores das quais se sabe a diferença (digamos monocromática) e que nomeamos pela experiência, como dizíamos anteriormente. Mas forma não tem forma, e cor não tem cor. Trata-se de termos genéricos para designar todas as cores e todas as formas possíveis. É o que se chama de "compreensão" da classe por oposição a sua extensão (todas as cores ou todas as formas possíveis).

Nas reuniões, mais uma vez, o que se assemelha e o que é diferente é perceptível e, nas escolas maternais e primárias, os agrupamentos de acordo com as semelhanças são, com frequência, confundidos com uma classe. O fato de que uma criança possui a palavra cor ou forma não significa, longe disso, que possua a classe correspondente. A palavra não é a classe.

As classes, assim como os objetos, se baseiam em semelhanças; elas não correspondem a nada de percebido, mas a algo concebido. Nos agrupamentos, o sujeito reúne o que é parecido e distingue o que é diferente nos objetos. Aqui, as diferenças e as semelhanças lhes pertencem. Ao passo que, nas classes, as semelhanças e as diferenças são do sujeito que agrupa os objetos de acordo com seus próprios critérios.

Nota-se que o que há de comum entre os agrupamentos e as classes é essa capacidade de estabelecer semelhanças e diferenças, que é do sujeito e só dele. Trata-se da propriedade de suas ações de transformação (aspecto operativo) dos objetos percebidos (aspecto figurativo), depois desses mesmos objetos, mas concebidos ou pensados (aspecto operativo dominante). Vê-se essa dialética do que vem do objeto e do que vem do sujeito com inversões de dominância e integração, sobre o qual falamos nos capítulos anteriores.

A criança normalmente começa reunindo conforme os critérios de cor, depois de forma, ou ao contrário, de forma, depois de cor. Mas pouco importa. A dificuldade está no fato de que o círculo pode figurar do lado do quadrado, ao passo que são tão diferentes, e que o efeito de simetria inclinaria a colocá-lo à parte. No entanto, ele é azul e o quadrado também e, ao mesmo tempo, quadrado e círculo se opõe. Daí o estatuto ambíguo desse círculo que pode ser disposto entre os azuis junto com um quadrado e, ao mesmo tempo, entre os círculos.

Esse conflito perceptivo intriga por muito tempo as crianças que são tentadas pelas oposições contrastadas do tipo círculo/quadrado, azul/vermelho. Mas poder estar, ao mesmo tempo, entre os quadrados e os azuis incomoda (a intersecção de classes é justamente o resultado de sua construção).

O que fazer com essas crianças se queremos levá-las às classes e às intersecções?

Notemos que as tentativas de ensino da matemática conjuntivista ensinaram as crianças a realizar tais intersecções, já que lhes era ensinado colocar no espaço comum de dois círculos que se sobrepunham o objeto pertencente aos dois círculos ao mesmo tempo. Bastava ver que era assim e encontrar o "bom lugar". Mas onde estava a explicação entre aquilo que era ensinado e repetido?

Por que não se propor às crianças, para começar, situações que dominam, confrontando-as com as oposições que lhe são costumeiras para então introduzir, aos poucos, um elemento que rompe com essa simetria e contribui para cruzar os critérios? Assim estaríamos lhes permitindo ter acesso à consciência do que é diferente e semelhante em um mesmo conjunto, por oposição a conjuntos em que todos os elementos são semelhantes e a outros, em que os elementos são semelhantes entre si, mas que só apresentam diferenças em relação aos primeiros.

De qualquer forma, como não é verdade que a ficha redonda azul pertença à categoria das quadradas, apesar de sua cor comum, e que a ficha quadrada vermelha, apesar de ser quadrada, pertença à categoria das azuis, convém permitir à criança inventar a intersecção para evidenciar o pertencimento, por um único critério, às duas categorias ao mesmo tempo. Há algo que é "igual e algo que 'não é igual'". É preciso identificar as diferenças e as semelhanças entre objetos diferentes, mas que possuem um critério de semelhança.

Com a redonda e as quadradas, entra-se em uma dinâmica da passagem de um critério a outro com o que se conserva e o que se altera. Podendo ser invertido o sentido da passagem. A redonda está na intersecção das formas e das cores. Ela pertence aos dois conjuntos ao mesmo tempo. E é possível colocá-la entre as azuis (critério de semelhança) salientando a diferença de forma. Daí este tipo de diálogo: "A redonda pode ser colocada junto com a quadrada azul? – Ah, não! – Por quê? – Porque é redonda. – Sim, mas é azul também. E então, o que você acha?"

A passagem pode ser esquematizada da seguinte maneira:

$$\text{Cor} \longleftrightarrow \text{Forma,}$$

Ou seja, inspirando-nos nos círculos de Euler mais dinamizando a passagem de um critério a outro:

$$\text{Cor} \rightarrow \{\text{cor} / \text{Forma}\} \rightarrow \text{Forma}$$
$$\leftarrow \qquad\qquad \leftarrow$$

Conforme os casos, encontraremos sempre: quadrado azul, quadrado vermelho, redondo azul:

1º Alinhamento: quadrado azul, quadrado vermelho, redondo azul: a criança aqui só repara as diferenças.

2º Reunião redondo azul, quadrado azul, por um lado, quadrado vermelho por outro: primeira tentativa de aproximação pela cor, mas por vizinhança e transição do azul ao vermelho; ainda não há intersecção identificada como tal. Está-se na lógica dos posicionamentos sucessivos. Primazia da ordem da ação.

3º Reunião dos azuis: redondo e quadrado, de um lado, vermelhos do outro.

4º Reunião das formas: quadrados azul e vermelho em oposição ao círculo azul.

5º Classificação segundo a cor: "lá os vermelhos, aqui os azuis (excluindo ou fazendo abstração (?) da diferença de forma dos azuis).

6º Classificação segundo a forma: "lá os quadrados, aqui os redondos".

Mesma argumentação, mas, desta vez, para as formas. Está-se ainda na oposição de critérios.

7º Passagem móvel de um critério a outro. Coordenação das semelhanças e das diferenças.

8º Domínio da intersecção por estabelecimento de relações entre estados.

Outras configurações são vistas, não mudando em nada o fato de que passamos da escolha de critérios perceptivos a critérios conceituais, integrando estes últimos e ultrapassando os primeiros.

Para retomar a situação, não somente favorecemos a distinção semelhanças/diferenças no plano da percepção e, no grau superior, naquele da concepção, mas contribuímos para sua construção representativa imagética e conceitual, colocando fichas dentro de uma caixa (umas na tampa, outras no fundo) ao mesmo tempo em que pedimos para nomeá-las com suas características de cor e forma, para então, após levantar a tampa, perguntar: "O que há dentro da caixa?"

As atitudes são variáveis. Os menores tentam lembrar, por evocação, dos elementos vistos anteriormente. Dizem que há um quadrado vermelho, um quadrado azul, um redondo azul. Mas, depois de inúmeras perguntas, se pedimos para nos dizer o que é diferente e o que é semelhante, é infinitamente mais difícil. No entanto, buscamos fazê-los lembrar o que tinha sido feito antes. Em caso de dificuldade maior, reabrimos a caixa tendo cuidado para colocar "aqueles que vão junto" conforme os critérios de reunião na tampa, de uma parte, e na caixa, de outra. Então fechamos novamente e retomamos o questionamento. São precisos, normalmente, vários encontros para que as crianças sejam capazes de explicar corretamente o que elas fizeram e proceder às reuniões mentalmente. Por conseguinte, pedimos que sejam enunciados os critérios de reunião, tais como forma e cor, com o número de diferenças e de semelhanças a cada vez. Nesse nível, passamos da simples evocação para favorecer a conceitualização. Isso nos leva a tentativas de quantificação da inclusão do tipo: "há mais vermelhos ou mais quadrados?" (o que apresenta um problema, pois a classe é representada por um único indivíduo). Mesma questão para saber se há mais azuis ou mais redondos, etc. Pegamos as fichas e trabalhamos para saber se o ajuste de "todas" e de "algumas" está presente e é utilizável. Por exemplo: "Todos os azuis são quadrados?", "Todos os quadrados são azuis?", "todos os redondos são vermelhos?". Por quê?

Todos esses exercícios são desenvolvidos em um número de seções variável, mas sempre considerável e mudando as formas, a natureza dos objetos, seu número, pois as estruturas se criam pelo exercício, mas não é porque são solicitadas uma ou duas vezes que serão estabelecidas. É preciso ocasiões múltiplas e variadas para isso. É por isso que modificamos o material com frequência e retomamos o mesmo processo, com o mesmo questionamento. Os conteúdos mudam, mas as estruturas suscitadas são as mesmas, e os estímulos obedecem à mesma ordem segundo a progressão genética.

Nem é preciso dizer que não nos contentamos em trabalhar uma estrutura em um mesmo setor até que ela seja perfeitamente funcional. É importante variar passando do Lógico-Matemático às quantificações das conservações físicas, depois às estruturações espaciais, por exemplo. Tudo isso em uma ordem aleatória a fim de evitar fenômenos de perseveração e de repetições que não tardariam para se transformar em exercícios de tipo estímulo-resposta. O que conta – repetiremos isso até cansar – não é levar ao acerto, mas criar as condições de acerto trabalhando antes sobre os processos que levam a ele. Isto é, sobre as tomadas de consciência que favorecem as "abstrações descritas anteriormente", por meio das perguntas apropriadas à funcionalidade que está se estruturando. Aliás, não há propriamente "acerto" quando se trata de construção das estruturas. Estes são dizeres de adultos refletindo com sua lógica.

"As crianças respondem sempre exatamente à questão que lhes é colocada", dizia Seymour Papert. Ao que acrescentamos: "bem como àquela que é feita a elas". Por que isso? Simplesmente porque elas respondem como são, isto é, conforme seu nível de estruturação. Isso as levará progressivamente para respostas "adultas", ou seja, aquelas que têm seu fundamento em uma justificação ou em uma explicação argumentada ou, ainda, em uma dedução sistemática. Mais uma vez, as crianças admitem que se enganam ou que se enganaram quando se dão conta de que suas afirmações são desmentidas pela experiência. Mas isso não significa que não respondam de modo adequado. A resposta adequada, tomada nesse sentido, só pode ser justificada considerando-se o estágio estruturo-funcional atingido e, portanto, no exercício das estruturas disponíveis e daquelas que estão sendo construídas. Ela não pode dizer o resultado correto ou esperado pelo adulto ou evidente para ele, mas o que é capaz de dizer considerando o que ela é. Em outras palavras, a criança responde como ela é. É por isso que a psicopedagogia só pode se constituir realmente como ciência se souber se articular a essas possibilidades para, por solicitações suficientemente desequilibrantes, favorecer sua superação convidando as crianças a funcionarem com conteúdos que as incitam a isso (autotransformação). É assim que "acompanhar conduzindo" adquire todo o sentido.

Quando uma criança nos diz que das duas baguetes idênticas anteriormente colocadas em congruência, mas atualmente afastadas no sentido horizontal, a maior é aquela que passa da outra, a resposta não é exata, mas é adequada, porque expressa, não somente sua geometria, mas sua maneira adquirida de tratar um dado do real. A superação expressa por "mais comprida" traduz a ausência de compensação que não está à disposição. É em favorecer seu aparecimento, não pelo ensino, mas fazendo-a com que funcione com dispositivos apropriados a conceber, que consiste a tarefa do psicopedagogo e do pedagogo. Missão curativa quanto ao primeiro, profilática quanto ao segundo.

Nos exemplos citados anteriormente, referimo-nos a casos tratados em intervenção (remediação) cognitiva clínica, sem levar em conta o que conviria fazer com crianças menos avançadas, como, por exemplo, os pequenos que, para fazer uma classe com quadrados, triângulos e círculos, fazem casas ou alinhamentos. Como fazê-los passar desse nível de estruturação àquele imediatamente superior é uma questão que só pode ser decidida em um percurso experimental por parte do intermediador. O que salienta o fato de não haver um método aplicável mecanicamente e cujo objetivo seria permitir o acesso a esse nível. A psicopedagogia experimental e científica só pode proceder caso por caso, inventando seus procedimentos ao longo da intervenção. Desse modo, disposições de solicitações em grupo ou coletivas[8] podem ser totalmente pertinentes e eficazes, mas sob essa condição, qual seja: de que o contexto seja o do questionamento, não permitindo nenhum elemento que leve à adivinhação da resposta, o da conversa que consiste em acompanhar conduzindo, da prática de resolução de problema pelo próprio sujeito em um percurso autoestruturante. A intervenção psicopedagógica acompanha o sujeito o mais próximo possível e o coloca em condições de superar seus limites atuais em um percurso autoconstrutivo. Ela é tão curativa quanto profilática, como já dissemos. Mas abre para perspectivas pedagógicas que devem ser construídas e colocam a pedagogia no plano da observação experimental, da pesquisa e da ciência. Temos, assim, os primeiros elementos.

Para voltarmos à passagem da percepção dominante à representação imagética, depois pensada ou conceitual, podemos dizer que praticar o relato depois da atividade praticada quando da seção anterior é infinitamente fecundo, porque coloca o sujeito em estado de ter de reconstruir, não somente as situações propostas, mas realizar as transformações necessárias para construir a solução do problema posto. Essa reconstrução oral, com todas as justificativas necessárias pelo raciocínio, pode ser seguida pelo relato em forma escrita que impõe a ordem lógica do encadeamento dos elementos no tempo e no espaço e permite a construção da causalidade. Além disso, ela ensina o rigor na medida em que não autoriza a aproximação e exige que tudo seja colocado na ordem de seu surgimento. A escrita é um exercício difícil, que ensina a nada omitir do que é necessário para o restabelecimento dos fatos, apesar de sua possível evocação, dessa vez concebidos. Esse relato das transformações operadas pode ser testado fazendo com que uma outra criança realize suas prescrições, como se ela estivesse trabalhando com instruções de uso. É aí que todas as falhas do raciocínio aparecem como "brancos" no encadeamento lógico. Quanto mais o relato for fiel, mais ele expressará a exatidão e a precisão do pensamento.

A ideia de uma pedagogia como ciência fundamenta-se no fato de que a epistemologia genética revelou a existência de estruturas universais da atividade de conhecimento. Estas se encontram em todos os homens [e mulheres], qualquer que seja sua civilização, sua cultura, sua língua, seu país, etc., como se encontram em todos os homens – independentemente de sua origem – seu sistema nervoso, seu sistema ósseo, seu sistema digestivo, seu sistema sanguíneo, etc. Essas estruturas formam sistemas; são formas organizadoras de conteúdos cruzados nas interações estabelecidas por cada um com o meio que o cerca. Todos os homens, mais uma vez, têm a mesma organização estruturo-funcional da atividade de conhecimento, mas nem todos veiculam os mesmos conteúdos. Existem diferenças de meios naturais, línguas, culturas, organizações político-sociais, etc., que explicam que as representações, as formas de pensar os costumes e variam de um país para outro ou de uma cultura para outra. Nesse sentido, explicam-se as diferenças encontradas, por exemplo, entre o pensamento dito "ocidental" e o pensamento "oriental" e, no seio deste, entre o pensamento chinês e o pensamento da Índia, etc. Há, inclusive, a estrutura da língua que torna impossíveis certas manifestações do pensamento, como, por exemplo, a ausência dos verbos *ser/estar*, como em russo ou em malgaxe, ou, ao contrário, a presença desses dois verbos, como em português, que, em outras línguas, é representado apenas por uma única palavra, como *être* em francês. O que torna difícil a translação de uma língua para outra. Difícil também a aprendizagem da expressão de seu próprio pensamento em uma língua que não seja a sua. E aí vamos muito além da simples tradução.

As interações que se estabelecem entre as estruturas ou "formas" do conhecimento e os "objetos" ou conteúdos oferecidos pela cultura, manifestada, entre outros, pela(s) língua(s), fazem com que esta influencie o funcionamento das estruturas, mas não mude de modo algum sua organização. Se há "formas" universais que organizam conteúdos variáveis, e se o funcionamento dessas "formas" varia em função desses conteúdos, a organização estrutural dessas "formas" não é afetada, e permanece invariável e comum a todos os homens. Se não fosse assim, como explicar que seja possível a um oriental entrar na "cultura de um ocidental" e vice-versa, um "latino" entrar no pensamento taoísta ou hinduista?

Tirando os conteúdos, a existência de formas ou estruturas organizadas em sistemas coerentes, hierarquizados e móveis, que se constituem geneticamente, torna possível uma ciência nova, chamada de psicopedagogia, ou, como queira, capaz de diagnosticar o "estágio" alcançado, mas também de favorecer sua construção ou intervir quando há um retardo ou um *déficit* constatável devido a uma falta ou à privação de solicitações do meio e que tornam difíceis ou impossíveis as interações estruturantes que o sujeito é capaz de estabelecer com ele. Essa ciência nova, fundada mais uma vez na epistemologia genética, poderia ser profilática e curativa, como já dissemos. Porém, favorecê-la significa, ao mesmo tempo, contribuir para colocar a pedagogia em um plano científico, contanto que ela possa identificar quais os conteúdos ou solicitações apropriados para a interação são os mais favoráveis para a construção e a generalização das estruturas em seu desenvolvimento genético. Em outras palavras, a pesquisa sistemática de progressões de conteúdos "solicitantes" adequados aos diversos níveis de estruturação naturais das crianças favoreceria as interações estruturantes que garantem seu desenvolvimento conforme o modelo da gênese natural.

Quando a escola ensina às crianças a fazer adições e subtrações, ela não se preocupa em saber se elas sabem previamente que, quando se acrescenta, se tem mais e, quando se tira, se tem menos. Percebemos esse fato nas provas de conservação da quantidade de substância quando os sujeitos não pensam em retirar massa da bola que tem muito ou colocar mais naquela que tem menos. Um dos pré-requisitos para a entrada no pensamento Lógico-Matemático é assegurar-se de que a criança é capaz de quantificar a qualidade. Para isso, propomos um jogo que consiste em colocar na mesa um conjunto de fichas de todas as cores, mas de mesma matéria. Normalmente de plástico. Começamos perguntando de que são feitas as fichas para nos assegurarmos de que a criança é capaz de identificar a matéria (identificação de um caráter comum). Pedimos para agrupar aquelas que se parecem e aquelas que apresentam diferenças a fim de verificar se a comparação está funcionando. Depois, incitamos a criança a fazer montes diferentes, de mesma cor ou de cores misturadas. Criando um contexto lúdico, a convidamos para colocar esses pequenos montes diante das bonecas. O número de fichas de mesma cor não é igual, os montes são diferentes. Perguntamos então se todas as bonecas têm a mesma quantidade de fichas, depois, o que seria preciso fazer para que tal boneca que designamos tenha a mesma quantidade de fichas de uma outra. Mais adiante, propomos que uma outra tenha mais, depois menos. Muitas variantes são possíveis começando pela comparação de dois montes, depois de vários. O objetivo é fazer com que constatem que há a mesma coisa, mais ou menos. "Como ter a mesma coisa"? Como fazer com que aquela que designamos tenha mais do que todas as outras? Para que tenha cada vez mais, mais do que... e menos do que..., etc.? Todas essas situações dão espaço à explicação por parte das crianças e permitem explicitar as regras: para ter mais, acrescenta-se, para ter menos, tira-se, para ter a mesma coisa, compara-se – não chegamos aqui ainda ao número – a altura dos montes, que se transformam em pilhas. Procede-se também por correspondências peça por peça, etc.

O trabalho com as quantidades qualificadas (muito, não muito) leva a identificar o estado inicial ao qual se vai "acrescentar" ("colocar mais") para ter mais (estado final). "Por que tem mais agora?", "Porque coloquei mais.". Então, depois de ter acrescentado, tenho mais, menos ou a mesma coisa? Distinção dos estados e constatação por abstração empírica das diferenças quantitativas. Mas também tomada de consciência de que "sou eu quem colocou mais (abstração pseudoempírica) e que, por isso, há mais (dedução)", a fim de chegar, aos poucos, a "quando acrescento, há mais", que é uma abstração reflexionante podendo se traduzir por: "para ter mais, é preciso acrescentar mais" (abstração refletida e generalização). Os "estados" encontram, dessa forma, sua justificativa nas transformações que os produzem ou que os produziram.

A fim de favorecer as tomadas de consciência necessárias, pedimos às crianças para dizerem o que há inicialmente ("muito, não muito", sendo o número sempre superior a 10). Declara-se que se quer "mais, muito mais ou um pouco mais". Então "o que vamos fazer para que cheguemos a isso?" (Antecipação das transformações e solicitação da construção do tempo) – Colocar mais? – Por quê? – Porque se acrescento, terei mais. – Como você sabe? – Porque coloco mais algumas (solicitação do uso da linguagem em seu sentido mais adequado) – Quem coloca? – Sou eu – E o que acontece quando você coloca mais? – Tenho mais (ou aumenta, etc.) – O que se tinha antes? – Um pouco – E agora? – Mais (ou um pouco mais) – Por quê? – Porque coloquei mais, como você tinha me dito", etc.

Esses exercícios podem parecer simplistas para uma pessoa de fora, mas as crianças adoram porque são atores e porque não somente são questionadas sobre o que estão fazendo – o que lhes permite saber –, mas também sobre sua opinião, como acontece quando são questionadas para descobrir se concebem que ao acrescentarem mais, terão mais, a mesma coisa ou menos e se podem explicar porquê. A tomada de consciência dos estados iniciais e finais com a explicação destes últimos pelas transformações operadas torna possível aqui a abordagem da adição. Os mesmos procedimentos ocorrem para retirar e, portanto, subtrair.

Para passar da adição à multiplicação e suscitar a compreensão do que se passa, criam-se, inicialmente, situações de multiplicação. Por exemplo, estado inicial (estado A) em um lugar ou uma cidade qualquer, possuo um caminhão e tenho de transportar uma coisa (sacos de trigo, móveis ou qualquer coisa que se queira, escolhido pela criança) para B (estado final ou objetivo do transporte, cidade, etc.). Desloco-me de A para B. "Quantas vezes transportei um saco de A para B? – Uma vez". Depois se recomeça e se transporta um outro saco mais uma vez. Acompanha-se o deslocamento: "O que você está fazendo agora? – Transportando um saco de A para B (provocar essa resposta toda vez para fazer com que a criança compreenda que a chegada em B será o efeito do deslocamento de A para

B. É isso que faz e produz um resultado) – Onde está o saco agora? – Quantos sacos existem em B? – Dois. – Quantas vezes você fez o deslocamento? – Duas vezes. – O que você transportou a cada vez? – Um saco – Quantas vezes? – Duas vezes". Isso é dois vezes um.

As dificuldades começam quando se dobra o número de sacos a cada transporte. "O que você transporta? – Dois sacos – Quantas vezes você transporta dois sacos? – Uma vez. – Agora você está transportando mais uma vez dois sacos – O que você está transportando? – Dois sacos – Quantos sacos você tem em B? – Quatro. – Por quê? – Porque eu transportei duas vezes dois sacos. – Mas como há pouco você tinha dois sacos em B e agora você tem quatro? – Porque dessa vez eu transportei duas vezes dois, enquanto antes eu transportei apenas duas vez um". Algumas crianças esperam encontrar o número idêntico de sacos ao número de vezes de transporte. Daí a necessidade, por um lado, de fazer com que explicitem bem o que fizeram, e, por outro, de dissociar o número de vezes do número de sacos obtido na chegada. O exercício pode recomeçar com números cada vez maiores a fim de aumentar a diferença entre o "número de vezes" e o número obtido segundo a quantidade transportada na chegada. Aos poucos, a aprendizagem das "tabuadas de multiplicação" acontece. Mas é a própria criança que as constrói, é ela que é capaz de representar o que isso implica e de que tipos de transformações se trata. Não há necessidade de falar de multiplicando e de multiplicador nesse estágio.

Muitos outros exercícios podem ser concebidos a fim de fazer passar progressivamente de um nível de abstração a um outro mais elevado. Mas sem precipitação e sem contribuir para que a criança "consiga". Cabe a ela criar a multiplicação. É fazendo que a criança aprende, contanto que o que ela faça esteja a seu alcance, que ela invente a solução e descubra o que está realizando para isso. É assim que ela pode explicar e conhecer. Mas ela não faz se não for acompanhada por um adulto.

Cl (13 anos) construiu a quantidade de peso e se mostra muito competente para o que diz respeito às classificações e às multiplicações de classes, mas não conserva o volume, e pensa que é o peso que faz subir a água em um recipiente. O colocamos então diante de dois recipientes idênticos com água até três quartos de seu volume. Com um pequeno copo com bico, fazemos com que ele iguale os níveis de água. Constatamos juntos que o nível é o limite atingido pela água nos recipientes ou sua altura visível na parede deste. Marcamos esse limite com um elástico. Cl é convidado a fazer duas bolas com massa de modelar de mesmo tamanho, ele se dispõe prontamente. Conforme pedimos, ele colocou uma das bolas em um dos recipientes e constatou que a "água subiu". Tendo o nível mudado, portanto, marcamos esse novo nível com um outro elástico de uma cor diferente daquela do primeiro. Perguntamos se, ao mergulhar a segunda bola no segundo recipiente, a água subiria "à mesma altura, mais ou menos do que no primeiro". Para Cl evidentemente a água atingiria o mesmo nível. "Por quê? – Porque as bolas são iguais, elas têm o mesmo peso – Mas não a pesamos! – Sim, mas elas têm o mesmo tamanho. Então fazem com que a água suba "igual". Mas se são do mesmo tamanho, elas pesam a mesma coisa". Sem verificar essa afirmação, pedimos para que confeccione uma salsicha com essa segunda bola e, tendo feito isso, perguntamos se a salsicha fará a água subir "mais, menos ou a mesma coisa" no segundo recipiente. Cl hesita e olha intensamente os recipientes e a salsicha que temos em mãos. "A mesma coisa", diz. "Por que a mesma coisa? – Porque as bolas eram iguais antes – Sim, mas a salsicha é diferente da bola. – Sim, mas não se tirou nem se acrescentou massa. Então a água subirá a mesma coisa. – Mas a salsicha é maior do que a bola, então talvez faça a água subir mais. – Não, porque apenas a rolamos e não se colocou ou tirou massa. Então é igual".

Ele nos tranquiliza assim a respeito da conservação do volume, mas que não nos satisfaz realmente, pois Cl, que conhecemos bem agora, repete as respostas que já deu em sessões anteriores, por memória. E como ele se apoia mais em suas evocações do que em seu raciocínio, pode ser que sua conservação também não esteja garantida como poderíamos crer.

Deslocamos o centro de sua atenção perguntando por que a água sobe e o que a faz subir. Espontaneamente, Cl diz que é o peso. Dedicamo-nos a uma série de experiências para verificar a exatidão dessa afirmação. Uma rolha boia, mas desloca o nível, madeira faz o mesmo, diversos objetos – alguns claramente pesados, outros leves – elevam o nível, mas não permitem saber por que a água sobe.

O fundo de um tubo de metal leve é colocado na superfície da água e boia. Cl é solicitado a dizer o que ele está observando. A água não sobe ou, se sobe, o aumento da altura não é perceptível. Mergulhamos levemente o fundo do tubo: a água sobe um pouco. Perguntamos se o tubo é poroso e se água pode entrar. É impossível para Cl. Ele começa uma reflexão difícil, em que o peso do tubo e o lugar que ele ocupa parecem se confundir. Mas uma rolha de mesmo diâmetro e comprimento que o tubo faz a água subir de forma idêntica. E então? Estamos no conflito do peso e do volume. Qual dos dois vencerá?

Pegamos pequenas garrafas de plástico iguais e que podem ser mergulhadas nos recipientes. Uma contém creme de barbear, outra está cheia até a metade de água, outra ainda está cheia de arroz. Claro que Cl está a par dessas diferenças de conteúdo e sobretudo do peso. Mergulhamos uma a uma na água e constatamos que os níveis acusam uma importuna identidade. "Então, é o peso que faz com que a água suba? – Não. – É o que então?" Cl se cala, mas reflete intensamente. Após um longo momento durante o qual pensa em voz alta, ele diz: "não consigo ver, tentei descobrir". ("Não consigo ver": simples expressão verbal ou tradução de uma ausência de percepção?).

Mergulhamos uma das garrafas progressivamente e fazemos observar o que ocorre. "A água sobe, diz Cl". A questão é saber como isso pode ocorrer dessa forma. As garrafas não são porosas, consequentemente, não pode entrar água além disso, quando se mergulha a garrafa, a água sobe. Mas Cl tentou rever o problema de todos os ângulos e não consegue encontrar uma explicação. Retiramos então a garrafa e perguntamos o que há dentro do recipiente. "Água. – E ainda tem lugar para colocar outra coisa além de água nesse recipiente? – Sim. – Por quê? – Porque a água não ocupa tudo. Pode-se colocar mais água. – Ainda tem lugar para mais água? – Claro, o recipiente não está cheio. – E se em vez de colocar água, colocamos a garrafa? – Ela vai fazer com que a água suba. – Certamente, mas tem lugar suficiente para ela? Suponha que não tenha muito espaço, o que vai acontecer? - ...". Cl pensa, muito embaraçado, mas muito interessado. E introduzimos o conceito de lugar ocupado a título de sugestão – o que é a solução –, ainda que o peso desempenhe um papel, evitando especialmente que a garrafa boie, a menos que seja mantida mergulhada com a mão, ela não faria subir o nível da água da mesma forma que com um outro recipiente contendo uma garrafa idêntica, porém mais pesada. A dificuldade para essa criança de dissociar o peso e o volume permanece. Perguntamos mesmo assim, o que aconteceria se o recipiente estivesse cheio. "A água transbordaria, diz Cl". Consequentemente, se há lugar suficiente para a garrafa sem que a água transborde e para que apenas suba, trata-se de um problema de compartilhamento do espaço ocupado.

Com a noção de espaço ocupado, de compartilhamento do espaço, Cl ainda não consegue se dar conta de que a garrafa e a água ocupam uma e outra o espaço que lhes convém.

Fizemos então uma volta. "Quando você entra na banheira, o que acontece quando a água está com a temperatura boa? – Ela sobe. – Mas até onde você a encheu, até a borda? – Ah, não, porque ela transbordaria. – Nesse caso, haveria lugar para você? – Claro que não! – Então é preciso que você se organize para que haja lugar suficiente para você possa entrar: você não enche a banheira até a borda. – Exatamente. – Se você coloca uma folha de papel na água, o que vai acontecer? (Surpresa!) – Bom, não sei, a água vai subir, ah não, ela é muito fina, ou então não se verá se a água sobe. – E você, é fino e plano como uma folha de papel? – Não. – Você é grande, você tem uma certa largura, uma espessura também. No espaço, você ocupa um lugar. O armário também? – Sim. – E a mesa? – Também. – E a cômoda? – Também. – Como se chama um objeto que ocupa espaço? – Não sei, uma coisa, um objeto, alguma coisa, ora! – E se disséssemos um volume? – Ah, sim! Um volume. Então a garrafa é um volume que ocupa lugar na água! – E a água do recipiente, é um volume? – Sim. – Será que podemos dizer um volume de água? – Sim, claro. – Nesse caso, o que fizemos com o recipiente de água e as garrafas? – Estudamos o volume. – E o que constatamos? – Bem, quando havia as bolas, deformava-se uma bola, e era o mesmo espaço, e a água subia identicamente porque não se tinha tirado nem colocado mais massa, então ocupava o mesmo espaço. – E o que faz com que a água suba? – É o peso, ah não! É porque isso ocupa lugar".

Uma semana depois, Cl é convidado a falar do que havia feito na última sessão. Ele começa dizendo que tudo tinha começado com dois bocais que havíamos preenchido com a mesma quantidade de água, o que tinha feito subir o nível na mesma altura. Elásticos colocados em torno destes ajudavam a fixar a altura do líquido. Fizemos com que Cl notasse que os dois bocais eram idênticos e que, por isso, podíamos enchê-los com a mesma quantidade que podia ser medida pelos níveis marcados pelo elástico. Começa rapidamente falando sobre o peso e o volume para decidir que é o volume que faz com que a água suba. Lembramos algumas coisas a fim de lhe permitir reorganizar suas lembranças e construir a necessidade lógica da prova pelo volume. Voltando aos dois recipientes, perguntamos se não tínhamos feito algo com bolas de massa de modelar. Ele conseguiu lembrar e nos descrever a experiência com as duas bolas iguais que faziam a água subir à mesma altura. Fizemos com que ele refizesse essa experiência, e ele marcou o novo nível com um elástico de cor diferente. "Por que a água sobe ao mesmo nível? – Porque as bolas são do mesmo tamanho." As diversas deformações (em salsicha, em bolacha, em linguiça, etc.) de uma das bolas, permanecendo a outra no primeiro recipiente, proporcionam um questionamento sobre o efeito no nível da água que deveria subir mais, menos ou ficar igual. Para Cl, a deformação da bola nesses diversos estados não afeta o lugar que vão ocupar porque "não tiramos nem colocamos mais massa, apenas a deformamos". O que faz com que a água suba continua sendo o "lugar ocupado". Perguntamos, já que ele considera que é o volume e não o peso que faz a água subir, como se poderia dissociar um do outro. Ele recordou que havíamos mergulhado uma bola de massa de modelar de mesmo volume que uma bolinha de aço. "A água subia à mesma altura, então não é o peso". Como ele não lembrava mais da experiência com as três garrafas (uma vazia, uma com líquido pela metade e outra cheia), pedimos para que ele descrevesse essa experiência. "Como são iguais (tamanho), elas ocupam o mesmo lugar".

O que espanta nesse relato é que Cl não é nem sensível à lógica do encadeamento das manipulações nem à razão de cada uma. O que ele retém é que o volume é expresso pelo lugar ocupado por um corpo em um volume de água. As diferentes situações não têm, aparentemente, relação entre si. Pode-se dizer que, se a construção do volume como lugar ocupado é um fato adquirido, o raciocínio comportando as variações da experiência ainda não está acessível. A memória fragmentada das situações não restitui o encadeamento causal no tempo e no espaço, pois o todo não é concebido como um todo, mas como uma sucessão de situações particulares, sem vínculo de necessidade. Muitos progressos devem ser feitos ainda a fim de que seja restituído seu encadeamento em um raciocínio, mas não se pode exigir tudo de uma só vez. Se as experiências consistiam em testar a concepção do volume como lugar ocupado, resta reforçar o fato de que, primeiramente, o volume é independente do peso, em segundo lugar, mergulhados em um volume igual de líquido, dois volumes iguais, apesar da modificação de sua forma, permanecem iguais, o que se manifesta pela igualdade da elevação dos níveis nos recipientes que os contêm. O que está em causa aqui se limita à construção do volume e à dissociação peso/volume. Trata-se de uma organização estruturo-funcional pontual, seríamos tentados a dizer, que só poderá se inscrever em um raciocínio complexo bem mais tarde e no momento em que surgir a necessidade de uma argumentação que, atualmente, ainda escapa. Mas a experiência, isto é, o trabalho com esse "esquema" em situações múltiplas e diferentes, o enriquecerá e lhe dará essa flexibilidade e essa mobilidade com a qual nos satisfazemos se alcançada muito antes, sobretudo quando se é pedagogo e se está impaciente em obter resultados.

Mais uma vez, o exercício dos esquemas e das estruturas se fortalece em situação pelo tratamento de conteúdos sempre novos. Há, por trás de qualquer esquema, o conjunto das significações que ele elaborou anteriormente "em situação".

Sem a ajuda do questionamento e das sugestões (conduzir acompanhando e acompanhar conduzindo, mas sem dar a solução), Cl não teria construído nem o esquema nem o conceito de volume ocupado, e não teria a explicação da elevação do volume da água pela introdução de um outro volume. Assim como não teria concebido que, em volumes de águas iguais, a introdução de volumes sólidos iguais desloca a mesma quantidade de líquido (elevação igual dos níveis).

Desse modo, o método do questionamento inventado por Piaget se revela experimental (ou heurístico) na constituição dessa ciência nova que é a epistemologia genética, clínica no diagnóstico (operatória) do desenvolvimento cognitivo, terapêutica em intervenção operatória (remediação cognitiva) e, por fim, psicopedagógica nas solicitações operatórias (princípios para uma pedagogia cognitiva científica). Todos esses aspectos são encontrados, em proporções variadas, conforme os setores em que são ativados.

Se esse método acompanha o sujeito conduzindo e o conduz acompanhando-o sem nunca, na questão, fornecer a menor indicação sobre a resposta, ele pode, conforme o caso, tanto em clínica quanto em intervenções operatórias, sugerir uma direção de pesquisa ou uma solução oriunda de outra criança mais nova ou do próprio intermediador a fim de provar sua capacidade em levar em conta um elemento perturbador de seu próprio ponto de vista ou em lhe fazer entrever uma direção de reflexão possível (contrassugestões). De qualquer forma, é sempre o sujeito quem decidirá e será solicitado a justificar sua resposta. E é a explicação que ele fornecer que revelará os processos de pensamento em andamento, bem como seu nível de construção estruturo-funcional.

Trata-se, evidentemente, de um método difícil e delicado, sobretudo nas primeiras etapas de seu uso pelo efeito da falta de experiência da pessoa que está começando. Na maioria das vezes, nesse caso, ela é desviada de seu objetivo heurístico porque aquele ou aquela que questiona se deixa levar pela evidência aparente da resposta sem tentar solicitar mais explicações para o fato. E é exatamente esta última que revela o "nível" de construção do sujeito. Se encontramos sempre justificativas que podem ser lidas nas obras que tratam das construções estruturo-funcionais que a epistemologia genética descreve, estas são atestadas somente por sua universalidade e pela ordem de sua construção, mas só adquirem pertinência com justificativas que as fundamentam racionalmente, dedutivamente, ao cabo de um raciocínio. E como uma resposta "correta" para o adulto, em sua lógica própria, pode levá-lo a atribuir o benefício de uma construção, na realidade apenas em andamento, é totalmente justificável variar as condições de apresentação dos conteúdos para "provar" a solidez da estrutura. Muitos psicopedagogos apressados avaliam as crianças em final de uma única questão ou de uma única situação problema, ao passo que as variações dos conteúdos são essenciais. Ora, estas informam justamente aquele que interroga sobre a "influência" (figurativa) que provocam eventualmente em seu tratamento e sobre a fragilidade destas, no sentido em que não resistiriam a "sugestões de tipo 'figurativo'". O caráter operatório de uma estrutura se mede pelo fato de que, por meio das diferentes modalidades de apresentação da situação, o sujeito impõe sua própria organização a um material que lhe é proposto em todas as variações possíveis. Assim vimos com a salsicha, a bolacha, a linguiça, a fragmentação em pequenas bolas no teste da conservação da quantidade de matéria, por exemplo. Essa multiplicação das modificações de estados em que algo mudou tem apenas um único sentido: testar a resistência da estrutura às sugestões figurativas.

Ainda são inúmeros aqueles que, provavelmente muito apressados para chegar ao fim, não somente se contentam com uma única situação, mas, sobretudo, com uma única resposta, tão incerta quanto esta para avaliar uma criança sobre a conservação da quantidade de matéria: "há a mesma quantidade de massa agora (após transformação da segunda bola igual à bola controle em uma salsicha) porque antes havíamos feito duas bolas iguais". Busca-se em vão a justificativa pela transformação que consistiu em modificar a bola sem tocar na quantidade de matéria da qual é feita. Para resumir, onde está o pensamento da transformação, enfim, o pensamento? Pois não se pode confundir a intuição da permanência quantitativa, aqui manifestada com essa mesma permanência que só pode ser o resultado de uma transformação executada em pensamento (por reversibilidade), isto é, por uma operação mental. Nesta se encontram as argumentações de identidade: "Não tiramos nem colocamos nada", de compensação: "É mais comprido, mas é mais fino", de inversão: "Se refizéssemos a bola" (o que seria uma prova experimental, mas não necessária, porque a certeza lógica pode dispensar isso e não precisa mostrar que é assim). O rigor na conduta dos questionamentos só tem sentido na busca pelo rigor da argumentação do próprio sujeito. O *mais ou menos* não entra em questão aqui. E a atenção não poderia ser "flutuante", nesse caso, como acontece com outras práticas. Essa exigência de rigor é, sem dúvida, a garantia da seriedade do processo de identificação das modalidades estruturo-funcionais do sujeito. O mesmo ocorre para todos os aspectos da intervenção cognitiva.

A conservação intuitiva é apenas figurativa e pode se repetir em todas as variações de forma impressas à bola – o que ocorre algumas vezes. Mas, na maioria das situações, a passagem para o "cordão" – porque a forma é, nesse caso, tão diferente – destrói essa intuição de conservação. A quantidade se modifica aí com a forma.

A extrema exigência do método e a necessidade de obter provas suficientes para afirmar uma conservação ou para decidir sobre a existência de uma estrutura serão medidas em seu estado acabado. Daí a responsabilidade daquele que diagnostica, daquele que inicia uma intervenção remediativa e, por fim, daquele que se lança na aventura de uma pedagogia operatória.

A psicopedagogia, tal como definida aqui, não tem mais nada a ver com o que se denominava assim nas Escolas Normais (os institutos universitários de formação de professores, de hoje na França ou os cursos de pedagogia no Brasil) e que consistia em tentar associar os avanços da psicologia da criança com a organização das progressões didáticas. Entrava aí uma grande dose de ideologia que se apresentava sobretudo como uma colagem da psicologia à situação pedagógica. Ela procedia mais pela reflexão a partir do que se sabia da criança para orientar a ação de ensino. Provavelmente ela prestou grandes serviços, mas levou, igualmente, a graves erros. Pulemos as interpretações das atitudes dos alunos inspiradas pela psicanálise. Não insistamos muito nas aberrações provocadas por certas teorias da percepção que tinham levado ao tão criticado "método global", que repousava em uma observação adequada: saber que a criança percebe totalidades globais (conjuntos perceptivos significantes para ela) ou detalhes, oscilando do globalismo ao pontilhismo sem transição. Privilegiando o globalismo, eliminou-se totalmente o pontilhismo, faltando, mais uma vez, a dialética, pois "globalismo ↔ pontilhismo": não há um sem o outro. Seja como for, faltava-lhe um conhecimento dos processos mentais satisfatório e suficiente para permitir "acompanhar a criança conduzindo-a" como nos ensina a epistemologia genética. Embora esta não constitua a panaceia! Ela apresenta a vantagem de permitir uma mudança de epistemologia, como veremos no capítulo seguinte.

O nascimento de uma psicopedagogia baseada no conhecimento da gênese das estruturas da atividade de conhecimento na criança nos fornece, por um lado, a possibilidade de realizar um diagnóstico tão preciso quanto possível do estágio estruturo-funcional atingido no momento do exame, mas também indicações sobre as solicitações a serem trabalhadas para permitir as construções a serem feitas. É por isso que o diagnóstico é indispensável para conhecer a criança e adequar a isso tudo o que favorece o desenvolvimento de suas competências cognitivas. O percurso psicopedagógico vinculado às competências atuais dos alunos se dá como objetivo suscitar o aparecimento daquelas que devem nascer por solicitações adequadas. Daí a necessidade de um trabalho pedagógico que invente e reinvente continuamente seus procedimentos. Adaptar os "conteúdos" e a apresentação destes às habilidades atuais dos alunos para favorecer seu funcionamento e, a partir daí, o aparecimento daquelas que devem vir a seguir de acordo com a ordem genética.

NOTAS

1 Piaget não escrevia: "Certamente, a mentalidade de uma criança é sempre relativa ao meio ambiente e, consequentemente, cada indivíduo, em seu desenvolvimento, banha em um conjunto de representações coletivas que a família ou a escola lhe impõem após uma elaboração muitas vezes multissecular", In: Piaget, J. e Inhelder, B., *La gênese de l'idée de hasard chez l'enfant*, PUF, 1951, p. 9. Obra traduzida para o português com o título de *A origem da ideia do acaso na criança*, Record, Rio de Janeiro, s.d.

2 No original em francês, *Recherches sur l'abstraction réfléchissante* (PUF, 1977) *L'abstraction des relations logico-aritmétiques* (tomo 1) e *L'abstraction de l'ordre de relations spatiales* (tomo 2).

3 Alex (3 anos) conhece todas as letra do alfabeto e as identifica corretamente, sem errar. Mas se mostra incapaz de associar duas letras: por exemplo, *b* e *a* ou *a* e *b*. Ant., seu irmão mais novo, de 2 anos e 6 meses, identifica A de Antônio e mais nada. Alex sabe contar até 80, mas não tem a noção de número, não sabendo o que significa 3 ou algum número que esteja em relação a uma dada quantidade de objetos. A memória em matéria de conhecimento e de aprendizagem não basta, evidentemente. Alex consegue também contar até 20 e de

20 a 1, invertendo a ordem dos números. Mas isso parece mais uma recitação aprendida por memorização. Ele não sabe o que está fazendo, mas repete o que aprendeu. A identificação dos elementos em questão ilustra o fato de que cada letra é um "objeto" individual identificável e "único", mas que não pode entrar em composição com outros. Faltam aí estruturas responsáveis por essa atividade.

4 Deve ficar claro que esses mesmos princípios animam o funcionamento e contribuem para a construção das estruturas cuja descrição é, por outro lado, conhecida graças aos trabalhos da epistemologia genética (macro e microgênese). As diferentes tomadas de consciência que levam às diversas abstrações com a generalização que constitui seu efeito fazem parte dessa construção.

5 Vale notar que rolar pressionando leva a observar o que se produz ou o efeito da transformação em andamento: a massa se estende e diminui de espessura. Daí regulações entre transformação e estado produzido.

6 Devemos, logo que haja a dúvida, pedir à criança que repita a questão colocada. Desse modo, podemos saber como ela traduz e que representação faz do que lhe é perguntado ou o que ela compreendeu da questão. Isso nos permite precisá-la para eliminar qualquer ambiguidade e favorecer a compreensão a mais exata possível do que foi pedido.

7 Uma menininha que interrogávamos em um "diagnóstico" não parava de nos dizer que havia a mesma quantidade de massa. Ao lhe perguntarmos por que ela dizia sempre que havia a mesma coisa, ela nos respondeu: "Porque foi Eve (a psicóloga) que me disse. – Ok, mas isso é o que disse Eve, mas você, o que você acha? – Que não tem a mesma coisa."

8 Ver a esse respeito os trabalhos de Anne-Nelly Perret-Clermont, Willem Doise e Gabriel Mugny, Garugati, Orly Zucatto Mantovani de Assis, etc.

4

Princípios para uma pedagogia científica

> A pedagogia é como a medicina; uma arte, mas que se apoia – ou deveria se apoiar – em conhecimentos científicos precisos... Porém, mesmo sendo educador até os ossos, é preciso conhecer, não somente as disciplinas que se ensina, mas a própria criança, aquela a quem o educador se dirige, ou o adolescente; enfim, o aluno enquanto ser por inteiro, que reage, se transforma e se desenvolve mentalmente de acordo com leis tão complexas quanto aquelas de seu organismo físico.
>
> La pédagogie moderne, in: J. Piaget,
> *De la pédagogie,* Odile Jacob, 1998, p. 193.

O sujeito, qualquer que seja sua idade e seu nível, está em interação constante com o que o cerca, ou seja: pessoas, objetos (naturais e artificiais), regras. As pessoas são todos os seres humanos: adultos, crianças, velhos, etc.; as regras, o conjunto da organização social que se impõe a cada um logo que ele age, sobretudo, de forma não convencional. Os objetos podem ser naturais, como o meio físico, os vegetais, os animais, etc., ou artificiais, como todos os produtos da cultura, ou seja: a língua, as artes, a escrita, as ciências, as tecnologias, etc.

Mergulhada em todo esse conjunto desde seu nascimento, a criança aprende aos poucos por si mesma, isto é, por sua ação, a inscrever suas ações que a transformam e permitem dar sentido ao que a cerca. Ela se confronta com o que resiste a ela, por incapacidade ou interdição. Há os objetos muito pesados que ela não consegue deslocar; há também aqueles em que é proibida de tocar, como uma faca ou uma tomada, etc. A manipulação do que se encontra é permitida ou proibida de acordo com a idade e os lugares, entre outras coisas.

Em situação de aprendizagem, a criança começa assimilando os conteúdos que lhe são apresentados exercendo as estruturas das quais dispõe. Sua atividade, nesse sentido, reside totalmente na incorporação de saberes, sobre as coisas, os seres, as instituições, as aquisições culturais, etc. Mas, como já dissemos várias vezes, assimilar consiste em dar sentido ao que é percebido, isto é, a relacioná-lo com saberes significantes estabelecidos anteriormente ou a conhecimentos devidamente adquiridos e incorporá-lo a estes, em outras palavras, acomodados. Senão, assimilar consistiria em registrar simplesmente e, depois, em lembrar para repetir. É no que acreditam muitos alunos e estudantes. Acumular para restituir em qualquer tipo de verificação, principalmente nas provas. Ora, o que é uma repetição sem compreensão?

O problema essencial das aprendizagens reside na disposição em assimilar, como não se cansa de repetir. Mas dizer é mais fácil! Pois, se assimilar é uma atividade, como tal, ela comporta estruturas. As estruturas do bebê não são as mesmas de uma criança de 5 anos, evidentemente. Todavia, elas se organizam em sistemas complexos que reuniremos em três: sistemas de registros, de tratamentos, de significações. Os primeiros – trata-se de todos nossos receptores sensoriais – reúnem tudo o que nos liga ao mundo exterior e nos informa sobre seus estados. Estes recebem as significações que possibilitam os segundos sistemas, segundo seu grau de desenvolvimento e conforme a experiência anterior, parte importante das significações. Tudo o que dá sentido ao novo o faz em função do que foi construído e elaborado anteriormente. O novo também vem se apoiar no antigo e ganhar sentido contribuindo, ao mesmo tempo, para reelaborá-lo, permitindo, assim, com que as significações anteriores ganhem nuances, se tornem mais complexas, se modifiquem, se renovem, se abram, etc. Dito de outro modo, o sistema de significações está, pelas interações com o meio, em constante mudança, reajuste e reorganização. Tendo, em contrapartida, o mesmo movimento para os outros sistemas. Essa atividade acomodadora expressa todo o processo de construção cognitivo que a epistemologia genética busca descrever. Não se deve esquecer que a acomodação sem sua complementar, a assimilação, não passaria do inverso do estímulo-resposta. Pode-se dizer que assimilar é receber, mas que essa recepção, enquanto atividade, exige estruturas que, se estão ausentes, precisarão ser construídas por adaptação acomodadora. Queremos insistir mais sobre o que já foi tão amplamente desenvolvido anteriormente.

Compreende-se que, nessas condições, a memória não possa ser suficiente, ainda que ela tenha um grande papel a desempenhar. Ao que tudo indica, ela é apenas o registro das singularidades ou das particularidades que nos informam sobre o que é a coisa ou a situação, ou, ainda, as circunstâncias sempre particulares, os fatos datados, as lembranças de leituras, os saberes adquiridos, etc. Tudo isso constituindo o que chamamos de "saberes". O número "PI" (3,14159), a fórmula química da água (H_2O), a forma de calcular o perímetro de um círculo, etc., são muitos dos saberes à disposição, mas que só farão sentido se puderem ser integrados em um raciocínio como fatos ou meios, já que não se pode justificar tudo por uma reconstrução mental explicativa. O uso desses elementos só faz sentido quando são integrados a uma atividade finalizada. A memória, no sentido em que entendem os psicólogos que a estudam cientificamente, desempenha – é uma evidência – seu papel, mas não é nada por si mesma quanto às aprendizagens escolares enquanto não for integrada ao movimento do pensamento que coloca tudo em ordem. Em outras palavras, se a memória nos fornece o suporte de fatos estabelecidos, o raciocínio os organiza para construir sua coerência e dar uma ou mais justificativas para ela. Assim nasce o sentido[1].

Saber não basta, portanto. O conhecimento é criação, porque dá sentido, sentido que não é – apesar de todos os empirismos – visível (ou legível) à simples leitura. Mais concretamente, o saber está ligado à experiência de tudo o que é perceptível e faz parte de tudo o que pode ser convocado – evocação – em apoio, em um raciocínio, enquanto cria relações. Um saber (ou uma memória) que não faz sentido não tem nenhuma utilidade. É preciso realmente se inscrever em uma atividade doadora de sentido e, consequentemente, correr o risco de ser reelaborado em função dessa mesma atividade. Trata-se de uma transformação finalizada que constrói uma explicação. Ou seja, um conhecimento, pois conhecer é explicar e explicar é, por sua vez, ser capaz de refazer. É por isso que o objetivo da educação é necessariamente o conhecimento. Este começa então a partir do momento em que o sujeito estabelece uma relação entre fatos. E esta é do sujeito; não dos objetos. Ela é uma invenção, ou melhor, uma criação, porque faz nascer algo que não existia e que encontra sua justificativa na(s) transformação(ões) que foi(ram) produzida(s). O conhecimento é sua explicação, porque, por ele, pode ser refeita (reversibilidade).

A situação escolar oferece, desse modo, elementos de saberes diversos, dos quais deverá se apropriar para torná-los conhecimento. Diremos então que saber ler é um conhecimento? Sim, certamente, já que a justificativa da letra se fundamenta em sua identificação por diferenciação, sua reunião com uma outra pelas leis de composição fonética da língua de referência, aquela da palavra, pela combinação das letras com seu composto, sua pronúncia, sua identificação por diferenciação com outras, reunidas ou não, etc. Sendo a leitura um ato doador de sentido, ela procede de uma atividade mental que se baseia no estabelecimento das diferenças e das semelhanças, na ordenação, dependendo todas as estruturas das operações de classe, de ordem e de número (mas também de conservações, de espaço, de tempo e de causalidade). O ato de leitura é criador de sentido porque este não está no texto, mas em sua construção pelo próprio leitor. Enfim, um texto não diz nada enquanto um leitor não vier para lhe fazer falar, tanto na leitura quanto na decodificação (ou deciframento) que ele faz[2].

Toda essa atividade doadora de sentido desenvolve estruturas atualmente conhecidas, porque identificadas pela epistemologia genética e responsáveis pela organização de todos os conteúdos dos sistemas de registros e de significações que todo sujeito, em todos os estágios de seu desenvolvimento, constrói e reelabora indefinidamente.

O real que nos cerca é constituído de estados. Uns são naturais, os outros são de nossa ação. Mas cada estado é produzido por uma transformação. E é essa transformação que o justifica, que o explica. E se não há estado sem transformação e transformação sem estado, a maioria das transformações são produzidas pela atividade humana. As transformações partem de um estado e produzem outro. Assim, o simples deslocamento de um objeto de um lugar para outro é uma transformação. A multiplicação de um número por outro também corresponde a uma transformação. A fórmula "e = vt" é a relação feita entre o espaço percorrido, a velocidade do móvel e o tempo levado para percorrer esse espaço. Com dois desses dados, pode-se conhecer o terceiro. A constituição da classe dos cães é uma relação feita do que têm em comum todas as variedades de cães. Ora, a classe não é perceptível. Cão não tem imagem e, além do mais, *cão* não é um cão. Ou, como diziam os escolásticos: "não vejo a cavalidade" quando vejo um cavalo, e assim por adiante.

Se todo sujeito começa constatando os estados, ele não tarda muito para se dar conta de que pode modificá-los e criar outros. A invenção e a criação são, portanto, o fato da atividade humana (essencialmente transformadora). Impossível dissociar estados e transformações. Mas como a percepção oferece mais permanência do que aquela das transformações, é aquela que prevalece geralmente em detrimento desta. Começar pelos estados tem sentido, provavelmente, contanto que seja para chegar às transformações e, assim, chamar a atenção sobre o que há de semelhante e de diferente entre estados em uma atividade de comparação. Desde a escola maternal, a criança pode ser estimulada a comparar para identificar diferenciando, e diferenciar identificando. Porém, não basta que estabeleça semelhanças e diferenças; é preciso também fazê-la tomar consciência de que essas semelhanças e diferenças foram criadas por ela e fazer com que as verbalize, de que elas resultam de sua própria atividade, que também deve ser verbalizada (abstração reflexionante) para ser construída no plano da representação.

Compreende-se que as concepções da memória que são usadas não variaram muito desde que a psicologia se propôs a tratá-las experimentalmente. Além disso, o que é essa memória a longo, médio e curto prazo? O que é essa memória dita de trabalho? Etc.

Como se faz pouco caso de toda a elaboração mental que consiste, a partir dos saberes, a construir e a reconstruir incessantemente os conhecimentos para expô-los de forma explicável! Por exemplo, repete-se às crianças nas aulas, e aos estudantes, mais tarde, que a multiplicação, como outras operações matemáticas, é comutativa. Por exemplo: 3 x 4 = 4 x 3 = 12. Mas pegue cubos em uma caixa que os contenha tantos quanto puder. Desloque, a partir dessa caixa, três vezes quatro cubos e os reúna em um lugar B, por ordem de chegada e de posicionamento (depois de deslocamento). Você obterá três vezes quatro cubos, o que, no total, faz com que você tenha 12. Faça a mesma coisa, mas deslocando quatro vezes três cubos. E veja o resultado. Os posicionamentos diferem porque você tem, por um lado, três vezes quatro cubos e, por outro, quatro vezes três. O resultado quantitativo é o mesmo, mas o que é deslocado é totalmente diferente. Para se convencer disso, basta olhar os dois grupos que apresentam os cubos em sua ordem de chegada, se não foram misturados ou desordenados. Digamos de outro modo: foram transportados uma primeira vez três vezes quatro e, uma segunda, quatro vezes três cubos. O resultado, ao final é o mesmo, numericamente, mas os posicionamentos realizados na ordem de chegada são diferentes. Imaginemos o transporte por caminhão de três vezes quatro toneladas de mercadorias e de quatro vezes três toneladas. Sem dúvida foram transportadas, ao todo, 12 toneladas, mas, para isso, os meios usados (transporte de três vezes quatro, depois de quatro vezes três) não foram os mesmos. Questão de logística, como se diz hoje em dia! Não se vê a comutatividade, como todas as operações da mente[3].

A assimilação não é o registro puro e simples de dados para lembrar e restituí-los. Aliás, nada é assimilável diretamente tal como se apresenta. O sujeito deve acomodar. Mesmo com uma exigência de restituição *ad integrum*. Um único exemplo: ouvimos, ao longo do dia, uma certa rádio repetir, para fazer publicidade, o título de um livro assim chamado: *De tanto bater, meu coração parou*. As pessoas que enunciavam esse título o faziam com uma única emissão de voz, De tanto bater meu coração parou (ou detantobatermeucoraçãoparou). Outro exemplo, em uma rádio periférica, um programa se chama, em uma única emissão de voz, "comovaibemobrigado". O que não tem nenhum sentido. Repetir sem compreender e compreender o que se repete são antípodas um do outro. É preciso acomodação e, portanto, todo um trabalho para dar sentido. A memória precisa de elaboração significante. Portanto, precisa da atividade do pensamento. As crianças pequenas nos enchem, no início da linguagem, dessas deformações assimiladoras a sua experiência anterior. Assim, E. (2 anos) fala de seus "dicamentos" (para medicamentos, na lógica: "meu dicamento, teu dicamento," etc.), Ap. (5 anos) diz no restaurante que ela quer "du riz qu'on connaît" (para *riz cantonnais*, arroz cantonês). J.M. (5 anos) ouve cantar em latim "felix, Felix Potin", sobre um mercado que marcou época em Paris no século XIX; ao ver sua mãe dar o peito ao caçula, ele exclama: "o maninho está comendo, mamãe!". Pi (4-5 anos), ao perceber sua irmã púbere tomar banho, grita: "Mãe! Ela tem dois calombos", um outro, ao ouvir falar de *hélicoptère*, diz "*l'Elie par terre*"*, etc.

A atividade assimiladora levando o novo ao antigo opera essas deformações quando a acomodação não pode se realizar. Coletamos essas deliciosas palavras de crianças. Encontramos sentido nelas, mas "sentido-para-a-criança" em relação ao que ela sabe, ou conhece, ou experimentou...

A operação de comparação revela semelhanças e diferenças entre estados; ela pode fazer isso também entre transformações. Mas quando a pedagogia só se apoia nos estados, ela não chega – o que é evidente – nas transformações que dão razão a eles. Ela deixa entender assim – no que ela é puramente empírica e só se interessa pelos efeitos produzidos[4] – que tudo pode ser visto, ouvido, constatado e... memorizado enquanto particularidade. Como se a verdade pudesse nos saltar aos olhos e bastasse olhar para conhecer. É evidente que olhar permite ver, no mais baixo grau, e, com isso, constatar.

---

* N. de T.: O autor fornece vários exemplos de deformações de palavra ou expressão que se apoiam em coincidências da forma sonora do francês. Exemplos como esses podem ser encontrados em todas as línguas.

A epistemologia da situação de aprendizagem supõe um sujeito e um objeto em interação:

SUJEITO ↔ OBJETO

O sujeito ou a criança, em um primeiro momento, tenta assimilar, isto é, incorporar um elemento exterior. Mas ele não é único; o professor está ali para propor "objetos" a serem assimilados. É o cálculo, a gramática, a história, etc. A relação interativa

SUJEITO ↔ OBJETO

comporta, necessariamente, um terceiro termo, que é justamente o professor ou educador, ou outros.

Dessa forma, se a tarefa deste último é propor um objeto de aprendizagem dividido em sequências conforme sua iniciativa, o aluno que tenta assimilá-lo revela suas estruturas de assimilação, bastando que se dê ao trabalho de identificá-las. Ora, como suas estruturas estão em gênese, a qualquer momento, o sujeito que assimila desenvolve aquelas das quais dispõe a partir de seu desenvolvimento ou, como se queira, de sua história cognitiva. Desse modo, o primeiro ato de um pedagogo deve ser determinar o nível estrutural de seu(s) aluno(s), o que supõe um diagnóstico.

Esse diagnóstico, no entanto, não poderia ser suficiente, uma vez que o sujeito, inscrito em um processo de construção, revela o que adquiriu (e o que é) – e que é apenas em gênese, ou em um estágio de "maturação" progressiva, até seu estágio "acabado" no sentido relativo – ao mesmo tempo que traz à tona o que adquire (o que está adquirindo ou o que está se elaborando) conforme a ordem da gênese. Daí modalidades funcionais variáveis que correspondem às indicações sobre o grau de domínio estrutural. Um observador bem informado e experiente deveria possuir a capacidade de detectar no funcionamento de seus alunos tanto o estágio atual da construção quanto aquele da construção em andamento, pois o funcionamento indica os procedimentos de adaptação e de transformações estruturais em funcionamento.

É evidente que essa atitude é uma precaução, porque seria vão querer confrontar o aluno com "objetos" ou com conteúdos que ele não poderia dominar. Um exemplo disto seria a geometria no espaço para uma criança de 7-8 anos que ainda não estruturou a geometria euclidiana e não possui a capacidade de raciocinar de acordo com uma combinatória de hipóteses. Provavelmente isso seja conhecido de experiência há muito tempo, e esse equívoco só apareça raramente. Mas vemos outros menos capazes de "chocar". Por exemplo, a representação gráfica da terceira dimensão em uma folha em 2D do cubo, acessível, porém, em um desenho único, correspondendo a uma dada orientação das oblíquas paralelas (arestas), ao passo que, para se ter todas as orientações possíveis, é preciso uma combinatória. Entretanto, isso ainda não basta, como acabamos de dizer, pois toda estrutura funciona. Sua modalidade é figurativa, operativa, oscilante entre as duas, etc. Para identificá-la, repetimos – e isso é evidente –, convém observar a criança em seu funcionamento e determinar seu nível estrutural e funcional. Os conteúdos que serão propostos ao aluno deverão ser adequados a suas capacidades.

Daí resulta que a pedagogia deveria ser a arte – ou a ciência conforme os conhecimentos que se tem dela – de adaptar os conteúdos à capacidade dos alunos ou de fazê-los com que se apropriem deles. Mas não adaptar os alunos aos conteúdos, e sim os conteúdos aos alunos. É ele o centro do ensino. Que as mentes mal intencionadas não venham dizer que se trata de baixar o nível do ensino para colocá-lo ao alcance dos mais atrasados! Isso significa dizer, respeitando as exigências de rigor, de altura, de aprofundamento dos "saberes" pelos conhecimentos, de elevação do grau destes, ter a preocupação de favorecer no aluno, qualquer que seja, sua capacidade criadora e, progressivamente, sua ascensão aos níveis mais elevados da atividade de conhecimento. O que quer dizer colocá-lo sempre em situação de ter de se superar e, por que não, de se ultrapassar.

É preciso considerar que, se o lugar do aluno fica na interação com o objeto ou a matéria escolar, o do professor, embora exterior a essa interação, não deixa de fazer parte dela.

Expliquemo-nos: não é o professor que aprende (de qualquer modo, não as mesmas coisas nem da mesma maneira), é o aluno. É ele que deve poder assimilar o saber e construir os conhecimentos. O professor tem como tarefa solicitá-lo para que se aproprie dos conteúdos que são apresentados a ele. Ele pode – ou deve – acompanhar o aluno dirigindo-o ou dirigi-lo acompanhando-o, conforme o método clínico experimental. Ele só poderá ser eficaz se se mostrar capaz de observá-lo tanto no que revela de si mesmo do ponto de vista estruturo-funcional quanto em sua maneira de se apropriar dos saberes propostos para construir os conhecimentos ou os percursos de suas aprendizagens. Evidentemente, enquanto se mostrar inapto a adequar os conteúdos à capacidade real dos sujeitos, o diagnóstico não lhe serve para nada.

Duas exigências, no mínimo, resultam dessas considerações:

A primeira, baseada no conhecimento da epistemologia genética, leva o pedagogo a praticar o diagnóstico do desenvolvimento de seus alunos ou a encarregar um especialista da área a realizar tal tarefa. A segunda, igualmente baseada no conhecimento da epistemologia genética, reside na necessidade de observar como o sujeito domina os conteúdos em uma situação interativa em que, estando um e outro focados no objeto, o professor acompanha dirigindo e dirige acompanhando seu aluno. Como este faz para se apropriar do objeto, com quais dificuldades se depara e como transformar o objeto para torná-lo assimilável?

Disso resulta, inevitavelmente, o desenvolvimento da pesquisa para conhecer a maneira como a criança faz para aprender – e para não aprender – e a necessidade de construir programações relacionadas com a capacidade dos diferentes tipos de alunos. Evidentemente, não poderia haver métodos aplicáveis assim e válidos universalmente, como se acredita facilmente no mundinho da educação. Trata-se de se adaptar aos alunos (que estão em adaptação) e de adaptar os conteúdos a estes. Provavelmente, pela pesquisa sistemática, se descobrirão tipologias de sujeitos mais propícios a uma metodologia do que a outra. Que não se pense que cada uma seja generalizável à totalidade da população escolar. De qualquer modo, sem pré-julgar antes de dar início a tal projeto, a pesquisa em educação ou em pedagogia se impõe como uma necessidade urgente.

Em consequência disso, a noção de "programa" pedagógico deve ser revista. Se nos adequamos ao ritmo do aluno, é preciso saber "perder tempo para poder ganhá-lo", como dizia J.J. Rousseau. É por isso que os famosos "programas" não deveriam passar de indicações amplas ou de orientações segundo as quais dirigimos o trabalho, e não exigências determinantes do dia a dia, do mês ou do ano. Um exemplo desta perspectiva implementada no Brasil seriam os Parâmetros Curriculares Nacionais (Brasil,)

A interação "Aluno ↔ Matéria escolar", ainda que leve a observar essa situação de aprendizagem, revela inicialmente como é o aluno, do que ele dispõe para aprender, mas também como ele o faz. É sensato dizer que não se pode dar o passo maior do que a perna. Também, do ponto de vista cognitivo, não é possível exigir que, sem as estruturas de classes e de ordem, algumas crianças contem de outra maneira e não de forma verbal. Porque ainda não construíram o número, normalmente não passam do número 7, e olhe lá! Assim como não estando ainda adquirida a construção dos comprimentos em geometria, um bastão igual a um outro que o ultrapassa é considerado mais comprido. A reta projetiva pela colocação de pequenos pilares em uma superfície retangular ou circular entre dois pontos opostos, A e B, não está construída quando o sujeito segue as bordas do suporte ou quando atinge B a partir de A em diagonal, ou precisa deslocar B para que corresponda ao alinhamento dos pilares feito passo por passo, com todas as aproximações que se encontram ali. Há, repetimos, estágios do desenvolvimento que correspondem a condutas particulares. Quando a criança colocou "igual" de água em dois copos idênticos, a passagem da água de um copo para outro mais alto, porém mais fino, destrói a igualdade anterior. Há mais "porque a água sobe". Esse mesmo copo mais alto, se passada a água para um recipiente largo e de bordas pouco elevadas, dará menos água "porque (o nível) está mais baixo".

A julgar pela inexatidão das respostas e pelas contradições nas quais as crianças se perdem quando as condições mudam, é evidente que se corre o risco de fazer julgamentos totalmente desfavoráveis. O que seria negar que cada criança passa por etapas de seu desenvolvimento, em que o que era verdade para ela ontem não será mais amanhã. Seymour Papert, discípulo (mais ou menos dissidente de Piaget), dizia, com razão, em seu livro traduzido para o francês com o título *Jaillissement de l'esprit* (Flammarion), que a criança responde sempre exatamente à pergunta que se faz a ela, como já dissemos anteriormente. Por quê? Porque ela responde como ela é. O que quer dizer que a resposta depende das estruturas que ela adquiriu e que a levam a representações que lhe são próprias e que não correspondem, normalmente, a nada esperado pelo adulto. O que este pode considerar como uma contradição não o é, de modo algum, para a criança. Daí a necessidade de conhecê-la e de admitir que ela possa não fornecer a resposta esperada. Trata-se, na maioria das vezes, de uma incapacidade cognitiva estruturo-funcional. Não é porque se explicou que a compreensão é imediata. Tampouco porque se repetiu várias vezes. Para ter certeza de que compreendeu, uma aplicação por exercício nem sempre é a melhor solução. Pode ser contanto que o aluno possa ser colocado nas condições de refazer ou de construir a demonstração... O que salienta, ainda, a necessidade de acompanhar o aluno para saber qual é o ponto de dificuldade que o impede de avançar. Aliás, é dessa forma que o professor descobre se o aluno é atento ao que é e ao que está fazendo, uma vez que ele é levado ao que é realmente, à maneira como ele faz para resolver os problemas e organizar seus conhecimentos, etc.

Provavelmente encontraremos crianças que respondem qualquer coisa para se livrarem de uma pessoa que as perturba ou que preferem se poupar para evitarem refletir e conservar, assim, sua tranquilidade interior. É, aliás, o que observamos em Thi (menino de 15 anos e 4 meses) que declarava a qualquer questão, e fora de propósito, que ele não sabia. Hábito adquirido em contexto pedagógico para evitar as contrariedades do questionamento e os embaraços. O problema é que, em psicologia cognitiva (ou em epistemologia genética), nunca nos contentamos com a resposta e pedimos sempre para que seja justificada. É a explicação fornecida, de fato, que informa sobre o pensamento do sujeito e sobre seus procedimentos, permitindo saber se está construindo um conhecimento ou se apenas está repetindo o que aprendeu.

De qualquer modo, as estruturas do conhecimento são universais, como não cansamos de repetir até o momento. Estas devem, na área da pedagogia, especialmente, organizar e gerir conteúdos que são da ordem da particularidade. Desde sua origem, quando são apenas sensório-motoras, elas transformam os objetos que encontram e se constroem em sistemas organizados até atingirem seu nível de equilíbrio e, graças ao estabelecimento da "função simbólica", se reconstroem progressivamente para formar o "agrupamento" das operações concretas antes de fazê-lo novamente em um terceiro nível, aquele das operações formais. Enquanto estruturas, elas funcionam, e seu funcionamento consiste em transformar os "objetos" sobre os quais trabalham. As transformações que realizam são físicas, depois mentais, e, finalmente, tomam a forma de uma combinatória de possíveis.

Tudo o que é dado à percepção e tudo o que fornece a representação à evocação é da ordem dos estados. Assim, o próprio meio é um estado no qual todo o sujeito está mergulhado e no qual exerce suas estruturas para transformá-lo e, transformando-o, transformar a si mesmo. Se ele recebe o que os cibernéticos chamam de informações (ainda que o mundo seja vazio de qualquer informação, como dizia Henri Atlan, querendo dizer com isso que é o sujeito que traduz em informações o que extrai da massa do que recebe), ele as trata com os meios cognitivos que adquiriu.

A atividade cognitiva coordena, ou deve coordenar, normalmente os estados e as transformações na dialética de sua produção recíproca. Como acabamos de dizer, há as transformações físicas, as transformações mentais e as transformações de transformações que se sucedem geneticamente e se integram toda a vez às que se seguem até o nível final (no sentido relativo igualmente). Ora, privilegiando apenas os estados, acabamos por instalar o aluno, qualquer que seja seu nível (inclusive na Universidade), na evidência e na crença, e o impedimos, sobretudo, de pensar, isso quando não matamos sua capacidade de pensar. Nada melhor para criar bons executores.

Podemos dizer, com isso, que a epistemologia da relação pedagógica pode ser representada pelo seguinte esquema:

```
Lógica do aluno (criança):        SUJEITO ↔ OBJETO ┐
        ↕                                  ↑        │
Lógica do adulto:                      Professor ←──┘
```

E a situação pedagógica, por sua vez, sempre no contexto da epistemologia genética ou interacionista, se apresenta tal como segue:

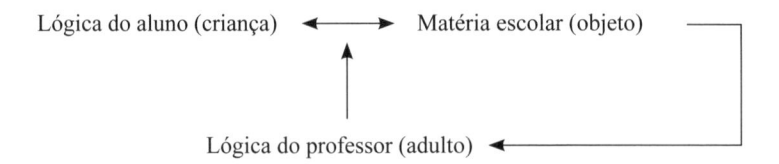

```
Lógica do aluno (criança)  ←──→  Matéria escolar (objeto) ┐
                                         ↑                 │
                    Lógica do professor (adulto) ←─────────┘
```

Nunca será suficiente repetir: o problema fundamental da pedagogia está no fato de que o adulto tem como tarefa conduzir progressivamente seus alunos ao conhecimento e à lógica do adulto em um mesmo movimento. Para isso, é preciso que se adapte à criança, a qual se esforça para se adaptar aos conteúdos escolares. Não somente se adaptar às maneiras de pensar do aluno ou da criança real, mas possuir conhecimentos suficientes em epistemologia genética (e em psicologia da criança e do adolescente) para poder pretender captar o sentido de suas manifestações cognitivas. É assim, como dissemos antes, que o professor aprende do aluno, pela observação[5]. Mas é preciso que aprenda também a observar e, sabendo o que deve observar, organizar a coleta dos dados que retira dessa experiência. É por isso que a situação de aprendizagem só pode focar a criança que está se apropriando de um objeto (tomado em seu sentido mais geral), observada pelo professor que a acompanha dirigindo-a *no* e *pelo* questionamento.

Não vamos fixar, *a priori*, qualquer coisa que seja quanto à maneira de conduzir uma progressão pedagógica, ainda mais visto que, sendo cada caso particular, caberá ao professor inventar procedimentos apropriados para cada criança. E, sobretudo se a pedagogia se propõe a se constituir como ciência, ela deve inventar suas maneiras de fazer em um processo de adaptação baseado no método científico. Adaptação não somente ao grupo-classe, mas, também e sobretudo, a cada aluno em particular. E que não nos digam que isso não é possível, uma vez que existem tantas experiências de individualização pedagógica em um quadro coletivo! O desenvolvimento da cooperação, contanto que favoreça o diálogo intelectual, deve ser impulsionado. É a garantia da autonomização de cada um. Para ir adiante, basta consultar os trabalhos sobre a construção da moral na criança.

Desde o início do século XX, a fusão das teorias pedagógicas que dão lugar a métodos, uns mais pertinentes do que os outros, atesta a inventividade extraordinária dos professores, qualquer que seja seu nível. Mas é sobretudo no ensino fundamental que ela foi mais exercida. Pensemos nos métodos ativos do que foi a Escola Nova com Ferrière (1879-1960) e todos os outros e, mais próximo de nós, a escola moderna com Freinet (1896-1966). Pensemos também na influência que a psicanálise teve sobre a maneira de considerar a relação do professor com o aluno, em todas as escolas, do "professor camarada" (Kerchtensteiner) a Summerhill (A. Neil), sem esquecer Dewey (1859-1952), cuja influência foi considerável.

Que ela se apoie na ideologia ou na teoria, na psicologia, na sociologia ou na integração de umas e outras conforme todas as combinações possíveis, a inventividade dos pedagogos foi notável. Até a escola maternal foi renovada a partir de Maria Montessori (1870-1952), a quem deve tanto, como a muitos outros, numerosos para que sejam todos citados. Mas qual é o resultado disso tudo hoje em dia?

A pedagogia se questiona constantemente, como o ensino que não pode deixar de se deformar e de reformar. Por que a sociedade mudou? Por que os alunos não são mais os mesmos? Por que a obrigatoriedade escolar até a idade de 16 anos e o acesso de quase todos ao exame para entrar na universidade exercem sua pressão? Assim se repete incessantemente a mesma pergunta: "Uma escola para quê?" Ao que corresponde: "Qual tipo de escola para a sociedade de hoje?"

No século da expansão da ciência e da tecnologia, a pedagogia não pode mais continuar a se determinar empiricamente como o fez até então. É preciso que mude.

O que propomos não tem, no entanto, nada a ver com a aplicação de um novo método, um a mais. Mas consiste em uma mudança epistemológica fundadora de um percurso que poderia almejar a cientificidade. Com a condição de que se tome cuidado para fazê-la bem feita.

O problema nos parece ser ter de passar de uma pedagogia do sucesso ou do desempenho a uma pedagogia do conhecimento. Em vez de favorecer, de forma extremamente exclusiva, os "saberes", pela imitação e pela repetição, permitir a cada um, ao contrário, ter acesso ao conhecimento, isto é, comprovar, pela explicação, sua capacidade de "refazer" ou de "reinventar" e de "recriar" o conhecimento. Formar, dessa forma, mentes autônomas, livres e críticas.

Todas as aquisições da pedagogia, seus métodos, suas experiências felizes e infelizes, as situações que ela inventou e criou são muitos dos elementos à disposição do professor, nos quais pode se inspirar para criar condições novas a fim de que o aluno se responsabilize por sua própria construção dos conhecimentos (não sem um professor como queriam os "pedagogistas"). Inspirar-se neles e não copiá-los ou reproduzi-los sem senso crítico e sem passá-los pelo crivo da experimentação. A referência epistemológica deve mudar, pois não se trata mais somente de aprender, mas sobretudo de conhecer.

Assim como já dissemos inúmeras vezes, o problema é adequar os conteúdos à capacidade atual dos alunos a fim de desequilibrá-los minimamente para que possam se adaptar transformando-se, ou criando as capacidades imediatamente superiores àquelas dos quais se dotaram, atualizando, dessa forma, a ordem da gênese estruturo-funcional.

Por que desequilibrá-los? Simplesmente porque o desenvolvimento cognitivo é uma sequência de equilíbrios-desequilíbrios a ser superada sempre por meio de uma equilibração "majorante", mas provisória, pois o sentido do movimento dialético dos desequilíbrios/equilíbrios é um percurso rumo ao equilíbrio nunca totalmente alcançado, sendo todo equilíbrio, em biologia assim como em psicologia, apenas instável e, portanto, provisório. E como não há equilíbrio sem desequilíbrio, porque a interação com o meio, em sua aceitação mais geral, comporta a necessidade de uma constante desadaptação/adaptação, assim como equilibração sem desequilibração prévia, o processo é contínuo: é a expressão da vida.

Desequilibrar os alunos consistirá, no entanto, que a intervenção psicopedagógica busque favorecer a construção genética das estruturas da atividade cognitiva destes, em solicitá-los oferecendo conteúdos pedagógicos que apresentam dificuldades levemente superiores a suas capacidades atuais, para que eles ultrapassem as limitações que elas lhes impõem reestruturando-se no sentido do aparecimento das organizações de nível imediatamente superior, na ordem da gênese.

De qualquer forma, em nossa opinião, pensamos que é possível realizar essas solicitações no contexto da escola, qualquer que seja a forma que possam tomar: coletiva ou individual, com toda a turma ou com pequenos grupos, a partir dos conteúdos pedagógicos, isto é, a leitura, a escrita, a gramática, a aritmética, a geometria, etc.

Sabemos – e a experiência de cada um pode atestar isso – que o domínio dos conteúdos cognitivos repercute na afetividade, e que o sujeito que descobre seu poder sobre as coisas, e as crianças, em particular, sobre as atividades escolares, tira daí um contentamento de si mesmo que lhe dá um sentimento de bem-estar e de plenitude. Assim se instaura nele uma imagem positiva de si mesmo. O que significa que, ao favorecer o desenvolvimento das estruturas gerais da atividade no setor particular do conhecimento, criamos todos os meios para favorecer seu desenvolvimento em todos os outros, inclusive sociais.

Correndo o risco de nos repetirmos: desequilibrar os alunos, do ponto de vista cognitivo, consiste em propor a suas estruturas atuais conteúdos que comportem um grau de dificuldade levemente superior ao que são capazes de assimilar. Como, por exemplo, quando acontece de um sujeito, capaz de contar e de somar, não conseguir passar à generalização dessa operação e se mostrar incapaz de multiplicar, uma das inúmeras maneiras de inscrevê-lo nesse processo pode consistir em lhe apresentar, de forma lúdica, objetos a serem transportados de um ponto a outro (seja A para B), conforme o esquema já desenvolvido no capítulo anterior (propomos um conjunto de pequenos cubos e um pequeno caminhão que pode ser carregado). Os quadros epistemológicos são os seguintes: carregar o caminhão para obter o estado inicial, descarregar o caminhão criando o estado final. Entre os dois, deslocamento do caminhão, portanto, passagem (transformação) do estado inicial ao estado final por deslocamento do todo. Em A, o questionamento é: "o que você está fazendo? (transformação ou carregamento dos cubos). Por quê? (encher o caminhão). Como você está fazendo isso? (por acúmulo de cubos). O que você obtém? (caminhão carregado de cubos). Todas essas perguntas visam favorecer a tomada de consciência e a conceitualização dos estados e das transformações. Constata-se que o estado inicial é produzido por uma transformação de um estado anterior, que o estado final é produzido por uma outra transformação inversa à anterior (carregar/descarregar) que pode ser invertida novamente voltando-se ao estado inicial. Essa inversão, fisicamente executada, é um reverso (ação invertida – de B para A – da ação direta – de A para B – ou transformação física). Essa capacidade de inverter a transformação de A para B por seu inverso de B para A é um reverso fisicamente executado. Ele pode ser feito – mas isso acontecerá depois – mentalmente dessa vez e constituirá uma operação reversível.

Essa transformação do estado inicial (E1) em estado final (E2) implica que o primeiro se realize em um espaço que se transformará em um outro quando o caminhão estará carregado (estado inicial), depois descarregado (estado final), em um tempo "aqui e agora" diferente em

E1 e em E2. A passagem de E1 para E2 desloca o caminhão e, em uma sucessão de posicionamentos/deslocamentos no tempo por causalidade, leva a E2 que ele produz pela interrupção do deslocamento. A atualização do espaço em E1 o cede à atualização do tempo na transformação. Mas o espaço do deslocamento é contínuo, ao passo que o espaço dos estados é descontínuo em relação a ele; passa-se de um ponto a outro. O que, no entanto, não muda a natureza essencialmente contínua do espaço. O tempo, em sua sucessão, é descontínuo e se torna contínuo em sua duração global. Além disso, a sequência do deslocamento ou da transformação espacial comporta um encadeamento de momentos que preparam os momentos a seguir, que são a consequência daqueles ou, como chamamos comumente, uma ligação causal.

Há lugar, com tal exercício, para uma multiplicidade de situações pedagógicas, as quais o professor deve conhecer, podendo centrar mais em um sentido ou no outro, conforme busque favorecer a multiplicação, como vamos ver, ou a construção do tempo e do espaço percorrido. Acrescentar a essa situação as noções de velocidade, de tempo dos deslocamentos, entre outras, sempre é possível, fazendo passar da matemática à geometria e destas à física, etc. Pode-se introduzir também a velocidade, a tonelagem dos caminhões e sua potência, comparar as velocidades e os tempos dos deslocamentos, etc. Até a linguagem e a escrita podem ser solicitadas. Daí uma possibilidade de ensino aberta a todas as disciplinas. Mas devemos salientar que, por um lado, estamos destacando as estruturas da atividade e, por outro, seu funcionamento interativo interno e externo (meio).

É possível esquematizar assim tudo o que comporta, do ponto de vista cognitivo, tal situação:

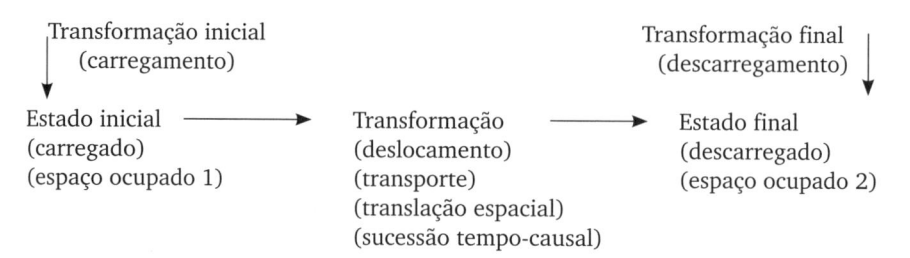

```
  Transformação inicial                               Transformação final
  (carregamento)                                      (descarregamento)
  ↓                                                                    ↓
Estado inicial    →    Transformação    →    Estado final
(carregado)            (deslocamento)        (descarregado)
(espaço ocupado 1)     (transporte)          (espaço ocupado 2)
                       (translação espacial)
                       (sucessão tempo-causal)
```

É importante destacar agora que essas estruturas da ação são interiorizadas em seguida para se tornarem estruturas do pensamento. São as mesmas, mas, nesse nível, são reversíveis. O que quer dizer que poderemos evidenciar:

1º antecipações que dizem respeito ao que deve necessariamente se produzir, considerando o ponto em que se localizam as transformações em andamento;
2º retroações;
3º regulações entre as antecipações e as retroações que se coordenam em função do estado atual das transformações em andamento (interações entre o sujeito e a situação e interações entre estruturas internas ao sujeito, o todo em coordenações reguladas).

O conjunto estruturo-funcional autorregulado é essencialmente reversível. O que significa que ele se autoequilibra e que o tempo, o espaço e a causalidade (se tornando esta a implicação lógica no plano do pensamento) são também reversíveis. O equilíbrio se manifesta pela coordenação das antecipações e das retroações reguladas, o que significa, como chamava Raymond Ruyer, um "sobrevoo", que outros chamam de "metacognição". Na verdade, o que justifica esses nomes é o fato de que o pensamento começa a dominar os estados porque se torna ele mesmo, cada vez mais, transformações. O trabalho mental por antecipações (e retroações) dos estados e das transformações permite constituir imagens antecipadas dos estados como resultado das transformações mentais[6].

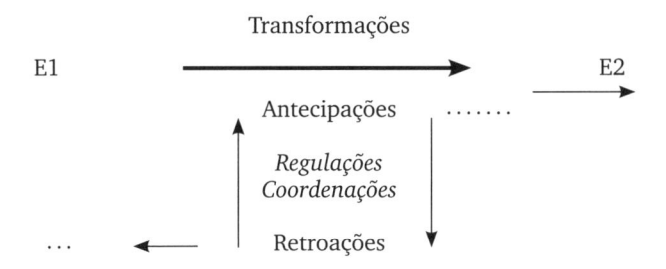

$$E1 \xrightarrow{\text{Transformações}} E2$$

Antecipações
Regulações
Coordenações
Retroações

Ninguém poderia querer trabalhar ao mesmo tempo com o conjunto das estruturas envolvidas nessa atividade. Cabe à pessoa que intervém – ao professor, no caso – estar consciente disso e escolher, em função das aquisições atuais do sujeito, qual setor ele vai solicitar preferencialmente a qualquer outro e de acordo com quais necessidades cognitivas deste. Não é a criança que vai "saber" tudo isso e lhe mostrar tal condição não trará nenhum benefício enquanto todas essas estruturas não estiverem construídas e não atingirem seu estado de equilíbrio, isto é, sua coordenação reversível. Mas as verbalizações das diferentes tomadas de consciência (parciais) e os diferentes graus de abstrações aos quais elas levam permitem sua descoberta.

No quadro do exemplo que acabamos de fornecer para análise, propusemo-nos a ilustrar nosso percurso de solicitações realizadas para M. (11 anos), em que nos detivemos em favorecer a extensão da adição e sua generalização para a multiplicação. Mesmo que todas as operações descritas estejam implicadas, insistimos na passagem do estado inicial ao estado final, ou seja, nas transformações realizadas, mas também no estado numérico obtido após o número de vezes que teriam sido transportados os cubos e as fichas (coordenação dos estados e das transformações).

Assim que começamos, a criança deve nos explicar o que está fazendo, enquanto faz, ou imediatamente após, se não consegue falar fazendo ao mesmo tempo ou dizer o que está executando. As primeiras transformações ocorrem no estado inicial: carregamento dos cubos. Decide-se pegar apenas dois. (Se for problemático, só se carregará com um cubo, mas, nesse caso, o número de objetos transportados é igual ao número dos transportes, o que confunde um pouco o horizonte das intenções pedagógicas). Em seguida, há a transformação propriamente dita, deslocamento de A para B (sentido, direção e destino) do caminhão e do que ele contém. Durante o transporte dos cubos no caminhão, pode-se brincar, imitar o ruído do motor, da buzina, etc., trabalhando o pensamento simbólico ainda vivo e todos seus componentes, dentre os quais a imitação. Isto tem a vantagem de solicitar a participação da criança. (Estamos nos procedimentos figurativos, é preciso lembrar). A chegada em B, descarregamento, ou posicionamento após deslocamento dos 2 cubos. "O que você fez?" (Transformação por deslocamento, deslocamentos e posicionamentos espaciais, tempo do deslocamento, posicionamento em B). "Como se fez isso? – Por que se fez? – Quantos cubos você transportou? – Quantas vezes? – Quantos cubos se têm em B?" Repete-se uma vez, duas, três vezes... "Quantos cubos foram transportados da primeira vez? – Quantos na segunda? – Quantos na terceira?" Depois, "ao todo, quantas vezes foram transportados dois cubos?" Por exemplo, oito vezes. Contam-se os cubos em B e permite-se à criança notar que foram transportados oito vezes dois cubos. Daí $2 \times 8 = 16$. Faz-se a mesma coisa com três, quatro, oito... cubos, tantas vezes forem necessárias para favorecer a construção da multiplicação, depois das tabuadas de multiplicação.

Pode-se variar infinitamente esse exercício ao ar livre, inclusive, com um carrinho de mão para crianças, em que possa carregar pedras, bonecas, bolsas, etc. Mas permitindo, toda vez, verbalizar para "conscientizar" as transformações efetuadas. Pode-se pedir a um grupo que aja nesse sentido, que se organizar para analisar as tarefas, trocar, colocando os alunos dessa forma no contexto da cooperação socializadora das trocas[7].

O que vai fazer M.? "Vou (antecipação) transportar dois cubos daqui até lá". Ele faz isso. Ao chegar, perguntamos: "O que você fez? – Transportei dois cubos e os coloquei lá (B) – Quantas vezes você transportou dois cubos? – Uma vez. – Agora você vai fazer a mesma coisa. (Ele faz). Quantos cubos você transportou? – Quatro. – Quantas vezes? – Quatro."

Esse tipo de resposta se repetirá com frequência. É preciso dar tempo à criança e lhe dar a oportunidade de resolver esse problema por si mesma, progressivamente. Daí a necessidade de repetir essa experiência e de criar outras semelhantes, pelo tempo que for necessário.

A resposta dada anteriormente não é errada, pois o resultado final está correto. Mas queríamos saber se ele tinha consciência de que acabava de transportar dois cubos desta vez, como antes. Em outras palavras, a atenção dada à transformação não é efetiva. "Quantos cubos você transporta em cada viagem? – Dois. – Quantas viagens você realizou? – Quatro. – (O questionamento permite distinguir melhor a transformação e o estado final ou o resultado). – Quantas vezes você transportou esses cubos? – Duas vezes. – Quantos cubos em cada viagem? – Dois. – Quantos cubos foram transportados ao todo? – Quatro. – Portanto, na primeira viagem transporta dois. – Sim. – Na segunda, mais dois. – Sim. – Quantas vezes você transportou dois? – Duas vezes. – Então é dois vezes dois? – Sim."

Pedimos para que escreva: no Estado 1 "Eu pego (transformações) dois cubos e os coloco (Tr.) no caminhão". Transformação: deslocamento: "Carrego os cubos com o caminhão até B". Descarrego o caminhão (Tr.) e coloco os cubos na ordem de sua chegada em B (Estado 2)". E assim por adiante.

Depois, pedimos para que escreva: carreguei uma vez dois cubos de A para B, três cubos, quatro, etc.

Quando isso se torna quase automático, abreviamos e entramos na simbólica matemática, como segue abaixo:

Estado 1	Transformação	Estado 2
2 cubos	1 transporte de uma vez 2 cubos	2 cubos
2 cubos	2 transportes de uma vez 2 cubos...	+2 cubos
TOTAL:	(2 vezes 2) ou (2 x 2) =	4 cubos

A confusão entre a adição e a multiplicação (e ela aparece e reaparece com frequência quando aumentamos o número dos cubos transportados) se manifesta pelo fato de que a criança não distingue o número de vezes que uma quantidade é transportada e o número final de elementos transportados. Cada "deslocamento" carrega a mesma quantidade. Toda vez que se desloca, veicula-se a mesma quantidade, uma, duas, três... n vezes. O que se carregou se acumula ao final e forma um total (estado final) da quantidade de coisas transportadas. O número de vezes que uma dada quantidade é transportada (3 x 2, por exemplo) equivale à soma dos elementos transportados (2 + 2 + 2).

Quando M. mistura o número do estado final com aquele do número de transportes, pensamos que há duas coisas a serem distinguidas: por um lado, o resultado final, por outro, as transformações em si mesmas. O resultado final se vê, é constatável. O número de vezes que foi feito o transporte e quantos elementos tinha a cada vez não é visto. É mais fácil constatar o que se obteve do que justificar, porque é justamente entrar nas próprias transformações que levaram ao resultado. Daí nossa insistência em trabalhar sobre a "conscientização" destas: "quantas vezes tantas fichas, ou cubos, ou o que quer que seja", por um lado, e "quantos elementos transportados a cada deslocamento?", por outro. Não se trata exatamente da mesma coisa, pois a totalização dos deslocamentos de x fichas informa sobre o conjunto do que foi feito, depois de realizado, ao passo que, a cada deslocamento, a consciência do que está sendo transportado e a consciência do próprio transporte permitem construir a memória (aquela da ação de deslocamento que se torna a operação mental por abstração reflexionante) do que foi feito, como foi feito, com o que, etc., para, ao final, justificar a quantificação das transformações.

De um ponto de vista aritmético, o número de vezes expressa as operações de transformações executadas concretamente, depois mentalmente, o que se chama de multiplicador[8], expressão pouco usada nos dias de hoje, pois não é imediatamente compreensível. O número dos estados, por sua vez, se chama multiplicando.

Não nos deteremos mais sobre esse exemplo, pois somente a maneira de proceder importa nesse caso. Insistimos, como é preciso, sobre a escrita (uma vez que ela é uma transformação que relata outras e as recompõe ao dar conta delas) do que foi feito, depois, a substituiremos aos poucos pelos símbolos + (que quer dizer que se aumenta) e por x (que significa multiplicar), tanto uma quanto a outra significando uma transformação (ou seja, uma operação). Mudamos os números permitindo à criança descobrir, instruindo-a, as tabuadas de multiplicação. Combinamos deslocamentos de quatro vezes com deslocamentos de oito ou com qualquer outro número (duas vezes transportamos quatro, seis vezes, transportamos oito, etc.). Quanto temos ao todo? O que implica, no mínimo, duas operações distintas cujos resultados devem ser acumulados ao final.

$$(2 \times 4) + (6 \times 8) = \text{etc.}$$

É assim que se prepara para a passagem à álgebra. Mas procedemos lentamente – temos tempo e nada nos apressa[9] – para que cada operação seja bem fundamentada, por diferenciação/identificação, e possa se coordenar com outras.

O desequilíbrio inicial é provocado pelo fato de que, quando transporto duas vezes dois cubos, só tenho dois transportes, ao passo que tenho quatro elementos na chegada em B. Saber distinguir bem a transformação do resultado obtido e coordená-las não é uma operação simples ou fácil para as crianças em um certo nível de desenvolvimento. Seria estupidez julgá-las conforme a lógica do adulto, não sendo a da criança de mesma natureza. O que traz problema para ela é o que é evidente para o adulto. Cabe a este se colocar no nível da criança e lhe permitir chegar até ele. Diderot não dizia (*Lettres à Sophie Volland*, Gallimard, 1938, t. 1, p. 273) que "é preciso em geral se fazer de pequeno para encorajar aos poucos os pequenos a se tornarem grandes"?

Terá sido possível notar que os questionamentos permitem as tomadas de consciência e levam às diversas "abstrações" sobre as quais falamos nos capítulos 2 e 3. Como já dissemos, fazemos com que escrevam em um primeiro momento com todas as letras, depois, usando abreviações simbólicas, as diversas transformações distinguindo bem de onde se parte (A) e aonde se chega (B) e como se faz isso. É evidente que as operações inversas são possíveis. Para anular a transformação direta, pode-se proceder pelo inverso e voltar ao estado inicial. Uma das vantagens é levar em conta a subtração e abrir para a divisão, ligando as quatro operações umas às outras. E como as transformações são físicas e tratam de objetos que podem ser tocados e vistos, não nos situamos ainda no plano das transformações mentais. As explicações solicitadas sobre os estados, as transformações e sua ligação são destinadas à tomada de consciência e à elaboração mental do que foi executado concretamente. Em outras palavras, elas favorecem as abstrações reflexionantes, mas não permitem ainda as operações reversíveis, embora preparem para elas. Deve-se proceder progressivamente e saber fazer solicitações proporcionais às capacidades adquiridas, sem forçar. A adaptação é um fenômeno progressivo, cujo ritmo varia de uma criança à outra. Além disso, devemos ser capazes de enfrentar regressões aparentes que, na maioria das vezes, são como "recuos para saltar melhor".

Não se deveria, seguindo a mesma ordem de ideias, falar muito cedo da comutatividade da multiplicação, porque, como já dissemos, a constatação dos posicionamentos, como a experiência nos mostra, não resulta na mesma configuração quando se realiza o deslocamento em duas vezes de quatro cubos e em quatro vezes de dois cubos. Com efeito, a comutatividade é diretamente o efeito da reversibilidade que não poderia ser adquirida de uma única vez, apesar de manifestações que permanecem locais enquanto ainda não há generalização. É prudente, digamos assim, não sistematizar. É somente aos poucos que a criança vai pensar as transformações e realizá-las sem esforço, quando será capaz de concebê-las enquanto tais sem o suporte das transformações materiais. É quando elas serão interiorizadas e reversíveis. Ela concordará que a comutatividade é aquela das operações sobre números quaisquer. Mas também o espaço das translações laterais e o tempo de sua execução começarão a se constituir como lugar de transformações reversíveis, adquirindo, com isso, o caráter.

É possível ouvir, como acabamos de dizer, a experiência com a construção do tempo, da noção de velocidade, de espaço percorrido em um certo tempo, de velocidade e de espaço relativos, etc. Mas isso é da ordem da invenção no contexto da interação em uma pedagogia operatória.

A contagem dos cubos em B pode ser feita por adição, mas quando se vincula o resultado obtido às transformações que o produziram, entra-se na consideração das transformações justificadoras dos estados ou números obtidos. A partir do momento em que não se trata mais de cubos, mas do número de elementos e de transformações, entra-se no domínio das operações mentais ou no pensamento.

Durante as manipulações anteriores, soubemos que, em qualquer transformação, algo muda e algo não muda. Ou seja, há o que permanece (permanência ou "conservação": a matéria e o material da experiência (aqui, de madeira e cubo). O que muda é o posicionamento que só se justifica pelo deslocamento, a quantidade dos elementos deslocados e o número de vezes. Evidentemente, é importante levar a ter consciência, por meio da verbalização, de tudo o que entra em jogo de estados diferentes e de transformações. Dar às crianças a oportunidade de levar em conta tanto o que muda quanto o que não muda é favorecer em seu pensamento mais corriqueiro o fato de que todo estado é o resultado de transformações e que são elas que fornecem a justificativa para isso. Quanto à razão das próprias transformações, a criança encontrará sua legitimação na natureza da tarefa a ser realizada. O que fazer para...? Como fazer?, etc.

Fica claro que de nada serve dizer às crianças que elas operam uma transformação inversa ou que procedem a uma inclusão de classe ou qualquer coisa desse gênero. Com efeito, colocar em situação de descobrir o que elas fazem enquanto fazem, isto é, dar a explicação do que estão fazendo, não significa que se busque com isso criar lógicos ou epistemológos, mas tão simplesmente seres conscientes e mestres de seu pensamento. Cabe ao professor saber o que implica as operações que ele está propondo a seus alunos e o que busca atualizar entre estas em situações *ad hoc*. Afinal, é exatamente este seu papel: adequar os conteúdos às estruturas atuais e, por meio deles, solicitar aquelas que estão se construindo, pois ele as estimula a funcionar. E é assim que acontece: o funcionamento cria as estruturas, mas o funcionamento consciente quer dizer aquele que pode ser explicitado.

Sem a ajuda do professor que os estimule tão adequadamente quanto possível, as crianças procederiam de tal modo que suas ações fossem apenas eficazes. A elas só importaria o resultado. E elas estão longe de se perguntar, na maioria dos casos, como fizeram para obtê-lo. Em outras palavras, o estado final importa mais do que as transformações que o produzem ou que são necessárias para chegar ao resultado. Quando as observamos, notamos que elas fazem o que é preciso para passar de um estado para outro, mas sem saber conscientemente a(s) relação(ões) que estabelecem entre eles nas transformações que realizam. Elas simplesmente não se perguntam sobre isso; elas fazem, passando, assim, de um estado inicial ao estado final em uma atividade eficiente. Mas isso só vale para as ações que dominam. Para as outras, não há nenhuma planificação das ações. Em suas atividades observáveis, o efeito a ser produzido ou estado final determina muito mais a ação a ser empreendida e o encadeamento das ações do que a concepção das transformações necessárias. Ocorre que as tentativas, provocando efeitos reforçadores, levam à solução desejada ou adequada. Mas um pouco mais de atenção nos permite observar o que a criança sabe fazer com o objeto ou do objeto. E a relação que ela estabelece com ele suscita mais o desenvolvimento dos esquemas do que revela sua coordenação em uma atividade mental de antecipação, determinando o que é preciso fazer dele ou com ele. E isso em total ignorância de causa.

Nesse ponto de nosso desenvolvimento, diremos ainda que todos os conteúdos são o produto da atividade das estruturas universais do pensamento: a arte, a filosofia, a literatura, as ciências, a matemática e um de seus componentes, a geometria. Temos aí o resultado do funcionamento das estruturas da atividade humana, físicas e mentais, que criaram conteúdos, colocaram em ordem outros, etc. Quando traço uma linha, produzo um estado que não existia anteriormente. Quando cruzo duas linhas, também produzo dois ângulos. Estes não existiriam sem essa atividade. Se traço uma outra linha que corta os dois anteriores, delimito uma figura sem existência senão aquela que assim coloco. A matemática não existe fora da mente humana que a produz e estuda em seguida suas propriedades. E assim infinitamente. As idealidades matemáticas são como as ideias de Platão: elas só existem na mente daquele que as cria. Ora, a criança que chega ao mundo deve entrar em interação com tudo o que a atividade humana produziu e coloca a sua disposição. É claro que ela não pode, de imediato, se tornar mestre. Primeiro, deve construir essas estruturas, fase por fase, e passar por etapas nas quais ela elabora os conteúdos que se oferecem ou que lhe são apresentados. Mas, a partir do momento em que age, ela transforma o que encontra e cria algo novo, porque o que fez não existia antes que ela tivesse feito. Ora, o que ela realiza depende diretamente de suas capacidades adquiridas. Nota-se, sem descrever novamente o estabelecimento dessas estruturas em sua gênese, que a presença das estruturas de ordem permite as ordenações de classe, as classificações, as de espaço, o comprimento, a linha reta, o perímetro, a superfície, as figuras geométricas em 2, depois em 3D, e assim por diante. Ao funcionar, essas estruturas criam objetos que são sua construção específica. Se as estruturas Lógico-Matemáticas permitem a organização do descontínuo, aquelas do espaço tornam possível a do contínuo. Evidentemente, há passagem de um a outro desses domínios: o descontínuo levando ao contínuo e o contínuo ao descontínuo, depois o contínuo levando ao descontínuo em uma dialética incessante[10].

Favorecer a construção das estruturas espaciais na criança – o mesmo acontecendo para as estruturas Lógico-Matemáticas – é contribuir para a construção da geometria, produto, mais uma vez, da atividade humana e que não tem nenhuma outra existência ou estatuto senão aquele de produto e de criação continuada de novidades necessárias. Se nos dedicamos mais particularmente ao espaço é porque, tendo estudado especialmente a representação do espaço tridimensional na criança e no jovem aluno de ensino técnico ou profissionalizante, além de ter observado crianças em situação de diagnóstico e de intervenção, a observação e a experiência nos ensina que sua construção é problemática, no sentido em que suscita procedimentos figurativos que são, por sua vez, obstáculos ao funcionamento operatório prevalente do pensamento.

Apreendendo a imagem mental na criança, depois de ter aprofundado a construção do espaço, Piaget e sua escola revelaram o fato de que é mais difícil se desligar do contínuo do que do descontínuo, do espaço do que do número. O pensamento do espaço comporta sempre, mesmo nos mais experientes, um resíduo imagético que tende a fechar o pensamento do geral e do universal na particularidade. É o eterno conflito entre o pensamento que se apoia nas imagens e o pensamento que só transforma estabelecendo relações entre noções, o pensamento que é só transformações ou funcionamento de suas estruturas. É por isso que é difícil representar uma linha reta "sem espessura" e, digamos, sem existência concreta, um perímetro como limite de um espaço circunscrito, mas não como realidade, já que é apenas uma linha reta, etc. A conduta da visão é uma boa introdução ao pensamento da linha reta como noção, pois ela não traça nada, mas procede por alinhamentos que comportam intervalos. A dificuldade da geometria está na tendência que temos de buscar "ver" o espaço a ser construído por antecipação intuitiva imagética, ao passo que deveríamos "ver" por construção, isto é, depois de feito. Em outras palavras, buscamos espontaneamente antecipar o estado final de forma imagética, em vez de produzir por transformações sucessivas. "Ver" por antecipação ou "ver" por construção, aí está todo o problema. Não vemos as transformações mentais, apenas os efeitos que elas produzem podem ser mostrados porque irrompem na realidade.

O mesmo M. apresenta dificuldades espaciais. Ele não consegue passar do perímetro à superfície. Ele os confunde mesmo e quer calcular esta aplicando uma regra que ele "sabe", que consiste em adicionar duas vezes o comprimento a duas vezes a largura ou, conforme a figura (no caso, um retângulo) {(L + l) + (L + l) = Perímetro}. Nota-se que não tendo sido assimilada a distinção e a ligação entre adição e multiplicação, ele as confunde com o uso. O que, em compensação, ele compreende totalmente é que "o contorno" de uma figura plana constitui seu perímetro. Ele sabe medi-lo e compreende que é uma linha e que não tem, portanto, outra existência senão a do perímetro, ou seja, simples noção espacial, entre outras noções. (A prática do tiro ao alvo serve muito bem para isso). Ele pode calcular o perímetro de um quadrado, mas ainda fazendo confusões entre largura e comprimento, sendo um termo tomado por outro se não se falar nisso ao mesmo tempo.

Começamos trabalhando sobre o quadrado certificando-nos de sua permanência por deslocamentos dessa figura no espaço (laterais, helicoidais, por rotação, em mesmo plano, etc.), tal como feito anteriormente. Cada apresentação e deslocamento dá lugar à identificação do que muda e do que não muda. O posicionamento, o deslocamento mudam, mas a figura permanece idêntica. Nomeamos os lados e, como são todos iguais, após termos medido, nesse quadrado e em outros de tamanhos diferentes, eles não justificam as denominações de comprimento e de largura. O que parece estar bem integrado até nova ordem, pois as passagens do retângulo ao quadrado farão reaparecer o uso dos termos de comprimento e de largura que serão atribuídos equivocadamente ao quadrado. Uma vez mais a acomodação não é feita de forma automática e em definitivo. É preciso tempo e oportunidade de repetição.

Definimos juntos o perímetro de um retângulo e o diferenciamos da superfície. Depois, trabalhamos sobre o perímetro.

M. é então capaz de medi-lo. Pegamos um cordão e o colocamos em torno do quadrado. Ao desenrolá-lo, M. percebe que se trata de um comprimento. Então o medimos com uma fita métrica. Obtém-se um valor em centímetros. Enquanto mede, observamos que ele não toma como ponto de origem o valor 0 (zero). Voltamos então à numeração e introduzimos o zero. Trabalhamos com o posicionamento de fichas. O que há antes que se coloque uma ficha? Nada. Escreve-se que não há nada (escreve-se 0). Em seguida, coloca-se 1. "E agora, o que mudou? – Colocou-se 1. – E se colocássemos mais 1? – Teremos 2. – Por quê? – Porque se acrescento 1 àquele que tinha antes, tenho 2. – Bom, então não se tem nada, depois se tem 1. Por que se tem zero? – Porque não se colocou nada. – Por que depois se tem 1? – Porque se colocou 1. – Quem coloca um, depois outro, e ainda mais outro? – Sou eu (abstração pseudoempírica) – A cada vez, eu coloco um, acrescento e isso faz mais". Todas essas abstrações reflexionantes[11] são a expressão não somente das propriedades da ação (aumentar, acrescentar), mas daquela do resultado desta.

Para medir, como fazer? Olha-se para a fita métrica de metal. "Quando você escolhe 1 e o coloca no ângulo do quadrado, o que tem antes do 1? – Pequenos traços. – Cada traço indica que você tem um milímetro. Mas o traço marca o ponto de chegada do deslocamento que se faz para ir do(s) traço(s) anterior(es) a este. Faz-se um experimento com a fita pedindo para dar um passo. Marca-se com um traço o ponto de partida da extremidade do primeiro pé e a chegada da extremidade do segundo. Quanto dá? – 30 – 30 o quê? – Centímetros. – Como você sabe?

– Bem, medi – Como você fez? Coloquei a fita lá (ele mostra o traço de partida onde ele coloca o início da fita) e lá, leio 30. – 30 o quê? – Trinta centímetros. – Continua – (ele faz um novo passo e marca um outro traço mais adiante correspondendo à extremidade de seu sapato) – Ah! Tenho 32. - ? – Centímetros. É maior – Então, como isso aconteceu? Você deu um passo, depois outro. Ao todo, você percorreu? – 62 centímetros. Uma primeira vez 30 e a segunda 32 – Bem, isso dá 30 + 32 – Imagina uma pequena formiga fazendo o mesmo trajeto que você, ela começa do 0, depois chega no 1. O que ela fez como caminho? – 1 – Bem, ela continua e chega no 10. O que ela fez? – Ela fez 1, depois 2, depois 3, depois 10 – O que é 2? – É 1 + 1 – E 5? – 1 + 1 + 1 + 1 + 1 = 5. – Bem. Então ela fez ao todo 10? – Sim – E você? – Eu fiz 62 – De fato. Mas como isso acontece para você ter 62? – Porque é como acontece com a formiga. Ela faz 1, eu faço 30. – E será que podemos dizer que quando você faz 30 é como se você tivesse feito 1 + 1 + 1... + 1 = 30? – Sim – Então, entre cada pequeno traço tem-se um intervalo, um pequeno espaço que se ultrapassou. Entre 0 do início da fita e 30, tem-se um intervalo de espaço que se passou de uma única vez. (Fornecemos os saberes necessários toda vez que ele precisa). Entre 0 e 1, o que se tem? – Se tem... (ele reflete). Se tem... o espaço para ir até 1. – Bem. – Então 1 é o que se faz e, entre os dois, o que se faz? O deslocamento? – Sim – Então no espaço avança-se sempre de um ponto a outro, como você pode constatar. Toda vez que se faz um percurso, pode-se medir para saber a que número se chegou? – Sim – Então o ponto de chegada é expresso por um número e, entre este e o anterior, tem-se um intervalo que corresponde ao deslocamento? – Ah! Sim – Quando você mede é porque você se desloca sobre a sequência dos números que marcam os intervalos percorridos (ou a percorrer) e quando chega ao final, você anota o número que obteve – Claro".

Procedemos então a medidas de perímetros de figuras variadas, como quadrados, triângulos, retângulos, a mesa, livros, o tapete, a tela da televisão, etc. E, a cada vez, pedimos a explicação do procedimento e do resultado da medida. A noção de medida é a aplicação, aqui ao menos, de uma regra graduada em uma série de comprimentos dos quais avaliamos o valor em centímetros ou em metros. (O comprimento é uma dimensão única, porque não tem espessura. O que M. sabe perfeitamente com a conduta da visão. Ele conhece também a significação de metro, centímetro, hectômetro, quilômetro, etc.). Cada medida é realizada com uma corda, e esse comprimento é dado depois em metros. O diálogo sobre o perímetro é então retomado.

"O que é o perímetro? – É o comprimento da volta do quadrado, do retângulo, etc. – Mostre com o dedo. – Bom. – Agora, esse comprimento, do que ele é composto? Olhe bem como você faz. (Ele coloca a corda em um lado do quadrado, depois no seguinte, em um movimento rotativo). Agora, o que você está fazendo? – Eu coloco neste lado. E agora, eu continuo neste aqui. (E assim até o resultado final). – Então, o número obtido é aquele do quê? – Do perímetro. – Reflita bem, você está medindo primeiro... o quê? – O lado, depois o outro. – Aquele que segue? – Claro. – E quando você terminou, o que você fez? – Comparei com o metro. – Muito bem. Mas o que você comparou é o perímetro? – Claro. – Então, o perímetro é composto do quê? – Dos lados. – E será que podemos dizer que o perímetro é a soma dos quatro lados? – É isso. – Então, se se conhece um lado – aqui temos um quadrado – será que podemos conhecer o perímetro? – Sim, adicionam-se quatro vezes o lado. – Portanto, para calcular o perímetro, como se pode fazer para ir rapidamente? – Adiciona-se quatro vezes o lado. – Não esqueça que temos um quadrado e que todos os lados são iguais. – Ou podemos dizer ainda de outro modo? – Não vejo como. – Quantas vezes você tem o lado? – Quatro vezes. – Você lembra do número de vezes que mediu um lado? – Ah, sim! Quatro vezes. – A regra para calcular o perímetro do quadrado então é? – Quatro vezes o lado. – Se um lado é seis, qual será o perímetro? – seis vezes quatro = 24."

Com essa abstração refletida, o sujeito consegue enunciar a regra ou a lei. Nós o faremos realizar inúmeros exercícios para consolidar essa aquisição antes de passar para a construção do perímetro do retângulo e chegar em duas vezes o comprimento mais duas vezes a largura (2L + 2l = perímetro).

Uma noção antecede a outra, é por isso que convém proceder progressivamente. Essa lentidão é necessária, pois se tem com isso a garantia do rigor do raciocínio que se aprende pelo exercício.

A passagem do perímetro para a superfície apresenta um grau de dificuldade para M., que tem muita dificuldade em superá-la. Começamos, como fizemos anteriormente, pelo quadrado e pedimos para traçar um de 10 cm de lado. Em seguida, solicitamos para que coloque um pequeno ponto, a fim de seguir a numeração do metro de 1 em 1 até 10 em um lado, depois em seu oposto. Ele deve traçar as linhas que se unem no ponto oposto. Obtemos, assim, uma série de 10 retângulos no interior do grande quadrado. Fazemos com que calcule o perímetro de um desses retângulos. "É 10 duas vezes, mais 1 duas vezes. – Escreve isso. – (2 x 10) + (2 x 1) = 20 + 2 = 22 cm. – Muito bem. E o perímetro do grande quadrado? – 4 x 10 = 40 cm. – Muito bem."

Pedimos para que defina a superfície. Como ele não sabe bem como fazer (não estando provavelmente essa noção clara para ele), fornecemos a informação. A superfície é todo o espaço delimitado pelo perímetro. Apresentamos um quadrado de plástico e fazemos ele passar a mão sobre a superfície. Mesma coisa com outras formas de mesmo material. Assim, a superfície na folha de papel se torna o interior do grande quadrado. A superfície dos retângulos que se traçou há pouco é esfregada com o dedo, etc.

Agora, pedimos para marcar um ponto nos dois outros lados e unir os opostos. Obtemos um conjunto de pequenos quadrados no interior do grande. "Quantos pequenos quadrados existem? (Ele conta um por um por coluna). – Dá 100. – 100 o quê? – Pequenos quadrados. (Há crianças que por muito tempo ainda, embora tenham a estrutura da multiplicação, só conseguem proceder por adição: força da assimilação!?). E quantos centímetros tem cada lado de cada quadrado? – 1 cm. – Quantos centímetros para cada lado do grande quadrado? – 10 – Então o que você pode dizer sobre os quadrados? – Bem, há 100 quadrados. – E em cm? – 100 também. – Então 100 é o quê? – É a superfície. – É a superfície ou é o número de pequenos quadrados? – O número de pequenos quadrados e a superfície, é a mesma coisa. – Bom, até aí tudo bem. Como você obteve 100? – Eu contei. – Como? – Bem, eu tenho 10 cm desse lado, isso dá 10 lados de pequenos quadrados no lado esquerdo e 10 no lado de cima. – Pois bem, se você considera os quadrados do lado esquerdo (a gente os 'sombria'), isso é como uma coluna de quadrados. Quanto você tem de colunas? – 10 – Se você só conta as colunas, quantas vezes você conta 10? – 10 vezes. – E 10 vezes 10 dá? – 100. – O que é essa operação então? – É uma multiplicação. – Olhe bem agora. Para ter 100, você multiplicou os 10 quadrados de cada coluna pelo número de colunas. – Sim. – Aqui, do lado esquerdo, há 10 quadrados? – Sim. – E aqui, do lado superior? – 10. – Quando você multiplica 10 por 10, o que você está multiplicando? – Eu multiplico... bem!... eu multiplico... um lado por um lado, este por aquele (ele mostra). – E isso te dá? – A superfície. – Então para calcular a superfície do quadrado como você faz? – Multiplico um lado por outro (abstração refletida)".

Trabalhamos, em nosso exemplo, em uma figura na qual o número de cubos que a compõe e a superfície dão o mesmo número. O que é um caso particular. E como somos nós que optamos por esse caso unicamente, poderíamos deixar crer que o número de quadrados e o número que representa a superfície são a mesma coisa. Cabe a nós agora levá-lo a descobrir que o número de quadrados e o de centímetros são, em todos os outros casos, diferentes e que não se conta a mesma coisa. Para isso, definimos pequenos quadrados inscritos de 2 cm de lado.

Ao conservar o quadrado de 10 cm de lado, propomos então traçar em seu interior quadrados de 2 cm de lado. "Quanto teremos de quadrados? – 50. – Como você sabe? – Bem, com quadrados de 1 cm, tenho 100. Com 2 é o dobro, então terá menos quadrados. Menos da metade. – Por que não? E a superfície? – A superfície é... ele conta 5 quadrados de 2 cm. Dá 10, como vimos há pouco, pois a medida do lado não mudou. Então 5 x 2 = 10 e ao todo 10 x 10 = 100. – Sim. – 100 é a superfície. Mas há o mesmo número de quadrados? – Hmm... 50? – Você vai colorir em seu tabuleiro de damas quadrados de 2 cm de lado." Ele colore e descobre que só tem 25 e não 50. Levamos a experiência até 5 cm de lado. Dessa vez, não mais do que 4. E a superfície não mudou, pois trabalhamos com o grande quadrado de 10 cm de lado.

Durante o trabalho, claro, expressamos a superfície em questão em cm^2, já que a superfície multiplica duas dimensões. Os cm^3 vieram depois, com todas as extensões às diferentes unidades de medida do sistema métrico. Mas foram precisos vários meses para M. conseguir dominar as operações envolvidas nessas diferentes construções.

M. descobre um pouco mais tarde que procedeu à multiplicação de duas dimensões, ao passo que, para o perímetro, só se trabalhava com uma dimensão. Da linha à superfície, passa-se, então, de uma a duas dimensões. É por isso que se fala de cm^2. Aproveitamos para dizer: "Toda vez que se calcula uma superfície, expressa-se o resultado em cm^2, ou em m^2, ou em km^2, etc. Tem-se sempre duas dimensões quando se tem uma superfície." Mas isso não poderia ser suficiente, trabalhamos depois para que essa abstração refletida fosse o efeito de sua reflexão. A medida dos cubos (volumes retilíneos) permitirá assentar os cm^2 pelo uso dos cm^3. Porém, mais adiante. Além disso, M. descobrirá que a linha não tem nenhuma existência material e, por extensão, nem o perímetro, nem a superfície. Perímetro e superfície só exprimem limites, mas, enquanto tais, só existem no pensamento. Só existem volumes. Aqueles da geometria são concebidos pelo pensamento do qual são o produto.

O sábio epistemologista Jean Piaget escrevia já em 1928: "... do ponto de vista pedagógico (...) a ordem de sucessões é mais importante do que a idade absoluta. Saber em que idade aparece uma noção, certamente é útil. Mas conhecer o processo pelo qual essa noção se forma, é melhor. E quando a escola consegue usar esse processo, ela acelera a evolução intelectual, o que mostra claramente que a idade absoluta não tem nenhum interesse"[12].

De nossa parte, enfatizaremos que o processo pode ser mais ou menos rápido em certas crianças. É por isso que é importante observar bem cada uma delas e se adaptar às qualidades que elas revelam, sem forçar nada. Adaptar-se às particularidades de cada uma, esta deve ser a regra.

Alexandre tem 3 anos. Ele frequenta uma escola maternal em Paris há dois meses. Ele apresenta um interesse marcante pelos números e pelas letras. Então busca a letra correspondente ao som que ouviu e brinca desenhando-a. As pessoas que o cercam incentivam essa atitude. Por exemplo, partindo de seu nome, que ele quer escrever, ele identifica letras. A especialmente. "A é como Alexandre. Tem A no meu nome". Ele localiza a letra A nos letreiros na rua, nos pôsteres. Mas somente o A conhecido. O que basta em seu nível. Para pegar o ônibus, ele notou os números que indicam a linha. "É o zero e o quatro", diz, por exemplo. Percebemos que, se identificou os números e os guardou, ele os lê ao contrário. Zero e quatro é, na verdade, 40. Do ponto de vista epistemológico, pouco importa que sua leitura seja correta ou não; ela talvez revele que essa inversão mostra o fato de que ele é canhoto (?) e que lê da direita para a esquerda. Espontaneamente. É interessante notar igualmente que sua leitura é feita "soletrando", digamos assim, os algarismos. Quatro e zero, para um adulto, é 40. Para ele, é zero e quatro. Isso lhe basta para identificar o ônibus que deve tomar e permite algumas identificações nos elementos de seu meio.

O procedimento de identificação/diferenciação do quatro e do zero procede da exclusão do que não é nem o quatro nem o zero e da afirmação da identidade de um e do outro. Quatro é quatro à exceção de todos os outros algarismos. A mesma coisa acontece com a letra A de ALEXANDRE. "E a outra letra depois do A? – É L. Você ouve L quando você diz Alexandre. Presta atenção. (Ele ouve). – Como se faz o L?" (As pessoas que o atendem mostram. E ele reproduz L). Como escrevemos, a título de modelo, seu nome em letras maiúsculas, ele nota que há mais um A após o X e que seu nome comporta dois A. Por enquanto, ele não segue adiante. E isso é suficiente. Um dia, ele quer me escrever porque sua avó me deixa uma mensagem na internet. Ele localiza a letra A e o L e me agradece com uma sequência de A e/ou de L, conforme a força de pressão de seu dedo no teclado. Aos poucos, nascerá, dessa forma, a consciência de que as letras são símbolos que servem para escrever o que se diz e para se comunicar com alguém deixando uma mensagem.

Alexandre possui livros com animais cujo nome está escrito em cada imagem ou fotografia (é conforme...). Ele conhece o nome desses animais e manifesta seu medo dos crocodilos e, há pouco tempo, dos tubarões (devido, sem dúvida a seus dentes). A associação dos nomes dos animais e dos nomes que os designam ainda não é feita. Mas, de tempos em tempos, ele isola uma letra que conhece e pronuncia a palavra. Sem ler, claro. Veremos como evolui essa disposição.

Ainda não sabemos muito bem qual é o percurso esperado da aprendizagem da leitura e da escrita, apesar de inúmeras observações e de experiências realizadas. O importante é acompanhar a criança dirigindo-a a partir do ponto em que se encontra. Ler muito cedo não interessa, uma vez que isso quer dizer ler por ler. Mas ler para saber do que se trata e descobrir o sentido é outra coisa. A partir do momento em que a criança perguntar: "Como se escreve crocodilo?", por exemplo, pode-se lhe permitir diferenciar/identificar as letras que compõem essa palavra, mostrar-lhe como elas se formam, como elas se reúnem. E se deverá seguir bem a ordem de seu surgimento na palavra uma após a outra, mas não todas ao mesmo tempo.

Para aprender a escrever, é preciso escrever, é totalmente evidente. Mas como escrever implica ler, é preciso, ao mesmo tempo em que se aprende a escrever, aprender a ler.

Caso se trate de copiar e de reconhecer palavras apresentadas como configurações, formaremos papagaios que nunca saberão nem ler, nem escrever. Por quê? Simplesmente porque a escrita, assim como a leitura – e como toda disciplina ensinada – consiste em criação e recriação. Com efeito, para escrever, deve-se produzir estados de escrita por transformações sucessivas coordenadas pelo sentido que se dá às letras que compõem as palavras e as palavras, as frases.

A transformação é a explicação e, portanto, a reconstrução no plano mental do que foi realizado no papel. Cada estado de escrita tem sua justificação. Primeiramente, a letra que compõe a palavra. Como se faz um a? O gráfico é um traçado sensório-motor que supõe uma diferenciação/identificação: "a" não é "p", etc. (Afirmação do princípio de identidade). Daí as comparações tanto do que é igual quanto do que não é entre uma letra e outra, entre uma palavra e outra. Mas, antes, o que se faz "igual" e "não igual" para traçar uma letra. A busca das semelhanças e das diferenças favorece a identificação das letras tanto quanto das palavras. O sentido justifica a ordem das palavras e das frases, etc. Construir a escrita é criar os meios de justificar todos os seus componentes, de explicar o que se fez e porquê*. Em

---

* N de R.: Estamos aqui no domínio do que, em psicologia cognitiva, se aproxima do conceito de desenvolvimento metalinguístico.

todos os níveis da escrita e da leitura, isto é, do traçado de uma letra à combinação das palavras.

Evidentemente, não pretendemos resolver todos os problemas que se encontram na aquisição dos saberes, depois na construção dos conhecimentos. Apenas mostramos os princípios do que poderia transformar a pedagogia em uma ciência. Cabe aos pedagogos fazer o resto, transformando-se em observadores e em experimentadores. Cabe também à pesquisa científica, com a colaboração deles, engajar-se nessa via.

Depois de muitas sessões dedicadas ao trabalho com as estruturas espaciais e com a multiplicação feitas com M., descobrimos, por um lado, que ele era o primeiro em geometria em sua turma e, por outro, o último em cálculo. Nesse meio tempo, conseguimos notar discretamente que o estabelecimento de uma multiplicidade de elementos estruturo-funcionais tinha se realizado. Ele conseguia construir com pequenos cubos, em uma superfície menor, um volume equivalente a um volume modelo. A compensação da perda em superfície de base pelo aumento da altura, o cálculo do número de cubos necessários antes de empreender o aumento do volume solicitado, o número de andares (na ficção da construção de um prédio), a consideração das transformações necessárias para obter o resultado esperado, a antecipação e a avaliação quantitativa da diferença de altura, etc., tudo isso apareceu espontaneamente. Em outras palavras, um trabalho em profundidade e uma coordenação de múltiplas estruturas e subestruturas se operaram de uma forma discreta. A questão então é saber agora por que o que ele pode desenvolver na resolução de problemas de ordem geométrica se mostra sem efeito no plano do cálculo?

Propusemos resolver o seguinte problema: uma mãe de família ganha na loteria. Ela decide dividir os 5/7 do valor entre seus quatro filhos. Depois que ela divide, restam R$ 1.780,00. As questões são então as seguintes: quanto ela ganhou ao todo, e qual é a parte de cada um dos filhos?

M. se mostra inteiramente desarmado diante desse problema. Visivelmente nada faz sentido para ele. Tudo parece se misturar. Ele tenta uma operação, mas completamente desconectada, consistindo em multiplicar 5/7 por 4, por que há quatro filhos. Nós lhe perguntamos por que, o que lhe deixa mudo.

Os 5/7 o incomodam, os R$ 1.780,00 da mãe e os 4 filhos são todos números sem nenhuma significação, mas que têm, em sua intuição, uma relação entre si. Como fazer para vinculá-los? É isso que para ele é insolúvel.

M. fica sob a dominância figurativa quanto ao que se refere a esse problema. Ele não sabe pensar sobre as transformações. Seria preciso um suporte perceptivo para chegar ao pensamento. Ora, por um lado, não sendo vistas as transformações mentais, e, por outro, os elementos do problema – ou seja, 4, 5/7 e 1.780 – não fazendo sentido, nada é concreto.

O trabalho realizado até o momento consistia em organizar elementos perceptíveis. As abstrações reflexionantes e refletidas que foram manifestadas ali, no entanto, procediam, ainda, de seu suporte, ao qual era sempre possível fazer referência. Esse suporte visível e perceptível desapareceu. Em um certo sentido, ele pode atualmente ser de uma outra natureza. Mas como nenhum dos dados tem sentido enquanto tal e como a copresença de todos reunidos não fazem mais sentido, isso não corresponde a nenhuma experiência visual anterior à qual vincular sua percepção atual. Aqui, além disso, o domínio do problema repousa essencialmente nas transformações necessárias. Somos levados a favorecer a dominância operativa.

Uma tentativa, nesse sentido, consistiu em relacionar o todo e as partes por meio da seguinte apresentação, para, dando uma base perceptiva ao raciocínio, favorecer as transformações necessárias.

Traçamos um quadro comportando sete compartimentos iguais.

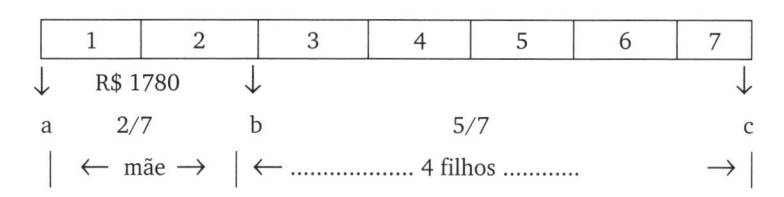

1	2	3	4	5	6	7
↓	R$ 1780	↓				↓
a	2/7	b		5/7		c
	← mãe →		← .... 4 filhos			→

Explicamos que o quadro expressa a soma total, ou seja, 7/7. Cada casa, de 1 a 7 representa 1/7, correspondendo o todo a 7/7. A mãe (entre a e b) equivale a 2/7, ou seja, R$ 1.780,00. Os quatro filhos estão entre b e c. Visivelmente, eles correspondem aos 5/7 do total.

Todas as condições estão assim, segundo nossa lógica de adulto, reunidas para tornar possível a solução do problema. Esse dispositivo – devemos ressaltar – estabelecemos com M., que, logo depois, nos explica. Mas M. está de tal forma confuso que não consegue dizer que, se a mãe possui R$ 1.780,00 que são os 2/7, dividindo 1.780 por 2, ter-se-á o valor de 1/7 e, depois, multiplicando por sete, o valor do todo será conhecido e a parte total das crianças subtraindo aquela da mãe, e a de cada um, dividindo sua parte total por quatro.

Esse problema, simples em aparência e relativamente fácil de resolver, não está, no entanto, ao alcance de M., que não consegue formular a hipótese mais elementar e encadear, de forma dedutiva, seus raciocínios.

Esta é, de fato, uma situação problemática, tipicamente bloqueadora, que obriga o professor ou o psicopedagogo a se adaptar para constituir as condições de sua superação. Adaptar-se significa aceitar a criança tal como ela se apresenta em sua incapacidade atual que, é preciso dizer, não tem nada de definitivo. Mas como realizar essa tarefa? Não existe solução pronta, deve-se permitir à criança construí-la. Ninguém contestará a dificuldade da tarefa, mas cabe ao pedagogo se ater a ela. A pesquisa começou.

Antes de começar uma intervenção, levamos em conta os seguintes fatos: a soma possuída pela mãe e que representa os 2/7 não tem sentido devido a essa fração mesma, correspondendo os quatro filhos aos 5/7, eles não têm mais significação, e, sobretudo, esses números fracionários correlatos com números inteiros embaralham tudo. Deve-se aceitar M. tal como ele é e propor situações que, partindo de um suporte "concreto" ou imagético, o levarão progressivamente, e por generalizações sucessivas, a conteúdos abstratos. Ele tem todas as estruturas operatórias concretas e a reversibilidade lógica, mas elas ainda não dominam tais conteúdos. É preciso torná-lo capaz de chegar aí progressivamente para que possa, em seguida, a partir desses conteúdos, construir estruturas do pensamento capazes de estabelecer as relações necessárias entre todos esses elementos.

Consequentemente, com base em um esquema comparável a este, podemos considerar a constituição de figuras retangulares, quadradas, triangulares, de qualquer tipo, para serem divididas em partes iguais (em 4, 5..., 8, 12, 15, 20, etc.), considerando que cada uma é o 1/4, os 3/5, os 7/12, os 17/20, etc., e brincar com esse tipo de relação até que seja admitida a relação fracionária da parte ao todo, que seja atribuído um valor a uma parte desse todo para encontrar tanto o todo quanto o valor de cada parte, segundo o princípio do problema exposto anteriormente, favorecer assim os seguintes cálculos: Todo = soma das partes iguais ou desiguais entre si, Parte maior = Todo menos a outra parte, Parte menor = Todo menos a parte maior. Evidentemente, tudo é possível: distinguir colorindo cada uma das partes. Colorir apenas a menor. De qualquer modo, permitir a passagem da parte ao todo e favorecer a expressão da relação das partes ao todo e de uma parte ao todo. Como o suporte é figurativo nesse sentido que é constituído por figuras geométricas, sempre é possível favorecer a identificação da maior ou da menor pela cor.

A partir daí é possível passar para a adição e para a subtração de frações com mesmo denominador, já que é com esses elementos que trabalhamos. Quanto ao resto, veremos mais tarde.

Quando essas operações forem dominadas, será possível proceder com elementos um pouco mais abstratos, como números ou quantidades do gênero número de fichas, por exemplo. Será solicitado, assim, o funcionamento das classes de tal modo que se tenha:

Classe: número total de botões ou de fichas

Subclasses: subclasse a   +   subclasse b
          (N de vermelhas)   (N de amarelas)

Conforme a seguinte arborescência:

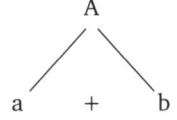

$$\begin{array}{c} A \\ / \ \backslash \\ a \quad + \quad b \end{array}$$

As relações partes/todo se expressam assim:

A = a + b
a = A − b   ou a > b; ou a = b; ou a < b
b = A − a

Há, por exemplo, 3 fichas verdes e 8 fichas azuis: A = 11 fichas, ou seja, 11/11; a = 3 ou 3/11 e b = 8/11.

Pode-se atribuir um valor monetário a "a" ou a "b" e perguntar qual é o valor de A, aquele de cada um dos elementos de *a* e de *b*. O que valem 3/11, o que valem 8/11?, etc. Enfim, todas as possibilidades se oferecem ao pesquisador, contanto que ele acompanhe conduzindo e conduza acompanhando seu aluno.

Mas é essa passagem que, no fundo, permite construir a matemática e a passagem da geometria ou do espaço à aritmética. E inversamente. Com os elementos de diagnóstico (figuratividade, dificuldades em dominar os conteúdos "abstratos", etc.) dos quais dispomos e as perspectivas que se desenham, estamos conseguindo levar a experiência com M. que, definitivamente, será o único a confirmar ou não nossas hipóteses.

Desde já constatamos que ele era incapaz de encontrar o valor de 1/7 a partir da soma atribuída à mãe. Ele ainda não sabe que 2/7 são o dobro de 1/7. Ele pensa em dividir 1.780 por 1. Deixamos fazer. Ele descobre que isso dá a mesma soma, o que o faz rir. O que o perturba é que 5/7, a parte dos filhos, deve ser dividida entre quatro filhos. Seria melhor, diz ele, se fosse 4 (4/7). Porque há aí um conflito entre os números inteiros e os números fracionários. Além disso, ele não vê como dividir 5/7 por 4.

Ao passo que, se soubesse o valor de 1/7, teria muito rapidamente aquele do todo (7/7) e das partes (cada uma dos 4 filhos). O bloqueio diante do problema se generaliza e o leva a dizer qualquer coisa. Pedimos então para pegar sete quadrados, dos quais dois de cor vermelha (será a mãe) e cinco de cor azul (serão os filhos). Ele dispõe tudo em linha. Percebendo que há cinco para representar os quatro filhos, ele acha ainda que seria melhor se fosse quatro. Sim, mas explicamos que é assim mesmo que isso se chama 'o todo = 7/7' e 'as partes: 2/7 e 5/7'. Essa informação lhe diz algo repentinamente. Então pedimos para que designe com o dedo os quatro filhos: ele nos mostra os cinco quadrados azuis. O conflito entre quatro e cinco permanece, porém. Escrevemos, o que lhe parece absurdo: 5/7 = 4 filhos. Para ele, que só observa cinco e quatro, isso é contraditório.

Estamos no momento em que redigimos o final deste capítulo. Pensamos em desenvolver o cálculo fracionário favorecendo as adições e as subtrações de frações, vincular os números inteiros aos números fracionários, etc. Mas o interesse por esse exemplo é que ele nos coloca diante de um muro constituído pela incompreensão global dessa criança e o bloqueio cognitivo que se segue a isso. A dificuldade para o adulto é aceitar essa incompreensão e tentar uma via de abordagem que permitiria uma primeira ancoragem no problema, colocando-a no caminho para a resolução. Essa é uma dificuldade bastante comum, é preciso admitir, em pedagogia. Porém, não estamos aqui não apenas para tentar compreender, mas também para permitir à criança resolver suas dificuldades? Resolvê-las supõe que seja colocada na via para que faça ela mesma, ou seja, em condições que tenha de inventar essa solução. Concordamos que não é fácil. Mas é assim mesmo. De qualquer maneira, a acompanharemos sempre com outros projetos para os quais ela terá nos dado a ideia e a oportunidade.

A partir da experiência já adquirida, é possível desde já, no quadro universitário, formar especialistas em psicopedagogia cognitiva, capazes de realizar um diagnóstico preciso do desenvolvimento cognitivo e de empreender, com base nesse diagnóstico, uma intervenção remediativa apropriada. Já que esta deve sempre reinventar as situações solicitantes capazes de permitir ao sujeito organizar seus conteúdos construindo as estruturas adequadas, pensamos poder penetrar no campo da pesquisa e, no mínimo, iniciar essas pessoas no campo da psicopedagogia.

Como em qualquer ciência, para fundar uma tal psicopedagogia, devemos começar pelo começo, isto é, pelo que nos parece mais simples – o que não quer dizer mais fácil – para depois subirmos, como por degraus, até o mais complexo, como dizia Descartes. Para tanto, e por razões que têm muito a ver com a necessidade de construir o futuro das crianças das escolas, pensamos que é preferível iniciar com os mais jovens, a fim de facilitar seu desenvolvimento da maneira mais harmoniosa possível.

De um modo geral, deveríamos considerar dois eixos de formação, de atividade e de pesquisa.

O primeiro diz respeito aos sujeitos que, normalmente os pais, quando podem, os levam a consultar um psicólogo, e que, não importando a origem ou a idade, com todas as formas possíveis de distúrbios da atividade de conhecimento que se vê, precisam de uma ajuda individual apropriada. Evidentemente, trata-se de estender ao conjunto das crianças que apresentam dificuldades relevantes um tipo de intervenção psicopedagógica que poderia ser exercida em consultório e na escola. Nesse caso, a função de psicólogo escolar ganharia todo seu sentido pleno e singularmente mais pertinente do que aquele que lhe é atribuído atualmente.

O segundo é educativo no sentido em que, a partir do momento em que fosse identificado tudo o que se anuncia como sendo capaz de provocar insuficiências estruturo-funcionais responsáveis por dificuldades de aprendizagem posteriores ou capazes de aparecer mais tarde e dos quais terão de se encarregar os reeducadores ou os psicopedagogos de qualquer linha, a pedagogia ou os educadores ou professores, como quer que se queira, teriam como tarefa organizar seu ensino adequando os conteúdos às capacidades reais das crianças a fim de favorecer não somente o desenvolvimento das estruturas de sua atividade de conhecimento, mas de sua capacidade de criá-las.

Vemos que, por um lado, é importante dar soluções adequadas ao estado do sujeito no quadro de um tratamento individual adequado a seu caso e que, além das solicitações da escola, contaria com aquelas que o dizem respeito mais diretamente.

Por outro lado, descobrimos que perspectivas profiláticas escolares se abrem no sentido em que, estando atenta aos progressos estruturo--funcionais dos alunos, a pedagogia faria tudo o que está a seu alcance para favorecer tanto sua construção quanto seu desenvolvimento.

Parece que os professores deveriam ter um bom conhecimento da gênese das estruturas da atividade, o que lhes permitiria não somente ficar atentos à maneira como as crianças das quais se encarregam entram em relação com os conteúdos da matéria escolar, mas também ser capazes de ler e de interpretar a significação do diagnóstico cognitivo do nível atingido e dos elementos de observação das modalidades funcionais que elas apresentam. E, como sua preocupação seria a de adequar os conteúdos às capacidades atuais de seus alunos para favorecer o aparecimento de estruturas (formas) novas mais potentes, respeitando-se a gênese, eles assumiriam seu papel de pesquisadores curiosos por seus alunos, por seu desenvolvimento e por seu bem-estar. Pesquisadores em dois sentidos, diga-se de passagem: pela observação das condutas cognitivas das crianças, eles poderiam, com efeito, estimular o aparecimento das modalidades de tratamento cognitivo genéticas dos quais ainda não temos ideia, aprofundando, ao mesmo tempo, aquelas que conhecemos atualmente; eles poderiam, em segundo lugar, contribuir para a invenção de situações pedagógicas que favoreçam o funcionamento das competências adquiridas, ampliando o campo das atividades pela abertura a uma multiplicidade de conteúdos, como tivemos a intuição por meio das diferentes situações já descritas.

Trata-se de inventar ou de criar alunos curiosos com professores, curiosos e observadores, construtores dos conhecimentos, sem limites atribuídos *a priori*. Sendo sua missão permitir às crianças ir tão longe quanto suas capacidades o permitirem, criar e recriar conhecimentos de níveis de complexidade cada vez mais altos.

Não há limites à curiosidade e, desse modo, ao conhecimento.

Quais as consequências das reflexões que acabamos de fazer?

Primeiramente, repetimos, iniciar de forma aprofundada os professores em epistemologia genética, ao método de questionamento que ela propõe e colocá-los, durante o período de sua formação, em situações que devam participar de pesquisas e acompanhar uma que os envolva e os qualifique pessoalmente na área da psicopedagogia. Se a tarefa da escola é permitir às crianças adquirir as competências responsáveis pela aquisição dos conhecimentos, trata-se de colocá-las em situações solicitantes que correspondam exatamente àquelas das quais dispõem no momento em que são solicitadas. Lembremos que é funcionando que as crianças criam as estruturas que lhes permitem aprender. Desse modo, para favorecer esse funcionamento, os conteúdos que lhes propomos devem ser adequados a seu nível estruturo-funcional e suficientemente desequilibrantes para permitir as reequilibrações necessárias ou, em outros termos, a construção das estruturas adequadas aos conteúdos novos propostos. O conhecimento sobre a criança, tanto teórico (a epistemologia genética) quanto prático (a observação de seu funcionamento e a capacidade de ler e compreender o diagnóstico cognitivo fornecido pelo psicopedagogo), é condição prévia. Mas provocar o funcionamento estruturante adequado supõe saber proporcionar os conteúdos às capacidades adaptativas exatas do sujeito no momento oportuno. A pesquisa se impõe, portanto, mais uma vez, não somente como uma necessidade geral destinada a adaptar os conteúdos aos níveis estruturo-funcionais teóricos das crianças, mas como uma necessidade da prática da pedagogia, uma vez que se trata de construir progressões pedagógicas que sejam, não somente apropriadas aos diversos níveis estruturo-funcionais que elas apresentam, mas colocá-las em situação de criar os conhecimentos por meio do funcionamento de suas estruturas.

A perspectiva aberta por essas exigências revela que é urgente:
1º formar psicopedagogos cognitivistas clínicos
– no diagnóstico;
– na intervenção remediativa;
– na pesquisa psicopedagógica;
2º formar professores em epistemologia genética e em psicologia genética, por um lado, e em pesquisa pedagógica, por outro.

Essa formação, tanto dos professores quanto dos psicopedagogos, só pode ser comum quanto à epistemologia genética e à pesquisa pedagógica. Ela deve divergir a partir do momento em que se tratar de diagnóstico clínico das estruturas da atividade da remediação e da pesquisa em função da especificidade de cada um.

Os psicopedagogos deveriam receber sua formação no contexto de uma clínica universitária ligada a centros de formação em educação, a exemplo dos médicos que seguem sua iniciação à teoria e à prática da medicina no hospital.

Os professores, já que precisam se formar na teoria e na prática da epistemologia genética, deveriam poder assistir, por meio de um circuito fechado de televisão à administração das provas de diagnóstico e às sessões de solicitações remediativas para adquirir a sensibilidade suficiente em apreender a particularidade funcional de cada um e as dificuldades encontradas para estruturar os conteúdos apresentados. Mas também, a presença, em situação clínica, junto a psicopedagogos desenvolveria nos professores uma sensibilidade clínica para o uso do método de questionamento, o que contribui para melhorar a situação educativa *in situ*, isto é, em sala de aula. A prática clínica e a prática da pesquisa enfocam, de qualquer modo, o sujeito que está estruturando os conteúdos que lhe são oferecidos, no que ela desenvolve o senso da observação e da leitura do que se produz, contribuindo para elaborar uma pedagogia da pesquisa no professor e no aluno.

Em suma, a pesquisa pode ser, por um lado, coletiva, aquela das progressões apropriadas, válidas para todos, mas criativas, criadas pelo aluno e para ele, de conhecimentos cada vez mais amplos e sem limites fixados *a priori* por "programas" restritos. Por outro lado, relacionada com a anterior e reciprocamente, a pesquisa pode ser individual, pois personalizada, necessária para os casos de retardo, de lentidão, de *déficits*, de deficiências diversas, etc.

A adaptação necessária do professor e dos conteúdos aos alunos tem como objetivo permitir com que estes desenvolvam suas aptidões para aprender pela solicitação constante das estruturas que permitem fazer isso. Desenvolvemos suas diversas modalidades em tudo o que antecede, seja neste capítulo ou nos anteriores que respondem e remetem uns aos outros. É construindo seus conhecimentos que o sujeito se constrói e... melhora. Mas é se construindo que ele aumenta seus conhecimentos e os amplia infinitamente. Muito cedo, a criança descobre que não há limites para o conhecimento. Daí provém sua abertura de espírito sinóptico. É claro que não se pode saber tudo, conhecer tudo, mas o percurso do conhecimento abre a mente para o infinito.

A educação considerada ou proposta, como gostaríamos, se apoia nos saberes, mas resulta *ipso facto* no conhecimento, uma vez que sua dinâmica das explicações pela consideração das transformações criadoras dos estados contribui para a superação da simples constatação e da evidência. As justificativas às quais ela leva solicitam o raciocínio em vez da crença.

A pedagogia do raciocínio contribui para fazer seres autônomos a quem não se poderá enganar. Um espírito que raciocina é um espírito livre e independente, pois pensa por si mesmo. A perspectiva não é tanto de educar, de sentir, quanto de raciocinar, para tudo, inclusive em relação a seus sentimentos. O que resulta em controlá-los.

Todos se convencerão disto: substituir a pedagogia da memória ou da repetição, a pedagogia do desempenho e do sucesso, a educação do raciocínio pela pedagogia do raciocínio é contribuir para o triunfo da hegemonia da razão e para libertar a humanidade do dogmatismo e do formalismo.

NOTAS

1 Seria possível dizer que há memória, simples registro sem compreensão, memória com compreensão e, por fim, memória com compreensão e capacidade de explicar e, com isso, de refazer, isto é, conhecimento. Este compreende toda a atividade transformadora da mente, ou seja, sua capacidade de estabelecer relações (mas não é mais memória). Assim, uma memória como simples registro não significa nada... porque não adquiriu sentido, é traumática.

2   Que se pense na impressão que causava a escrita egípcia antes de sua elaboração por Champollion a partir da Pedra de Roseta. É o que continua ocorrendo com a escrita dos incas, dos etruscos, em parte dos sumérios e com tantas outras, hoje tão misteriosas. O mesmo acontece com aquele que não lê nem escreve árabe, nem as escritas cirílica, grega, armênia, etc.
3   Pelos exames de imagem (médica ou outra), pode-se seguir o trajeto, no cérebro, de uma atividade mental (da leitura especialmente). Porém, as imagens obtidas não informam sobre o trabalho do pensamento, mas somente sobre o do cérebro, que é apenas o suporte.
4   E, no esquema epistemológico que é o seu, ou o estímulo-resposta, só vale a resposta. Claro, em pedagogia, a resposta correta. A melhor ilustração ou a melhor sistematização do esquema E → R é fornecida pelos trabalhos de Burrhus Skinner (1904-1990) sobre as pombas. As aplicações pedagógicas de seus trabalhos deram lugar às máquinas de ensinar e a múltiplas invenções, todas rapidamente abandonadas. Elas saíram rapidamente de moda. A moda, esse mal... em ciências. Lamentavelmente!
5   Rousseau já dizia na metade do século XVIII: "comece observando seus alunos, pois seguramente você não os conhece". *Emílio ou da educação*, capítulo I.
6   Cf. J. Piaget e B. Inhelder. *L'image mentale chez l'enfant*. PUF, 1966, e in: Fraisse e Piaget: *Traité de psychologie expérimentale*, vol. VII, L'intelligence, J. Piaget e B. Inhelder, capítulo XXIII, Les images mentales, p. VII 65-108.
    A transformação mental em si mesma não é representável; ela é transformação ou exercício das estruturas. Não se observa a transformação ou o exercício das estruturas. Não se observa a transformação ou a operação em si mesma, mas simplesmente seus efeitos. No entanto, o sujeito pode chegar à consciência daquela a partir destes. É por isso que o pensamento não é a memória.
7   Consulte para esse fim: J. Piaget, *O juízo moral na criança*, Summus, 1994.
8   De acordo com *Le nouveau Littré* (Garnier, Paris, 2005), dicionário de língua francesa, o multiplicador "é o número pelo qual se multiplica outro" e o multiplicando, "o número a ser multiplicado por outro".
8   J.J. Rousseau, em sua sabedoria, já dizia que era preciso saber perder tempo com seu aluno, para ganhar tempo.
10 Descartes não dizia que o espaço e o número são a mesma coisa?
11 A abstração pseudoempírica é uma abstração reflexionante.
12 Extraído da obra Psychopédagogie et mentalité enfantine de Jean Piaget, in: *Journal de psychologie normale et pathologique*, 1928, ano 25, p. 36.

Para concluir

Este livro não tinha a pretensão de trazer soluções aos problemas da pedagogia e, mais amplamente, da educação. Sua única ambição estava em uma tentativa de recuperar um trabalho com bases científicas. Se começamos a saber como nascem e como se desenvolvem nossos conhecimentos graças à epistemologia genética, a perspectiva aberta é aquela da apreensão dos fenômenos de adaptação da criança à(s) matéria(s) escolar(es) e do professor a seus alunos. Trata-se de tomá-los tal como são, nem mais nem menos, no momento em que nos encarregamos deles, o que supõe que saibamos de quais estruturas de aprendizagem eles dispõem e como elas funcionam. Em outras palavras, procede-se a um diagnóstico do desenvolvimento cognitivo antes de partir com eles para a aventura do conhecimento. Tendo consciência de que só se pode conduzi-los acompanhando-os e acompanhá-los conduzindo-os. Tarefa difícil esta, como todo professor sabe por experiência.

O ponto de vista científico que desenvolvemos oferece todas as certezas dessa ciência comprovada, que é a epistemologia genética, e, ao mesmo tempo, todas as incertezas dessa aventura apaixonante, mas cheia de surpresas, que é a educação das crianças. Mesmo sendo o diagnóstico indispensável para se colocar em seu nível e se adaptar a suas capacidades, ele não é suficiente, pois é preciso, acompanhando-as, saber observá-las para solicitá-las adequadamente a fim de colocá-las nas condições mais favoráveis para que possam adquirir, pelo funcionamento das estruturas das quais dispõem, aquelas que lhes vêm imediatamente depois em sua tentativa de domínio dos conteúdos que lhes são propostos. Construir-se construindo conteúdos escolares para criar os conhecimentos a partir dos saberes indispensáveis, mas insuficientes.

Saber, como dissemos, só favorece a memória, enquanto conhecer desenvolve o julgamento, o raciocínio, enfim, contribui para o amadurecimento da razão. Se nos contentamos com os estados do real, cultivamos a memória, mas aquela das coisas particulares e singulares, anedóticas mesmo, em certo sentido, pois, definitivamente, apoiamo-nos na percepção e/ou na evocação. Esse foco nos estados elimina todas as transformações que os justificam ou fornecem sua explicação e que constituem o conhecimento propriamente dito. Assim, conhecer é explicar. Mas não somente. Porque explicar é também ser capaz de refazer, de reconstruir, de inventar e de reinventar. Sem dúvida, antes de explicar, é preciso compreender. Mas essa ação da mente só se constrói realmente quando esta produz todas as transformações mentais e/ou materiais e as explicita em seu encadeamento lógico.

Favorecendo o desenvolvimento das estruturas, colocamos a criança em condições de criar outras e exercê-las em todos os conteúdos que se encontram no meio humano. Tendo bem claro que é a criança que aprende, ela que se adapta e que, nessa atividade, são as próprias estruturas que transformam o real e o constroem. Em outras palavras, as transformações que ela opera sobre o real vêm dela mesma e revelam, ao funcionar, as estruturas atuais que têm sua disposição. O conhecimento explicativo é, portanto, obra sua.

Se é assim como dizemos, permitir à criança construir e reconstruir os conhecimentos construindo a si mesma e reconstruindo a si mesma é favorecer sua autonomização, sua independência, sua liberdade de julgamento e de raciocínio. A pedagogia da adaptação concebida desse modo é aquela da autonomia imprescritível, da independência de espírito, do exercício da razão. Favorecer a explicação pela insistência nas transformações introduz uma modificação completa das relações pedagógicas que se fundam no respeito da criança pela aceitação do que ela é, sem julgamento de valor, especialmente depreciativo. A criança que descobre seu poder de explicação das coisas e a eficácia de seu raciocínio se sente valorizada e se desenvolve pela autoconfiança que adquire. Como, em situação de adaptação, ela se depara não somente com adultos, mas com condiscípulos, ela adquire essa socialização a respeito da qual ainda são inúmeros aqueles que dizem que ela é negligenciada nos trabalhos da epistemologia genética. Grave erro, pois a socialização se realiza em dois níveis: primeiramente, nas condutas, em que, ao visitar o outro, a criança se depara, se confronta com os desejos, com as vontades, com os comportamentos, com as fantasias de todos de seu meio, tanto familiar quanto escolar. Os sentimentos pessoais e sociais se desenvolvem depois das emoções. De qualquer modo, cada um aprende a se comportar em relação a todos os familiares. Vemos "choque dos egocentrismos"; vemos aparecer também o altruísmo sob múltiplas formas parciais. Mas se trata de "coações" ou, em nosso vocabulário, de socialização das condutas. Mais tarde, a socialização é aquela do pensamento que nasce, como não se sabe muito, no quadro das condutas interativas com todos os outros e que se funda no desenvolvimento da cooperação. A cooperação moraliza as condutas e as atitudes intelectuais. Ela se baseia na aceitação do outro em suas diferenças e, portanto, no respeito. O que se respeita pode ser também o que se ama ou estima. De todo modo, o que só se pode tratar como igual. A cooperação que repousa nas trocas só é possível se o pensamento funcionar conforme a reversibilidade lógica. Em resumo, a socialização em seus aspectos mais desenvolvidos é aquela do pensamento que regula as relações sociais na igualdade e no respeito da liberdade do outro, de suas diferenças, etc.

A pedagogia da interação é educativa no sentido em que ela desenvolve, no contexto social, uma autêntica moral de respeito, de tolerância e de abertura ao mundo e aos outros. A pedagogia do raciocínio emancipa porque libera... da crença, dos preconceitos, da evidência...

De todo modo e em qualquer circunstância, alguns princípios parecem ter de ser adquiridos por toda pessoa de boa vontade.

Em toda mudança, há o que muda e o que não muda.

Todo estado do real é produzido por uma transformação que o explica.

As transformações produzidas pelo homem são físicas, mentais ou ambas, ao mesmo tempo.

O saber é sempre particular, o conhecimento geral e/ou universal.

Conhecer é poder explicar e refazer.

O conhecimento é, em todos os casos, uma invenção, uma criação ou uma reinvenção.

O conhecimento é obra humana.

O conhecimento nasce da explicação.

A pedagogia, como a ciência, é uma aventura. Elas dependem de nós. Então, como dizem os marinheiros, bons ventos!

Referências

Não podemos fornecer uma bibliografia mais abundante, tendo em vista a multiplicidade de obras relativas à pedagogia publicadas durante os últimos 50 anos. Aquelas que figuram aqui dizem respeito mais direta ou indiretamente ao conteúdo desta obra, seja pela inspiração, seja pelo conteúdo, seja pela abertura que propõem tanto do ponto de vista epistemológico quanto "científico". Entre estas, algumas se inscrevem em uma perspectiva oposta, mas, como são, atualmente, muito estimadas, nós as citamos. Sem que isso constitua uma adesão, devido à epistemologia na qual se fundamentam.

Remetemos, quanto à história, aos pais fundadores da pedagogia moderna, a alguns didáticos que mais ou menos nos inspiraram e com quem pudemos, em um momento ou outro, ter contato, a alguns psicólogos cujas pesquisas estão em mais ou menos sintonia, nesse caso também, com as ideias que desenvolvemos.

Finalmente, tendo sido o norte que adotamos pouco desenvolvido, silenciaremos sobre as tentativas nesse sentido, a fim de não sobrecarregar inutilmente essa bibliografia.

Bouvier, Alain. (sous la direction de...) *Didactique des mathématiques, le dire et le faire*. Cedic/Nathan, 1986.
Büchel, F.-P. (sous la direction de...) *Textes de base en pédagogie. L'éducation cognitive. Le développement de la capacitê d'apprentissage et son évaluation*. Delachaux et Niestié. 1995.
Builinger, André. *Le développement sensori-moteur de l 'enfant et sés avatars*. Eres, 2005.
Chalon-Blanc, Annie. *Introduction à Jean Piaget Savoir et formation*, L'harmattan, 1997.
Charpak Georges et Bloch Henri. *Devenez sorciers, devenez savants*. Paris, Odile Jacob, 2002. *La pédagogie de la main à la patê*, cf. site intemet de 1'IPN.
Charpak, Georges. *Mémoires d'un déraciné, physicien, citoyen du monde*. Odile Jacob, 2008.

Charpak Georges et Omnes Roland. *Soyez savants, devenez prophètes*. Paris, Odile Jacob, 2004.
Cousinet, Roger. *Une méthode de travail libre par groupe*. Paris, Ed du Cerf, 1945, 3° ed. 1967.
Cousinet, Roger. *La vie sociale des enfants, essai de sociologie enfantine*. Paris, Ed. du Scarabée, 1950.
Croisile Bemard. (sous la direction de...) *Votre mémoire. Bien la connaïtre, mieux s'en servir*. Larousse, 2004.
De Gennes, Pierre-Gilles et Dadoz Jacques. *Les objetsfragiles*. Paris, Pion, 1994.
Dehaene Stanislas. *Les neurones de la lecture*. Préface de Jean-Pierre Changeux. Odile Jacob. 2007.
Dewey, John. *Mon credo pédagogique*. Trad. Oui Tsui Chen, Paris, Vrin, 1931. rééd. 1958.
Dewey, John. *Comment nouspensons*. Trad. O. Decroly, Paris, Flammarion, 1925.
Dewey, John. *Les écoles de demain*. Trad. R. DUTHIL, Paris Flammarion, 1931.
Dewey, John. *Démocratie et éducation*. Trad. G. Deledalle Paris, A. Colin 1990. *Expérience et éducation*. Trad. M.-A. Carroi. Paris, Bourrelier. 1947. *Liberte et culture*. Trad. P.Messiaen, Paris, Aubier, 1955.
Doise, Willem. *L'articulation psychosociologique et les relations entre groupes*. De Boeck, 1976.
Doise Willem et Mugny Gabriel. *Le développement social de l'inteiligence*. Interéditions. 1981.
Dolle, Jean-Marie, *Pour comprendre Jean Piaget*, Dunod, Paris, 1999, pour la 3° édition Privat, 1974 pour la première édition.
Dolle, Jean-Marie et Bellano, Denis. *Cês enfants qui n'apprennent pás*. Paris, Le Centurion, 1989.
Doll, William E. Jr. *Currículo: uma perspectiva pos-moderna*. Brésil, Porto Alegre, Brésil, ed. Artmed. Trad. de l'américain a post-modern perspective on curriculum. Teatchers College, 1993.
Fedi, Laurent. *Piaget et la conscience morale*. P.U.F., 2008.
Ferrière, Adolphe. *L'école active*. 1 vol. Neuchâtel et Genève, Ed. Fórum, 1922, rééd. refondue, 1946.
Freinet, Celestin. *OEuvres pédagogiques*. 2 tomes, éd. Madeleine Freinet, Seuil, 1994.
Hermann *Röhrs in Perspectives*: Kerschensteiner, Georg revue trimestrielle de l'éducation comparée. Paris UNESCO vol.XXIIIn ?3-4, 1993, pp. 831-848.
Montessori, Maria. *L'enfant*, Desclée de Brouwer Mugny Gabriel (sous la direction de...) Psychologie sociale du développement cognitif. PeterLang, 1985.
Perret-Clermont, Anne-Nelly. *La construction de l'intelligence dons l'interaction sociale*. Peter Lang, 1979.
Piaget, Jean. *Introduction à l'épistémologie génétique*, 3 tomes, P.U.F., 1950. *Logique et connaissance scientifique*, Encyclopédie de La Pleiade, 1967. *Psychologie et pédagogie*. Denoël, 1969. *L'épistémologie génétique*. P.U.F. 1970. *Psychologie et*

épistémologie. Gonthier/Denoël, 1970. *De la pédagogie*. Textes reunis par Silvia Parrat-Dayan et Anastasia Tryphon. Odile Jacob, 1998.
Rousseau, Jean Jacques. *Emile ou de l'éducation*, Bibliothèque de La Pleiade, in Euvres completes tome IV, 1969.
Schwebel, M. et Raph, *J. Piaget à l 'école*. Gonthier/Denoël, 1976.
Soetard, Michel. Froebel, *Pédagogie et vie*. Paris, A. Colin, 1990.
Thollon-Behar, Marie-Paule. *Avant le langage*. Communication et développement cognitif du petit enfant. Préface de J-M.Dolle. L'Harmattan, 1997.
Vinh Bang. *La méthode clinique et la recherehe en psyehologie de l'enfant*, in Psychologie et épistémologie génétiques. Thèmes piagétiens. Dunod, 1966, pp.67-81.
Qu'entend-on par apprentissage opératoire? *Archives de Psychologie*, vol. 54, N° 208, mars 1986, pp.27-37. Genève.
Xypas Constantín. *Piaget et l'éducation.* P.U.F. 1997.